前言

为什么我们有时买对了股没赚到钱？因为没有及时出局！为什么我们有时买错了股越陷越深？因为没有及时止损！为什么我们没有勇气及时卖出股票？因为卖出后不知下一支该买什么股票！这是股民博弈时常见的状态，在股市中颇具有代表性。这些股民为什么如此盲动？因为他们不会看盘，缺乏对股市的度量和判断，常常被小道消息和盲从心理所左右。因此，学会看盘是进入股票市场的必修功课。

所谓看盘就是观察一定时间内股价及相关指数在盘面上的变化，收集大盘以及有关个股的数据资料，然后加以整理、归纳的过程。其目的就是在看盘分析的基础上做出判断，为下一步正确操作提供依据。

股市是一个包罗万象的、各种力量的大集散地，散户、专家、基金、私募、主力、机构……都在盘面的后面进行着复杂的博弈。你在交易屏幕前所见的一切数字、图形和指标就是盘面，而盘面后面却进行着复杂汹涌的"战争"。股市虽然千变万化、捉摸不透，但你必须通过盘面看懂它。股价的变动有其内在的原因和规律，影响股票市场的因素繁多，但是这些因素最终都会通过盘面表现出来。所以，能否根据盘面情况决定自己应该采取的对策，才是在股市中赢利的关键所在。资金进出的痕迹会"印"在盘面上，发觉资金异动，你才不会成为庄家砧板上的鱼肉；股价涨跌的趋势都蕴藏在盘面中，慧眼识盘，可以及时把握进出时机，不错过"上轿"的机会，也避免成为行情尽头的"炮灰"。

本书主要讲解了分时走势图、分时盘口、K 线走势图、成交量及均线系统的看盘要点和看盘技巧，并综合分时走势、K 线走势和均线系统等几种图形以及盘口语言和成交量信息，通过对MACD、KDJ、成交量等技术指标的解读，揭示股市变化的内在玄机，分析判断和预测股价后期走势、主力控盘意图和个股的最佳买卖点。

看盘的最高境界是具有“盘感”，就是对盘面的变化有一种近似直觉和本能的反应。但在这之前，我们需要打好基础：欲行千里，先看看脚下的石头是否足够坚固。

本书精选上百实例，用经典的图形和详细的分析带你迈入看盘晋阶之门，一探盘面风云变幻所含之意，价起价落中，如何从容进退——即使按图索骥，亦可令你收获良多。

本书用最精练的语言，最详实的图例分析，最有效的操盘技巧，观图看势，切中核心；内容注重实战应用，便于读者阅读理解，尽快掌握各种看盘技巧，更好地选择目标个股，适时买卖，及时把握市场投资机会。

所有的东西要精通恐怕很难，事实上也不需要掌握那么多东西。我们需要的是抓住关键的、对我们炒股有切实帮助的东西。阅读本书，您将读懂读通盘面信息，准确预见股价走势，分清主力操盘意图，精确选择目标个股，精准把握最佳买卖点和市场机会，是散户看盘的不可多得的好书。

本书在编写过程中，参考了专家学者的观点和前沿理论。由于作者水平有限，难免有疏漏之处，恳请读者批评指正。

编者

2011 年 10 月

中国书刊发行业协会“全行业优秀畅销品种”

看盘就这几招

第2版

全新的看盘实战技法

刘元吉◎主编

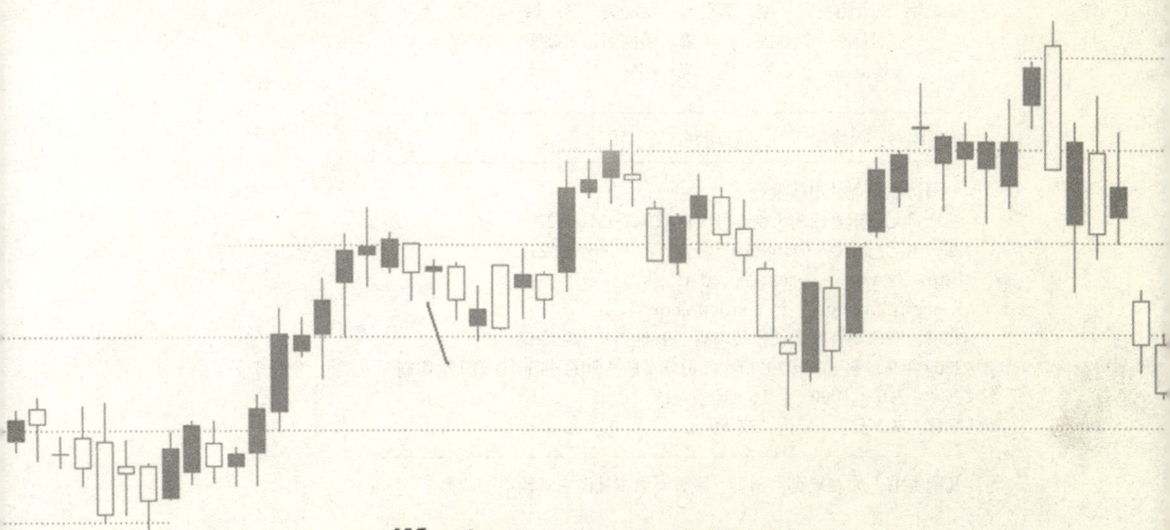

中国纺织出版社

内 容 提 要

学会看盘是进入股票市场的必修功课。本书旨在帮助广大股民学会观察一定时间内股价及相关指数在盘面上的变化，学会收集大盘以及有关个股的数据资料，并加以整理和归纳，从而为下一步正确操作提供依据。本书大量运用沪深股市近期实战案例对一些经典形态进行阐释，不仅简单、易学，还更加易于模仿操作。本书结合中国股市的实际，对一些“变异的形态”和“庄家骗线”的手法做了具体的分析和说明，同时还介绍了应对技巧。看盘的最高境界是具备“盘感”，就是对盘面的变化有一种近似直觉和本能的反应，但在这之前，我们需要打好基础。本书既是普通股民系统学习看盘技巧、培养“盘感”的入门向导，也是股民优化看盘技法、提高操盘水平的实用参考书。

图书在版编目（CIP）数据

看盘就这几招：全新的看盘实战技法／刘元吉主编．—2版．—北京：中国纺织出版社，2011.11

ISBN 978-7-5064-7492-4

Ⅰ.①看…　Ⅱ.①刘…　Ⅲ.①股票交易—基本知识

Ⅳ.① F830.91

中国版本图书馆 CIP 数据核字（2011）第 081427 号

编委会：刘元吉　付　刚　郭红光　何晓英　李　焕　李宝久
刘　平　刘体国　卢秉繁　潘丽丽　宋莉娟　侯忠义
杨成刚　张志宏　周　莹　邹保东

策划编辑：祝秀森　　责任印制：陈　涛

中国纺织出版社出版发行
地址：北京东直门南大街 6 号　邮政编码：100027
邮购电话：010—64168110　传真：010—64168231
http：//www. c-textilep.com
E-mail：faxing @ c-textilep.com
北京云浩印刷有限责任公司印刷　各地新华书店经销
2009 年 9 月第 1 版　2011 年 11 月第 2 版　2011 年 11 月第 7 次印刷
开本：710 × 1000　1/16　印张：18
字数：202 千字　定价：32.80 元

目录

第一章

破解量价运行轨迹

——看盘快速入门

第二章 道破股价涨跌玄机
——分时图看盘技巧

第三章

股市最实用的分析工具

——K 线图看盘技巧

第四章

股市最科学的分析利器

——技术指标看盘技巧

第五章
股市最可靠的分析手段
——均线系统看盘技巧

第六章

股市最稳妥的分析方法

——判研趋势看盘技巧

第七章

看盘细节

——顶部和底部的确认

第八章

庄家迷踪

——主力行为盘口解密

第一章 破解量价运行轨迹

——看盘快速入门

不进行研究的投资，就像打扑克从不看牌一样，必然失败！

——彼得·林奇

第一节　成功看盘并不难

一、什么是看盘

看盘俗称“盯盘”，是股票投资者主要的日常工作。许多证券公司都在其营业大厅的墙上挂有大型彩色显示屏幕，显示的内容主要有上一天的收盘价、开盘价、最高价、最低价、最新价、买入价、卖出价、买盘、卖盘、涨跌、买手、卖手、现手、成交量和总额等，而股民在看盘时也主要看这些内容。下面对这些进行具体解释：

上一天收盘价：前一天最后收盘集合竞价的成交价格。

开盘价：当天开盘集合竞价的成交价格。

最高价、最低价：当天开盘以来各笔成交价格中最高和最低的成交价格。

最新价：刚刚成交的一笔交易的成交价格。

买入价：证券交易系统显示的已经申报但尚未成交的买进股票的价格。

卖出价：证券交易系统显示的已经申报但尚未成交的卖出股票的价格。

买盘：当前申请买入股票的总数。

卖盘：当前申请卖出股票的总数。

涨跌：现在的最新价和前一天的收盘价相比，是涨还是跌了。一般上涨用红色表示，下跌用绿色表示，和前一天收盘价相同用白色表示。它有两种表示方法：一种直接标出涨跌的金额，另一种是给出涨跌幅度的百分数。

买手：比最新价低 5 个价位以内的买入手数之和。

卖手：比最新价高出 5 个价位以内的卖出手数之和。

现手：刚成交的这一笔交易的交易量的大小。因为股票交易的最小单位是手，一手是 100 股。所以衡量交易量的大小，也就用手数代替数量。

成交量：今天开盘以来该股票交易所有手数之和，换成股数要乘以100。

成交总额：是今天开盘以来该股交易的所有金额之和，其单位通常是万元。

另外，大盘除了显示各支上市股票的行情之外，还显示整个市场行情的股价指数，也就是我们常说的上证指数和深成指等。

二、看盘应关注的重点

1．开盘时集合竞价的股价和成交额

看是高开还是低开，就是说，和昨天的收盘价相比价格是高了还是低了，它表示出市场的意愿，期待今天的股价是上涨还是下跌。成交量的大小则表示参与买卖的人的多少，它往往对一天之内成交的活跃程度有很大的影响。

2．开盘后半小时内股价变动的方向

一般来说，如果股价开得太高，在半小时内就可能会回落，如果股价开得太低，在半小时内就可能会回升。这时要看成交量的大小，如果高开又不回落，而且成交量放大，那么这支股票就很可能要上涨。看股价时，不仅看现在的价格，而且要看昨天的收盘价、当日开盘价、当前最高价和最低价、涨跌的幅度等，这样才能看出现在的股价是处在一个什么位置，是否有买入的价值。看它是在上升还是在下降之中。一般来说下降之中的股票不要急于买，而要等它止跌以后再买。上升之中的股票可以买，但在要小心不要被它套住。

一天之内股票往往要有几次升降的波动。你可以看你所要买的股票是否和大盘的走向一致，如果是的话，那么最好的办法就是盯住大盘，在股价上升到顶点时卖出，在股价下降到底时买入。这样做虽然不能保证你买卖完全正确，但至少可以卖到一个相对的高价和买到一个相对的低价，而不会买一个最高价和卖一个最低价。

3．买盘与卖盘

买卖双方的报价与数量申报构成盘口中的买盘和卖盘，市场投资者能够直接看到的是“买五”和“卖五”的买卖委托申报以及“内盘”“外盘”和“委比”“量比”等。

这几项都是表示目前盘中多、空力量对比的指标。如果即时的成交价是以“委卖”价成交的，说明买方即多方愿意以卖方的报价成交，成交的量越多，说明市场中的多头气氛越浓。

以“委卖价”实现的成交量称为“外盘”，俗称“主动买盘”。在股票软件的成交明细里以红色数字（手数）出现或者在数字后面标明B。反之，以“委买价”实现的成交量称为“内盘”，也称“主动卖盘”。在股票软件的成交明细里以绿色的数字（手数）出现或者在数字后面标明S。而股票软件成交明细里白色则是中性，不能确定是主动买进还是主动卖出。当“外盘”大于“内盘”时，反映了场中买盘承接力量较强，走势向好；“内盘”大于“外盘”时，则反映场内卖盘力量大于买盘，走势偏弱。

由于内盘、外盘显示的是开市后至现时以“委卖价”和“委买价”各自成交的累计量，所以对我们判断目前的走势强弱有帮助。如果主动性买盘与主动性卖盘价格相差很大，说明买方追高意愿不强，同时卖方也有较强的惜售心理，多空双方处于僵持状态。

4．开盘后股票涨、跌停板情况

开盘后涨、跌停板的情况会对大盘产生直接的影响。在实行涨、跌停板制度后，可以发现涨、跌停板的股票会对与其有可比性、同类型的股票产生助涨与助跌的作用。

比如说大盘开盘后某只钢铁股涨停，在其做多示范效应影响下，其他的与其相近的或者有可比性的股票会有走强的趋势。股民朋友应该多留心观察，找出一些经常联动的股票，在某只股票大幅攀升时，可以跟踪其联动股票而获取收益。反之亦然。

5．阻力与支撑情况

涨到一定价以后涨不动了的价位就叫阻力位，跌到一定价以后跌不动了的价位就叫支撑位。通常的定义是：支撑位是指在股价下跌时可能遇到支撑，从而止跌回稳的价位；阻力位则是指在股价上升时可能遇到压力，从而反转下跌的价位。

阻力越大，股价上行越困难；而支撑越强，股价越跌不下去。对支撑与阻力的把握有助于对大市和个股的研判，如当指数或股价冲过阻力区时，则表示市道或股价走势甚强，可买进或不卖出；当指数或股价跌破支撑区时，表示市道或股价走势很弱，可以卖出或不买进。市场中的顶部或底部往往构成阻力位或支撑位。

（1）利用心理价位来确定支撑位和阻力位，比如对于上证指数来说，3000点、4000点和5000点等一些整数关口，都会对投资者形成心理上的阻力位或支撑位。大盘在整数关口，一般也会震荡整理较长时间。

（2）根据缺口判断：一些跳空缺口，也会形成阻力位或支撑位。

（3）价格回撤：即同当前走势相反的价格波动，比如大盘从4000点上涨到6000点，然后回撤至5000点，此后继续上攻。5000点便是行情的"回撤"点位，也说明5000点支撑强劲。

（4）前期密集成交区：如果市场密集成交区在当前价位之上，那么该区域就会在股价上涨时形成阻力，这就是所谓的"套牢盘"。反之，如果市场当前的价位在历史成交密集区之上，那么该密集区就会在股价或股票价格指数下跌时形成支撑。

（5）技术指标，如BOLL，是很不错的压力支撑指标，一般股票投资分析软件里都有。此外，某些技术形态也形成压力或支撑，如上升三角形的顶边、头肩顶的颈线、通道的上下边及中线等。

支撑和阻力是客观存在的两个因素，它可随着市场的强弱相互转换。弱市时，股价遇到长期均线的阻力、成交密集区的阻力，都会回落，应是卖出的机会。强市时，股价放量冲过阻力区，回抽确认时，这个阻力位也就成了支撑位。

压力与支撑说到底就是一个心里承受力在股票市场里的再次体现，主力就在此大做文章。当然，超强式的股票，冲阻力区就像百米跨栏，一冲而过，任何阻力也就不在话下了。

6．注意买盘的变化

某股冲高回落，买1原有200手（20000股）接盘，瞬间变成了130手，减少了70手，随后又变为190手，增加60手，接着又减少，又增加等。但在经过了若干次的变动以后，这一价位上的接盘数量与原来的差不多。在几十秒钟的时间里几乎有相同的单子既出又进，一定是有人所有企图。那么这样做的目的是什么呢？

一个价位上的接单数量一般是由若干张单子组成的，而成交的原则之一是时间优先：排在最前面的单子将先成交。将前面的单子撤下来，后面的单子就往前移，成交的将是原来排在后面的单子。所以说，这样做的目的是为了让后面的单子成交。那为什么又重新将单子挂上去呢？这个人肯定希望市场能在此价位接掉一些，但又不愿意股价回落过多，因此增加一些接盘量以壮声势。

三、什么是成功的看盘

学别人的理论、听别人的讲解固然重要，但关键还是要找到适合自己的方法和理论。除了在实战中磨砺以外，应该把主要精力放在研究市场，研究数据、图表和现象上，总结出符合市场规律、真正有实战价值的东西。任何成功人士都是对现实市场有深刻认识和精辟见解的，这是真理。“命运掌握在自己手中”“实践出真知”。

古语有云：三军未动，粮草先行。同样，在股市上如果想做短线，必须做好一切入市准备。

“看对盘”就是操盘的“粮草”。

坦率地讲，“说”比“做”要容易得多。谈大道理、讲理论说得头头是道的人比比皆是，但是真正行之有效的属于他自己的东西有多少？也许这种东西归纳起来只有寥寥数字，但远比面对着1000多支股票空泛地谈要强。比如有人简单到用短期均线的金叉、死叉来指导操作，但胜率很高：最简单的方法往往是最有效的，也极有可能是被你忽视的。值得肯定的是运用好战略战术，最终亏少赚多，积少成多，是完全可以做到的。

炒股的难度体现在：一要持续赚钱，保持常胜，体现为只要有上涨的机会或多或少每次都能有收益；二要收益显著，能够参与上涨机会中涨幅最大或涨幅排前几名的品种，也就是要追击龙头品种。市场中能够达到此种要求的人凤毛麟角。因为除上述原因外，做股票还要有个冷静研究分析的过程，还得有临盘操作随机应变。随机应变体现在操作中就是必须做到“快、狠、准”三字。因为时不待人，机会和风险都是瞬息万变的。“快、狠、准”三字在证券市场上非常适用，是短线高手在投资过程中的制胜“三字诀”。

炒股要先学好“艺”（技术），积累出一定经验，在牛熊市的实战中反复演练，操作水准方能水涨船高，此外别无他法。

面对困难，在意志和精神上不能畏惧，因为总有人在这个高风险的市场成功，要争取成为其中的胜者，勇敢地去面对。操盘第一难在看盘，第二难在情绪的波动。一定要有统一的思路，多抓热点，跟着大盘的变化出击，还要保持平和心态，并努力使这种思路形成习惯。良好习惯是投资者的立市之本、立市之道。

看盘点金

良好的盘感是投资股票的必备条件。盘感需要训练，通过训练，大多数人都会进步。训练盘感，可以从以下几个方面进行：

1. 坚持每天复盘，并按自己的选股方法选出目标个股。在复盘过程中选出的个股，既符合自己的选股方法，又与当前的市场热点具有共性，有板块、行业的联动，后市走强的概率才高。复盘后你会从个股的趋同性发现大盘的趋势，从个股的趋同性发现热点板块。

2. 对当天涨幅、跌幅靠前的个股再一次认真浏览，找出个股走强（走弱）的原因，发现你认为的买入（卖出）信号。对符合买入条件的个股，可进入备选股票池并予以跟踪。

3. 实盘中主要做到跟踪你目标股的实时走势，明确了解其当日开盘价、收盘价、最高价、最低价的具体含义以及盘中主力的上拉、抛售、护盘等实际情况，了解量价关系是否正常等。

4. 条件反射训练。找出一些经典底部启动个股的走势，不断地刺激自己的大脑。对一些经典股价走势反复背诵，形成条件反射，养成一种实战的本能反应。

5. 训练自己每日快速浏览动态大盘的情况。

6. 最核心的是有一套适合自己的操作方法。

第二节　量价分析是看盘入门的关键

股市中有句老话：“技术指标千变万化，成交量才是实打实的买卖。”可以说，成交量的大小，直接表明了市场上多空双方对市场某一时刻的技术形态最终的认同程度。K 线图中下方与 K 线实体对应的柱体就是成交量；买盘卖盘在 K 线图或走势图右边有专门显示；成交量柱状显示的颜色和它对应的 K 线颜色一致：收阳为红色，收阴为绿色。市场分歧促成成交。所谓成交，当然是有买有卖才会达成，光有买或光有卖绝对达不成成交。成交必然是一部分人看空后市，另外一部分人看多后市，造成巨大的分歧，又各取所需，才会成交。

一、低量低价

低量低价主要是指个股（或大盘）成交量非常稀少，同时个股股价也非常低的一种量价配合现象。低量低价一般只会出现在股票长期底部盘整的阶段。

当股价从高位一路下跌后，随着成交量的明显减少，股价在某一点位附近止跌企稳，并且在这一点位上下，进行长时间的低位横盘整理。经过数次反复筑底以后，股价最低点也日渐明朗，同时，由于量能的逐渐萎缩

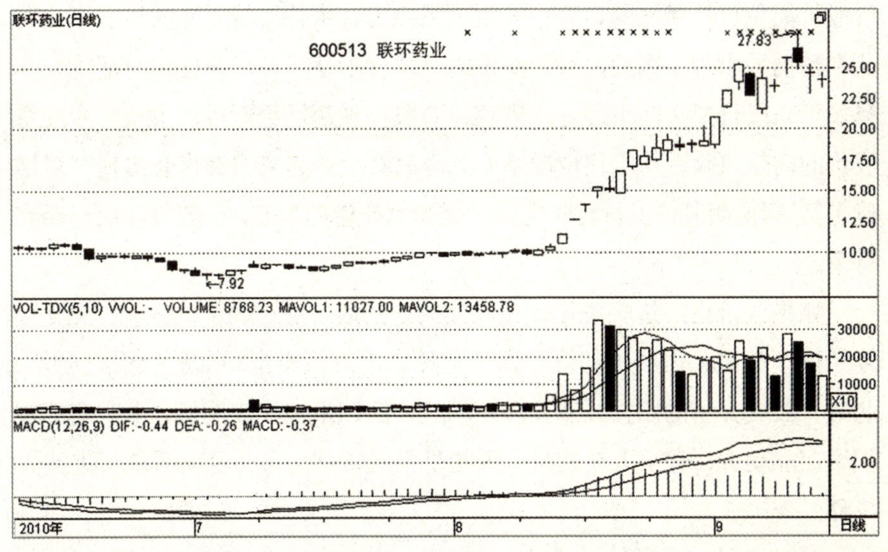

图 1–1　低量低价

至近期最低值，从而使股票的走势出现低量低价的现象。低量低价的出现，只是说明股价阶段性底部形成的可能性大大增强，而不能作为买入股票的依据。投资者还应在研究该股基本面是否良好、是否具有投资价值等情况后，根据一些技术指标判断才能做出是否投资的决策。

图 1-1 是联环药业（600513）在 2010 年 7 月左右出现低量低价后形成阶段性底部，其后走出一波涨幅达 3 倍的上涨行情。

二、量增价平

量增价平主要是指个股（或大盘）在成交量增加的情况下，个股的股价却围绕某一价位水平上下波动的一种量价配合现象。量增价平既可以出现在上升行情的各个阶段，也可以出现在下跌行情的各个阶段之中。同时，它既可以作为卖出股票的信号，也可以作为买人股票的信号。区别买卖信号的主要特征，是要判断“量增价平”中的“价”是高价还是低价。

如果股价在经过一段时间比较大的涨幅后，处在相对高价位区时，成交量仍在增加，而股价却没能继续上扬，呈现出高位量增价平的现象，这种股价高位放量滞涨的走势，表明市场主力在维持股价不变的情况下，可能在悄悄地出货。因此，股价高位的量增价平是一种顶部反转的征兆，一旦接下来股价掉头向下运行，则意味着股价顶部已经形成，投资者应注意股价的高位风险。与上述情况不同，有时在上升趋势中途也会出现“量增价平”，则说明股价上行暂时受挫，只要上升趋势未破，一般整理后仍会有行情。

如果股价在经过一段比较长时间的下跌后，处在低价位区时，成交量开始持续放出，而股价却没有同步上扬，出现成交量增加股价企稳现象，此时一般成交量的阳柱线明显多于阴柱，凸凹量差比较明显，说明底部在积聚上涨动力，有主力在进货，可能是中线转强信号，可以适量买进持股待涨。

图 1-2 是方大炭素（600516）在 2010 年 7 月下旬至 8 月底横盘整理，其后走出一波股价接近翻倍的上涨行情。

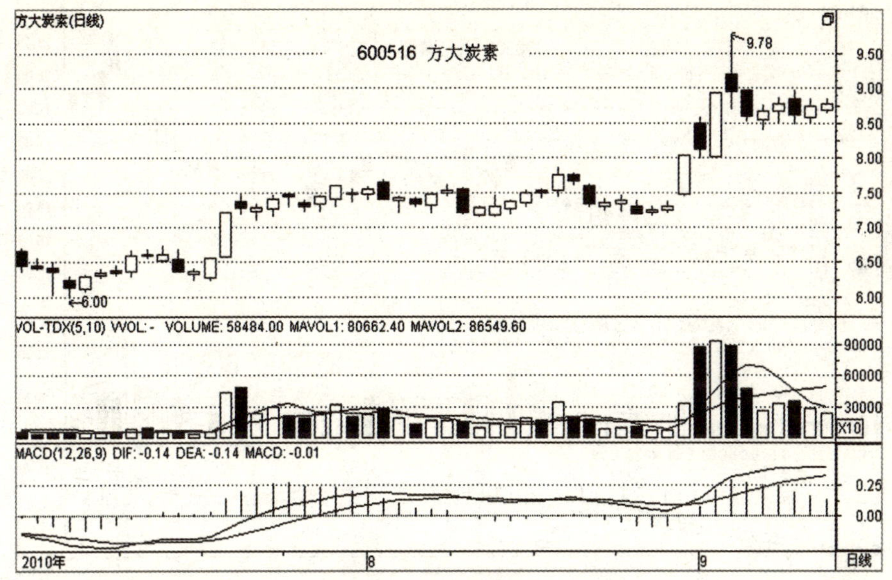

图1-2 量增价平

三、量增价涨

量增价涨主要是指个股（或大盘）在成交量增加的同时，个股的股价也同步上涨的一种量价配合现象。量增价涨只出现在上升行情中，而且大部分是出现在上升行情的初期，也有小部分是出现在上升行情的中途。

在经过前期一轮较长时间的下跌和底部盘整后，市场中逐渐出现诸多利好因素，这些利好因素增强了市场预期向好的心理，刺激了股市的需求，市场交投逐渐活跃起来。随着成交量的放大和股价的同步上升，投资者购买股票短期内就可获得利润，赚钱的示范效应激起了更多投资者的投资意愿。

随着成交量的逐渐放大，股价也开始缓慢向上攀升，股价走势呈现量增价涨的态势，这种量价之间的良好配合，对未来股价的进一步上扬，形成了实质性支撑。

量增价涨是最常见的多头主动进攻模式，应积极进场买入，与庄共舞。

图1-3是长园集团（600525）从2010年7月中旬成交量开始放大，其后走出一波股价接近翻倍的上涨行情。

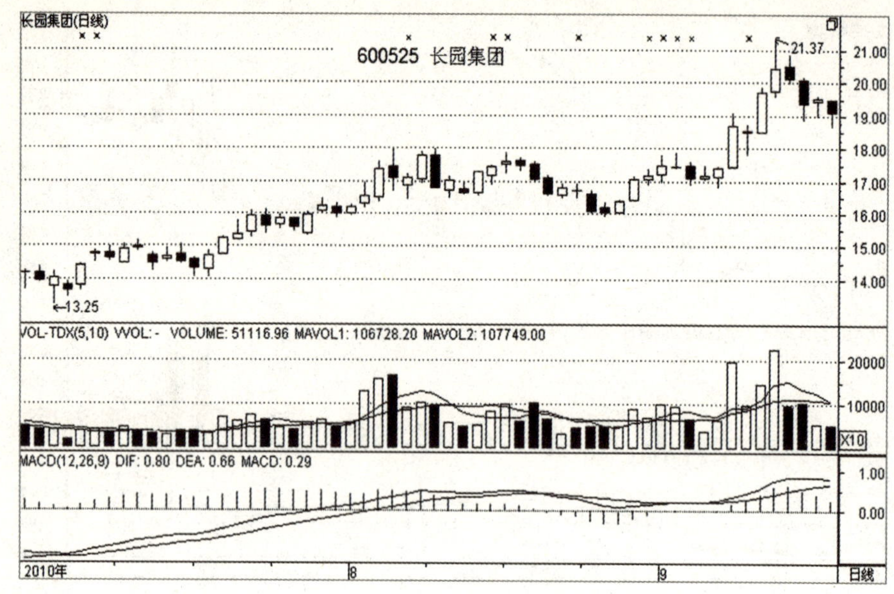

图1–3 量增价涨

四、量缩价涨

量缩价涨主要是指个股（或大盘）在成交量减少的情况下，个股的股价却反而上涨的一种量价配合现象。量缩价涨多出现在上升行情的末期，有一小部分也会出现在下降行情中期的反弹过程中。量缩价涨的现象在上升行情和下降行情中的研判是不一样的。

在持续的上升行情中，适度的量缩价涨表明主力控盘程度比较高，锁筹较好，但投资者最好是小资金短线参与，因为股价已经有了相当大的涨幅，接近上涨末期了。有时在上涨初期也会出现量缩价涨，则可能是昙花一现，但经过补量后仍有上行空间。量缩价涨所显示的是一种量价背离的趋势，因此，在随后的上升过程中出现成交量再次放大的情况，则可能意味着主力可能在高位出货。

在持续的下降行情中，有时也会出现量缩价涨的反弹走势。当股价经过短期的大幅度下跌后，由于跌幅过猛，主力没能全部出货，因此，他们会抓住大部分投资者不忍轻易割肉的心理，用少量资金再次将股价拉高，造成量缩价涨，从而利用这种反弹走势达到出货的目的。

总之，对于量缩价涨的行情，投资者应区别对待，一般以持股或持币观望为主。

下图1-4是科力远（600478）在2011年2月初至3月中旬走出的量缩价涨的K线走势图。

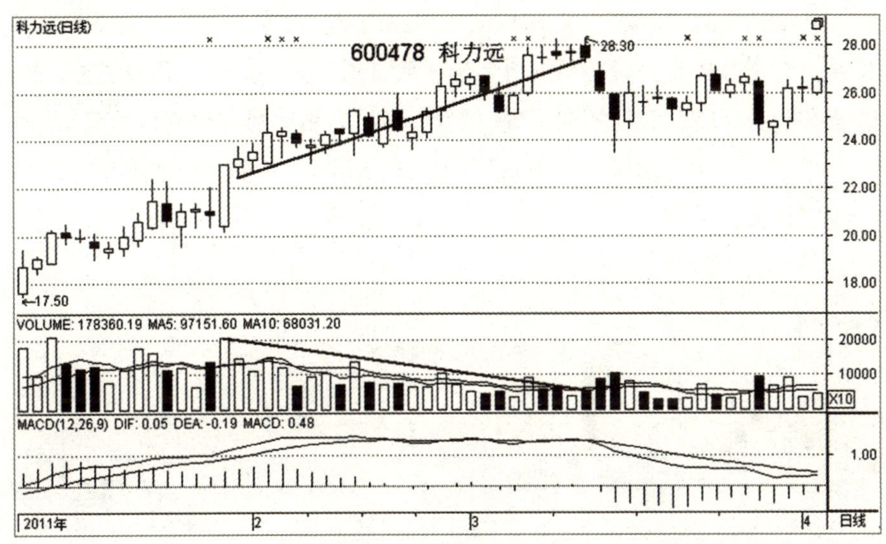

图1-4 量缩价涨

五、量增价跌

量增价跌主要是指个股（或大盘）在成交量增加的情况下，个股的股价却反而下跌的一种量价配合现象。量增价跌现象大部分是出现在下跌行情的初期，也有小部分是出现在上升行情的初期。量增价跌的现象在上升行情和下降行情中的研判也是不一样的。

在上升行情初期，有的股票也会出现量增价跌现象。当股价经过一段比较长时间的下跌和底部较长时间盘整后，主力为了获取更多的低位筹码，采取边打压股价边吸货的手段，造成股价走势出现量增价跌现象，但这种现象也会随着买盘的逐渐增多、成交量的同步上扬而消失，这种量增价跌现象是底部买入信号。

在下跌行情的初期，股价经过一段比较大的涨幅后，市场上的获利筹码越来越多，一些投资者纷纷抛出股票，致使股价开始下跌。同时，也有一些投资者对股价的走高仍抱有预期，在股价开始下跌时，还在买入股票，多空双方对股价看法的分歧，是造成股价高位量增价跌的主要原因。股价经过长期大幅下跌之后，出现成交量增加，即使股价仍在下落，也要慎重对待极度恐慌的“杀跌”，此阶段的操作原则是卖出空仓观望。低价区的增量说明有资金接盘，说明后期有望形成底部或反弹的产生，适宜关注。当然若在趋势逆转跌势的初期出现“量增价跌”，那么更应果断地清仓出局。

下图1–5是恒瑞医药（600276）在2010年6月中旬走出的量增价跌的K线走势图。

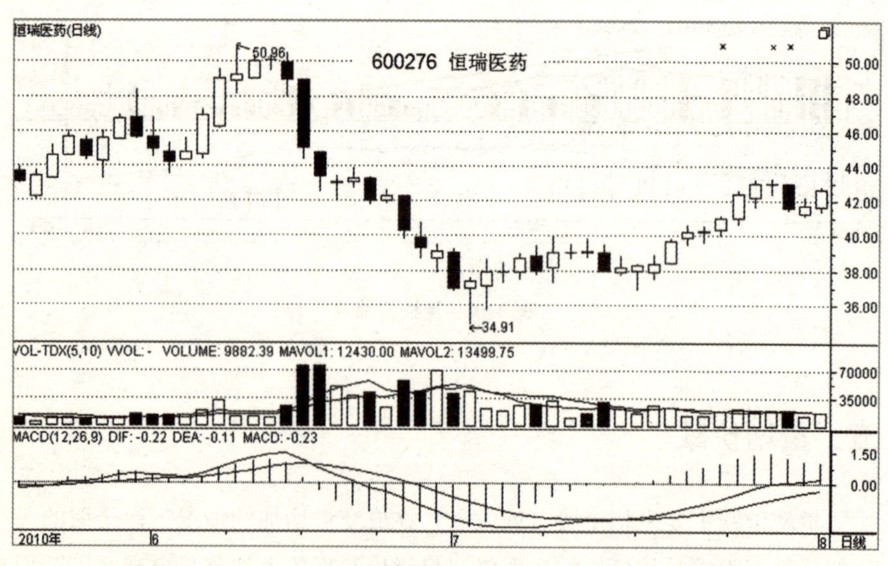

图1–5 量增价跌

六、量缩价跌

量缩价跌主要是指个股（或大盘）在成交量减少的同时，个股的股价也同步下跌的一种量价配合现象。量缩价跌现象既可以出现在下跌行情的中期，也可能出现在上升行情的中期，但它们的研判过程和结果是不一样的。

上升行情中的量缩价跌，表明市场充满惜售心理，是市场的主动回调整理，因而，投资者可以持股待涨或逢低介入。不过，上升行情中价跌的幅度不能过大，否则可能就是主力不计成本出货的征兆。

下跌行情中的量缩价跌，此为无量阴跌，底部遥遥无期。所谓多头不死跌势不止，一直跌到多头彻底丧失信心斩仓认赔，爆出大的成交量，跌势才会停止。表明投资者在出货以后不再做"空头回补"，股价还将维持下跌方向，因而，投资者应以持币观望为主。

下图1–6是泰豪科技（600590）在2010年11月下旬至2011年1月中旬走出的量缩价跌的K线走势图。

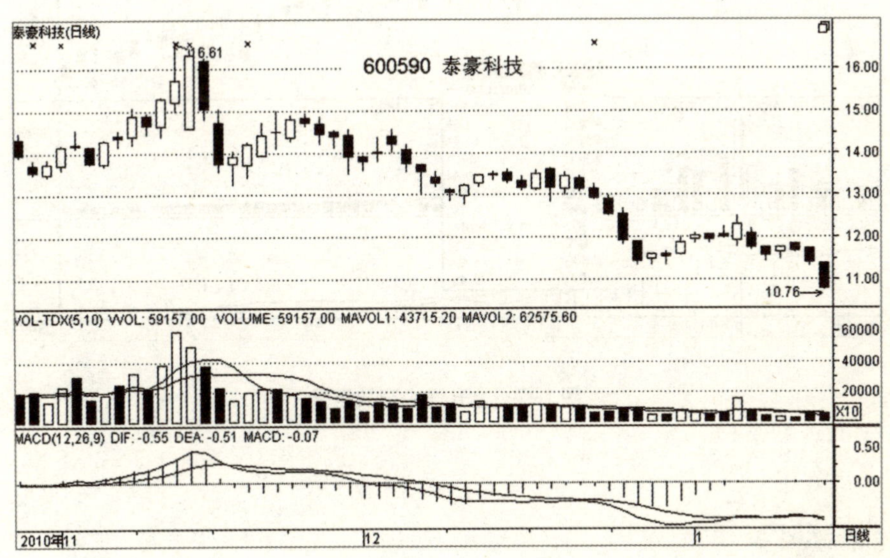

图1–6　量缩价跌

七、突放巨量

对此种走势的研判，应该分作几种不同的情况来对待。一般来说，上涨过程中放巨量通常表明多方的力量使用殆尽，后市继续上涨将很困难。

而下跌过程中的巨量一般多为空方力量的最后一次集中释放，后市继续深跌的可能性很小，短线的反弹可能就在眼前了。另一种情况是逆势放量，在市场一片喊空声之时放量上攻，造成了十分醒目的效果。这类个股往往只有一两天的行情，随后反而加速下跌，使许多在放量上攻那天跟进的投资者被套牢。

下图1-7为大众交通（600611）2010年11月8日在上涨过程中突然放出巨量涨停，随后开始了一轮下跌行情。

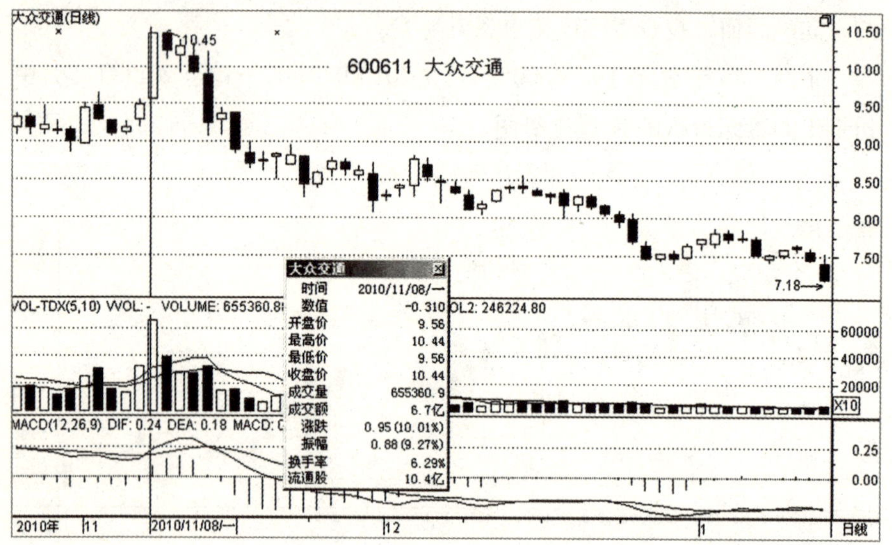

图1-7 上升途中突放巨量

看盘点金

主力资金在吸筹的时候，成交量并不一定要有多大，只要有足够的耐心，在底部多盘整一段时间就行。而主力要出货的时候，由于手中筹码太多，总得想方设法，设置各种各样的陷阱。因此应该全面考察该股长时间的运行轨迹，了解它所处的价位、量能水平和它的基本面之间的关系，摸清主力的活动规律及个股的后市潜力，通过综合分析来确定我们介入或出货的时机。

第三节 量价分析实战

虽然技术分析的指标多达上百种，但归根到底，最基本的无非就是价格与成交量，其他指标无非就是这两个指标的变异或延伸。大家知道，量价关系的基本原理是"量是因，价是果；量在先，价在后"，也就是说，成交量是股价变动的内在动力。由此人们导出了多种量价关系的规则，用于指导具体的投资。但在实际中，人们会发现根据量价关系来进行具体买卖股票时，常常会出现失误，尤其是在根据成交量判断主力出货与洗盘方面，失误率更高：不是错把洗盘当出货，过早卖出，痛失获利良机，就是误将出货当洗盘，该出不出，结果是痛失出货良机。那么，在实际投资中如何根据成交量的变化，正确判断出主力的进出方向，或者说，如何根据成交量的变化，准确判断出主力是在出货还是洗盘呢?

一、量能异常变化的看盘实战

量是成交量，能是资金动能。量能异常就是成交量的异常，指成交量的极度放大或缩小；量能异常时要注意原来的趋势可能会发生反转。

底部量能放得越大越好，然后的上涨过程中，只能缩量，不能放量。尤其是在创出新高，或者离底部启动区一倍左右涨幅的时候。当然，在创历史新高时或者冲破强阻力区时的放量，是正常的。

下面就几种量能放大情况加以分析：

1．量能放大突破前期高点

量能放大是进一步突破的关键。在创新高突破前期高点后，不要急于买进，创新高的当天高开低走，就要彻底打消原来买进的想法。如果不是高开低走，也要观察创新高后几个交易日的走势，如果股价没有向下移动，而还是向上攀升，可择机买进，如果后几日股价向下跌就不要再碰它了。如果手中有这类股的也要选择抛出或减磅操作。

一般来说主力在低位建仓后，将股价拉升到一定高度，借此进行打压。对于突破前期高点，主力打压是怎么操作呢？就是主力在某个区域设下一个圈套，引诱散户投资者做空，最后让做空的投资者休想在更低的价位把筹码补回来。所以要识破主力的计谋，捂住自己的股票，也可增加仓位坐上主力的轿子。

图1–8为飞乐股份（600654）在2010年7月初量能开始放大，并于2010年8月9日突破前期高点，之后主力进行打压，其后走出一波涨幅为30%的上涨行情。

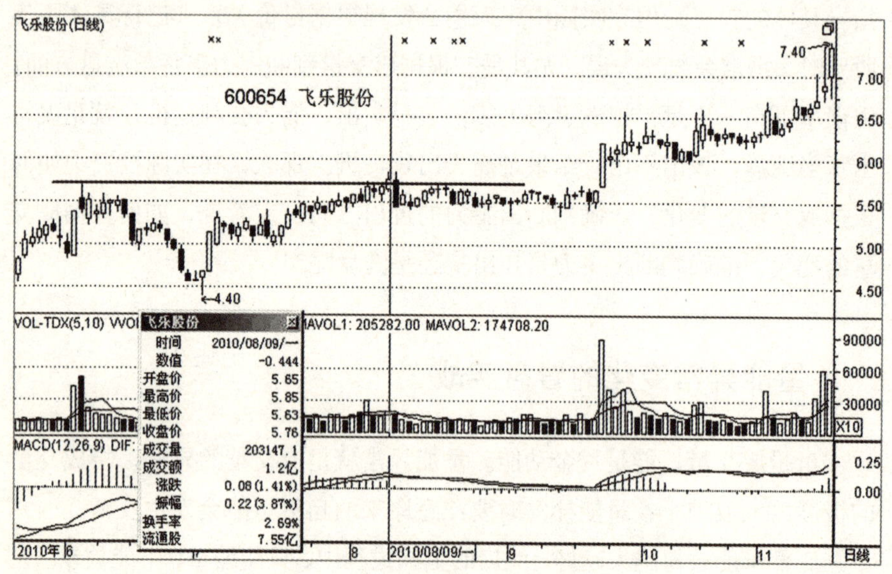

图1–8 量能放大突破前期高点

2．量能放大的长阳、长阴线

（1）巨量长阳线。主力突击建仓手法最明显的便是低开巨量长阳线，这种形态的特征是：股价莫名其妙大幅跳空低开，随后便慢慢爬升，成交同时放出近期天量，当天收一长阳线。

此种形态具有以下的走势特点表现为：

①股价大幅跳空低开，至少需低开2%以上，形态上呈穿底而出的不良

形态，不明真相的投资者纷纷弃股而逃。

②成交放出巨量，一边是蜂拥而出的抛盘，一边却是如饥饿的老虎在大口大口鲸吞筹码。

③当天收一长阳线，有时甚至是光头光脚的长阳线。

④出现的位置较低，且前期往往已调整了一段时间。

低开长阳出现的位置越低、阳线的实体越长、成交量越大越好，若在该股的高价圈出现，则有可能存在陷阱。而低位出现的巨大的成交量、长长的阳线，往往数天之内筹码便换手完毕，绝对是有雄厚实力的主力所为。这说明后市上升空间相对广阔，主力急于进场，其战略意图在于追求速战速决，建仓完毕有可能立刻进入拉升期。

图1–9为津劝业（600821）在2010年2月5日开盘低开接近3%，以涨停收盘，并伴随放出巨量。其后在短短的十几个交易日走出一波涨幅达30%的上涨行情。

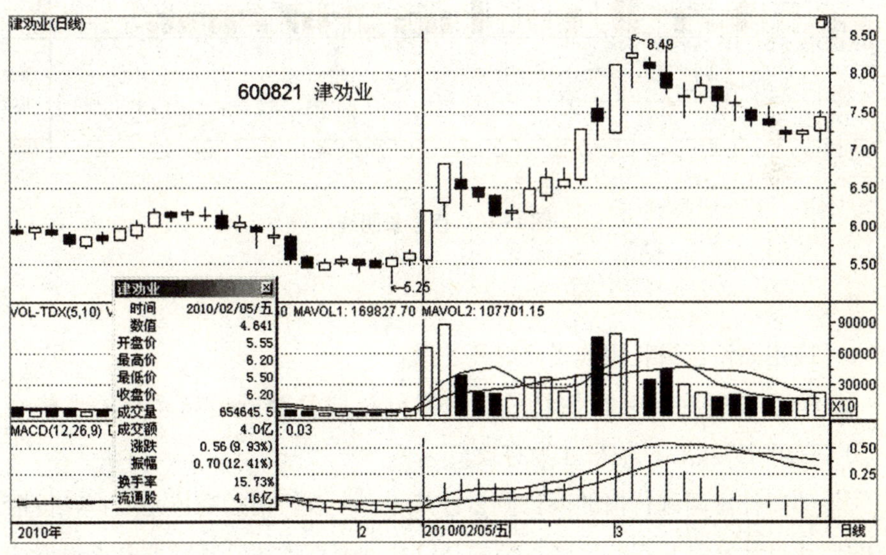

图1–9　巨量长阳线

（2）巨量长阴线。如果高位巨量长阴线就应该考虑卖出了。K线高位放巨量收长阴，通常是庄家出货信号。当股价已有了较长时间和较大幅度的上涨后，买方力量已经显示不足，此时成交量忽然放巨量，而当日K线为长阴线，通常表示庄家已完成拉高出货。此时如不能及时清仓出局，必被高位套牢。

下图1–10为泛海建设（000046）在2010年8月4日收出巨量长阴线，其后股价在短短的三十几个交易日跌幅近20%。

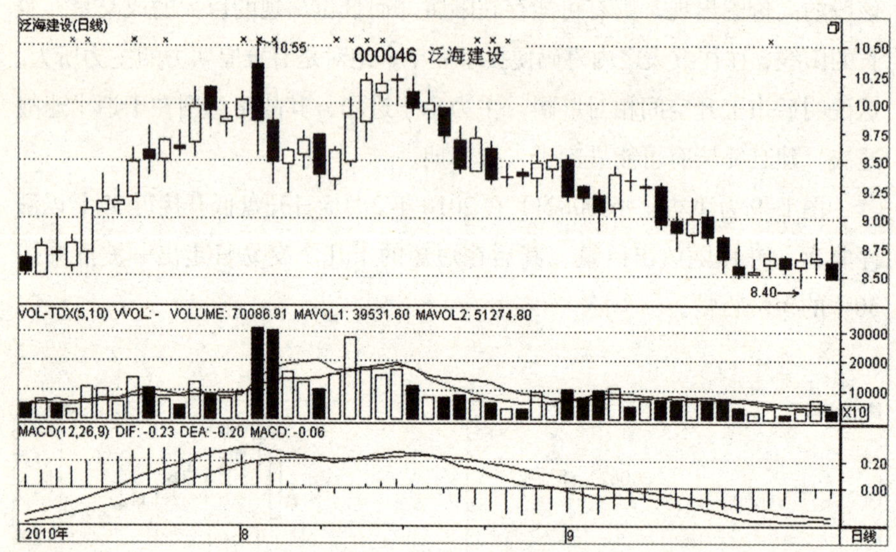

图1–10　巨量长阴线

应用高位巨量长阴线卖出时要注意：

①必须是在上升行情持续较长时间，股价距行情启动点的涨幅在30%～40%以上，该信号才为有效。

②要注意两种行情的高位概念：其一，上攻行情的高位是从本轮行情的启动点计算；其二，反弹行情的高位从反弹点计算，其前期高点附近往往是反弹行情的高位。

③高位成交量巨大时K线形态：其一，K线长阴股价大跌，庄家出货意愿坚决；其二，K线大阴大阳相吞，是较强烈的顶部信号。

3．量能放大股价滞涨

放量滞涨指股价上涨幅度与成交量放大的幅度不匹配。股价上涨幅度不大，成交量却呈巨量。这种情况一般是由于主力出货造成的。庄家无心做多，股价上涨幅度不大，成交量却呈巨量，是出货的表现。当然也有另一种情况，当股价突破重要压力位时，也会放出巨量，这需要具体问题具体分析。

高位放量滞涨就是股价经过长期炒作后已经处于一定的高度（或许已经翻了几倍），然后在一段较短时期内出现成交量不断放大而价格却停滞不前的情况（当然也可能创出了历史新高，但总之涨幅较小），此时庄家出货概率较大，大家应当重视。

图 1-11 为深圳华强（000062）在 2010 年 4 月 14 日至 2010 年 4 月 23 日量能放大而股价滞涨，其后两个多月时间走出了一波跌幅近 40% 的下跌行情。

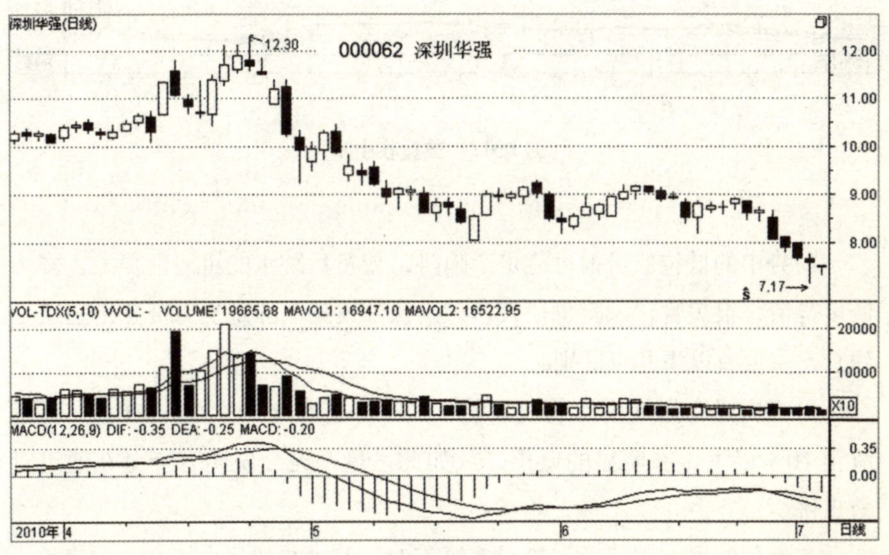

图 1-11　量能放大股价滞涨

当个股连续放量上攻时，却只收出连续的小阳线，这是多头强烈上攻受阻的表现。在缩量蓄势后，还会有一波继续上攻创新高的机会。放量后缩量回调时，是短线绝佳进仓点。

下图1–12为四川路桥（600039）在2009年12月中旬至2010年1月中旬走出的放量上涨却只收小阳线的走势。短暂回调后，继续上攻，走出一波涨幅达50%的上涨行情。

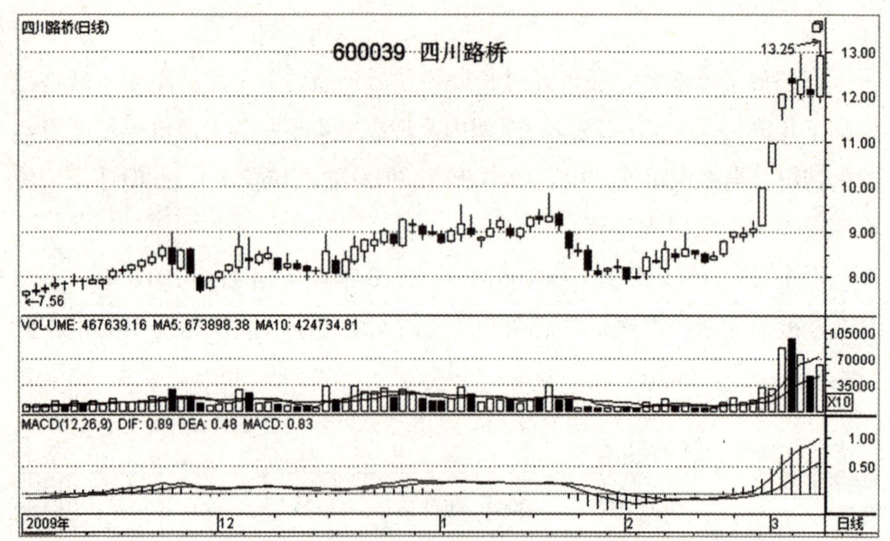

图1–12　放量收小阳

弱势中的低位放量很可能是个陷阱，放量后跳水的可能性很大，多为诱多行情，很短暂，风险也很大。识别低位放量上涨是主力资金出逃还是建仓，主要有以下几点区别：

①成交量在短期内急速放大，日换手保持在5%以上，在相对高位，放至10%以上，在明显的低位，放如此巨量，充分说明有资金在通过对敲出逃。

②低位缓慢上涨放出巨量，涨幅不大，但成交却创出新高，应谨慎。

③股价反复振荡，暴露出主力清仓的意图。

④不会突破阻力位，说明主力不愿上攻，出货的意愿明显。

二、股价启动前的看盘实战

股价在启动之前总是有迹可循的，主要有下面四种表现形式：

（1）较大的卖单被打掉。尽管交易清淡，总会有一些较大的卖单出现，一旦这些卖单的价位离成交价较近就会被主动性的买单打掉，这可能就是一种庄家拉升前的征兆。这是因为一旦股价拉起来以后，庄家最害怕的就是前面被接掉的相对低位的获利盘形成的集中卖压。只要庄家的资金状况允许，一般都会在拉升前尽可能地接掉一些稍大的卖单。

（2）盘中出现一些非市场性的大单子。挂单的价位通常距成交价较远，有时还会撤单，给人一种若隐若现的感觉。这种数量较大的单子由于远离成交价，成交的可能性很小，可能是庄家故意挂出来的单子，其用意可能是表明庄家已经在注意这只股票。庄家既然要人知道，股价的结局就是上涨或下跌而不会是盘整，需要用其他细节来确认。但有一点需要注意，庄家在大量出货前有可能做一波上升行情。

（3）盘中出现脉冲式上冲行情。所谓脉冲式上升行情是指股价在较短的时间内突然脱离大盘走势而上冲，然后又很快地回落到原来的位置附近，成交量有所放大但并没有明显的对倒的痕迹。由于庄家在正式拉升股价前通常会进行试盘，看看市场的反应；另外，庄家希望卖单尽量在股价拉升前抛出来，以减轻拉升时的卖压。

（4）大盘稳定但个股盘中出现压迫式下探走势，但尾市往往回稳。这种走势比较折磨人，盘中常常出现较大的卖压，股价步步下探，尾市却往往会回升，部分场内筹码受不了这种折磨而选择离场。庄家通过诱空将场内不坚定的筹码吸引出来，无非是想加大建立短期仓位的力度，买到更多的低价筹码，然后再做一波行情。而在股价的回升过程中，庄家可能将前面买进的筹码再倒出来，以达到控制原有仓位数量的同时摊薄持仓成本的目的。

三、横盘整理阶段的看盘实战

横盘是指股市上经常会出现股价徘徊缓滞的局面：在一定时期内既不

涨上去，也不跌下来，股价呈牛皮整理。该阶段的行情振幅小，方向不易把握，是投资者最迷惑的时候。

横盘的出现不仅仅出现在头部或底部，也会出现在上涨或下跌途中。根据横盘出现在股价运动的不同阶段，我们可将其分为上涨中的横盘、下跌中横盘、高位横盘和低位横盘四种情形。

(1) 上涨中的横盘。此种横盘是股价经过一段时间急速的上涨后，稍作歇息，然后再次上行，其所对应的前一段涨势往往是弱势后的急速上升。从成交量上看，价升量增，到了盘整阶段，成交量并不萎缩，虽有获利回吐盘抛出，但买气旺盛，不足以击退多方。该盘整一般以楔形、旗形整理形态出现。

(2) 下跌中的横盘。此种横盘是股价经过一段下跌后，稍有企稳，略有反弹，然后再次调头下行，其所对应的前一阶段是下跌。盘整只是空方略作休息，股价略有回升，但经不起空方再次进攻，此后股价再度下跌。从成交量看，价跌量增。

(3) 高位横盘。此种横盘是股价经过一段时间的上涨后，涨势停滞，股价盘旋波动，多方已耗尽能量；股价很高，上涨空间有限；庄家在头部逐步出货，一旦主力撤退，由多转空，股价便会一举向下突破。此种盘整一般以矩形、圆弧顶形态出现。

(4) 低位横盘。此种横盘是股价经过一段时间的下跌后，股价在底部盘旋，加之利多的出现，人气逐渐聚拢，市场资金逐步进入，走势由空转多。主力庄家在盘局中不断吸纳廉价筹码，浮动筹码日益减少，上档压力减轻，多方在此区域蓄势待发。

横盘整理往往是变盘的前奏曲，特别是股价经过一定下跌过程后的横盘整理，很容易形成阶段性底部，下跌行情形成的横盘整理行情结束时，绝大多数情况将选择向上突破，其概率约占90%左右。

看盘点金

通过量价关系看盘的学问很大。由上述几种情况又可以衍生出：当成交量柱状线急剧放大，某一只股票既未上攻又未下滑，则可能是庄家在倒仓，此时投资者可观望；当某支股票股价处在高位，成交量柱状线放大，股

价逐步下滑，说明庄家在减磅；反之，当某支股票成交量柱状线放大后持续萎缩，股价却不断下滑，此时有可能是庄家在震仓，此时投资者应“咬定股票不放松”。根据以上的量价分析，本来股市中复杂的东西其实就很简单了：底部放量，突破盘整，我们买入；高位（短期涨幅过高的股票）放量，虽然大阳线不断，但我们要加倍小心，随时准备“逃跑”。一旦出现破位下跌，马上出局。

本章启示

在股票市场中，整体的价格走势是由每天的交易组成的。日交易K线图构成周交易K线图，周交易K线图构成月交易K线图，月交易K线图构成年线K线图。因此，尽管日交易是总体走势中微小的时间单位，但每天交易的盘中走势结果都会对行情总体产生一定的影响。

对于交易者来讲，只有能看懂日行情的变化，或看懂一个阶段内行情的演变趋势，才能做出正确投资策略。因此，学会如何看盘、学会如何看懂盘和盯盘是非常关键的。

盘感是感知许多技术信号。其实这些信号并不复杂，复杂的是自己的心理状态的培养和思维速度。你可能很快判断出行情的大致变化，但你的脑子却不支配你的手，有着许多的杂乱思维在干扰着你的操作。盘感的获得只能靠长时间的交易经验的积累。

即使是你已经拥有了盘感，你还必须不停地训练自己，才能让自己的盘感保持在一个最佳的状态。

第二章 道破股价涨跌玄机

——分时图看盘技巧

顺应趋势，花全部的时间研究市场的正确趋势，如果保持一致，利润就会滚滚而来！

——江恩

第一节　大盘分时图和个股分时图

分时图是指大盘和个股的动态实时（即时）分时走势图，在实战研判中的地位极其重要，是即时把握多空力量转化的根本，在这里先给大家介绍一下分时图的基础知识。

一、大盘分时图

大盘分时走势图（图 2–1），又称大盘即时走势图，包括如下几个方面的内容。

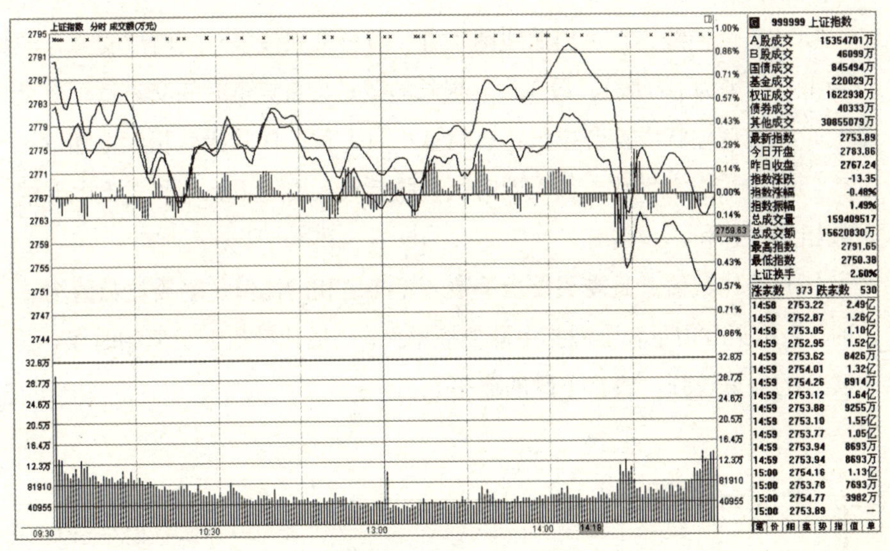

图 2–1　大盘分时走势图

（1）粗横线。粗横线表示上一个交易日指数的收盘位置。它是当日大盘上涨与下跌的分界线，它的上方，是大盘的上涨区域，下方是大盘的下跌区域。

（2）白色曲线和黄色曲线。白色曲线表示大盘加权指数，即媒体常说的大盘指数。黄色曲线为大盘不含加权的指标，即不考虑股票盘子的大小，而将所有股票对指数影响看作相同而计算出来的大盘指数。

参考白黄两曲线的相互位置可知：

①当大盘指数上涨时，黄线在白线之上，表示流通盘较小的股票涨幅较大；反之，黄线在白线之下，说明流通盘较小的股票涨幅落后大盘股。

②当大盘指数下跌时，黄线在白线之上，表示流通盘较小的股票跌幅小于盘大的股票；反之，流通盘较小的股票跌幅大于盘大的股票。

（3）红、绿柱线。在黄白两条曲线下面有红绿柱状线，是反映指数上涨或下跌的强弱程度的。大盘向上运行时，在横线上方会出现红色的柱状线，红色柱状线越高，表示上涨力度强；若渐渐缩短，表示上涨力度渐渐减弱。大盘向下运行时，在横线下方会出现绿色柱状线，绿色柱状线出现越多、越长，表示下跌力度越强；若绿色柱状线渐渐减少、缩短，表示下跌力度渐渐减弱。

（4）黄色柱线。在黄白曲线图下方。黄色柱状线表示实时成交量，单位为手（每手为100股）。最左边一根长的线是集合竞价时的交易量。成交量大时，黄色柱状线就会拉长；成交量小时，黄色柱状线就相应地缩短。

（5）委买委卖手数。代表即时所有股票买入委托下五档和卖出上五档手数相加的总和。

（6）委比数值。是委买委卖手数之差与之和的比值。当委比数值为正值时，表示买方力量较强股指上涨的概率大；当委比数值为负值的时候，表示卖方的力量较强，股指下跌的概率大。

二、个股分时图

个股分时走势图如图2–2所示，其主要内容包括如下几个部分。

（1）白色曲线，也叫分时价位线，表示该种股票实时成交的价格。

（2）黄色曲线，也叫分时均价线，表示该种股票即时成交的平均价格，即当天成交总金额除以成交总股数。它是从当日开盘到现在平均的交易价格画成的曲线，其作用类似移动平均线。

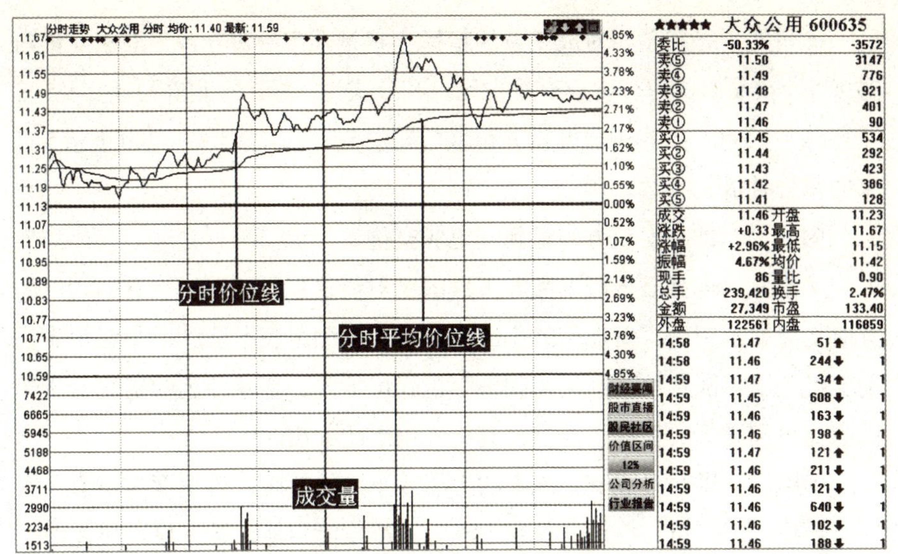

图 2–2 个股分时走势图

(3) 黄色柱线，在红白曲线图下方，用来表示实时的成交量。

(4) 卖盘等候显示栏。该栏中显示的卖 1、卖 2、卖 3、卖 4、卖 5，表示依次有交易者在等候卖出。按照“价格优先，时间优先”的交易原则，谁卖出的报价低谁就排在前面，如果卖出的报价相同，谁先报价谁就排在前面，优先成交，由电脑自动计算。

(5) 买盘等候显示栏。该栏中显示的买 1、买 2、买 3、买 4、买 5，表示依次等候买进，与等候卖出相反，谁买进的报价高谁就排在前面，如买进的报价相同，谁先报价就排在前面。

(6) 成交价格、成交量显示栏。该栏目有多个内容，说明如下：

①均价，即开盘到现在买卖双方成交的平均价格。其公式是：均价 = 成交总额 / 成交量。收盘时的均价为当日交易均价。

②开盘，即当日的开盘价。

③最高，即开盘到现在买卖双方成交的最高价格。收盘时显示的“最高”价格为当日已经成交的最高的价格。

④最低，即开盘后到现在买卖双方成交的最低价格。收盘时“最低”后面显示的价格为当日成交的最低价格。

⑤量比，是衡量相对成交量的指标。它是开市后每分钟平均成交量与过去5个交易日的每分钟成交量之比。其公式为：量比＝现在总手／（5日平均总手／240）×当前已开市分钟数。其中5日平均总手数／240表示5日来的每分钟成交手数。

⑥成交，即买卖双方的最新一笔成交价。

⑦涨跌，即当日该股上涨和下跌的绝对值，以元为单位。有的软件的分时走势显示图中，所显示的小三角形尖头和颜色表示涨跌，小三角尖头朝上红色表示涨；小三角尖头朝下绿色表示下跌；显示白色的是表示今天的收盘价和昨天的一样，并且没有小三角形的尖头。

⑧幅度，即当日成交到现在的上涨或下跌的幅度。若幅度为正值，数字颜色显示为红色，表示股价在上涨；若幅度为负值，数字显示颜色则为绿色，表示股价在下跌。幅度的大小用百分比表示。收盘时的涨跌幅度即为当日的涨跌幅度。

⑨总手，即当日开始成交一直到现在为止的总成交手数。收盘时“总手”，表示当日成交的总手数。

⑩现手，已经成交的最新一笔买卖的手数。在盘面的有下方为即时的每笔成交明细，红色向上的箭头表示以卖出价成交的手数，绿色箭头表示以买入价成交的手数。

（7）外盘、内盘显示栏。外盘即主动买盘，就是按市价直接买进后成交的筹码，成交价是卖出价。内盘即主动卖盘，就是按市价直接卖出的筹码，成交价是买入价。

当外盘累计数量比内盘的累计数量大很多，而且股价也在上涨时，表示很多人在抢盘买入股票；当内盘累积数量比外盘累计数量大很多的时候，而股价下跌，表示很多人在抛售股票。

当外盘数量比内盘数量大出很多，而股价还在跌时，如果股价处于低位，并且明细中大买单很多时，表明主力正在逢低吸货；如果股价处于高位，则要仔细区别分析，如果明细中大卖单不多，表明该股人气旺盛，仍有冲高的可能，如果明细中大卖单较多，则极有可能是庄家在对倒出货。

当内盘数量比外盘大得多时，而股价还在涨，则表明庄家在利用大盘跳水之际或者利空的不利消息打压股价，震仓洗盘。

(8) 最近几分钟成交显示栏。该栏可以显示当时最近几分钟连续 10 笔的成交情况，即几点几分以什么价成交，每笔成交手数是多少。

(9) 成交明细。在盘面的右下方为成交明细显示，显示动态每笔成交的价格和手数。

第二节　分时图的维度分析

分析股票的分时图，需要把握以下维度：

一、回调

1. 回调时间

(1) 短时回调。回调时间远小于上涨时间，回调时间越短，再上涨力度、幅度越大。

(2) 中时回调。回调时间接近上涨时间，这时要看量能是否再次充分放大。

(3) 长时回调。回调时间远大于上涨时间，再次上涨可能性较小，庄家可能在顺势出货，或者庄家感到抛压沉重，难以继续拉高，通过振荡化解抛压。

2. 回调力度

(1) 弱势回调。回调不足上涨波段的 1/3，再次突破前高点可以介入。

(2) 中度回调。回调至 1/2 左右，这时要看量能能否充分放大。

(3) 强势回调。回调幅度超过 1/2 或彻底回落，很难再创新高，要坚决回避。

3. 回调量能

无量上涨和放量回调的形态要坚决回避。

(1) 无量上涨。中线是主力控盘，短线是庄家出货完毕，抛压减少，主力追涨意愿不强，只有散户在玩。

（2）放量回调。主动性卖盘增多，抛压逐步加强，有出货迹象。

看盘点金

分时图中，首先看量能是否配合良好，其次看回调力度和回调时间，最好回调幅度较弱、回调时间较短，如果不能同时满足，至少满足一个，同时另一个不能变坏。

二、角度

1．上涨中继的角度分析

首先分析回调，回调有效的情况下，下一步分析再次上涨的角度。再次上涨的角度越陡峭，说明拉升力度越强。再次上涨的角度可以分为：

（1）强势的再次上涨角度。经回调后，再次上涨角度远大于前次，这种形态比较容易涨停。

（2）平行的再次上涨角度。经回调后，再次上涨角度与前次平行，涨幅较大。

（3）弱势的再次上涨角度。经回调后，再次上涨角度远小于前次，上涨空间有限。

2．反向的角度分析

首先分析回调，回调无效的情况下，回调变成了反转（如回调幅度大、回调时间长）。

（1）反向角度的大小直接冲击现行的上涨趋势，如果反向波过于陡峭，说明反向能力很强，这常常是趋势反转的前兆。

（2）如果回调波已经不满足中继上涨的分析，特别是回调角度过陡（比前波上涨的陡）、幅度过大（1/2以上）、回调时间长（超过前波上涨时间）以及量能不配合，基本可以判断是反转波了。

3．极限角度

上涨极为陡峭，近90度。极限角度是分时中最后一波上涨，不成功则“玩完”。极限角度极为耗费资金，出现极限角度时往往分时中伴有大成交量。

（1）股价涨幅7%时出现极限角度，成交量最大，极有可能当天涨停。

（2）当极限角度过早出现时，同时成交量最大，一旦未能涨停，则难以再涨，勾头时一定要卖出。

三、波长

一般分时上涨波分为三段式上涨，每一段波长之间有延续性。如果再次上涨的角度相同，则三段波具有等长性；如果再次上涨的角度陡峭，量能跟上，则再次上涨波长是前段波长的1.318倍或1.618倍；如果再次上涨的角度较缓，量能减弱，则再次上涨波长是前段波长的0.318倍（1/3长）或0.618倍（2/3长）。

四、分时区间

将上涨、回调、上涨或反转的特殊点的分析，延伸到一天的分时图上，可以找到一种股价走势简洁的形态，便于分析与操作。

1．原势区间

股价呈上升或下降趋势，此区间多为观望区间，不宜进行操作（上涨时不卖，下跌时不买）。

2．转势区间

分时图中股价走势溢出原势区间，改变了上涨或下跌的斜率，此区间内股价既有按原趋势运行的可能，也有形成反转的可能，此区间是重要的决策区间。

3．突破区间

分时图中，股价走势对转势区间进行突破，方向可以向上，也可以向下，此区间是最为重要的操作区间。

（1）在转势区间向上放量突破的第一时间买进。

（2）在转势区间向下突破的第一时间卖出。

（3）如果股价没有上涨或下跌，放弃操作该股。

第三节　分时图的应用

一、运用分时图判断大盘的技巧

大盘全天的走势往往瞬息万变，有时上午走的很强劲，下午可能突然跳水。而有时上午跌得很厉害，下午却可以力挽狂澜。所以如能事先判断当日大盘是收阴还是收阳，对于有些股民做 T+0 或是当日的短线买股至关重要。下面是几种准确率较高的判断方法：

1．股指跳空高开

（1）股指跳空高开后半个小时内，一直运行在缺口上方强势上扬，如出现此种情况，当日大盘判断收为阳线，可以在盘中回调时吸纳。

（2）股指跳空高开后半个小时内，股指先跌，补完缺口后再上扬，在10点时股指处于上涨状态时，也应判断当日大盘收阳，但准确的概率没有第一种高。

（3）股指跳空高开后半个小时内，股指一路下跌，在10点时股指处于下跌状态，则应判断当日收阴，当日因小心操作。

2．股指平开

（1）股指开盘半个小时内，股指一路强势上扬，则当日收阳。

（2）股指开盘半个小时内，股指一路下跌，则当日收阴。

（3）股指开盘半个小时内，股指如先跌后涨，10点时如股指处于上涨状态，则判断当日收阳。

（4）股指开盘半个小时内，股指如先涨后跌，10点时如股指处于下跌状态，则判断当日收阴。

3．股指低开

（1）当股指低开后半个小时内如一路下跌，则判断当日大盘收阴，此种准确率较高，且当日容易大跌。

（2）当股指低开后半个小时内马上补缺口一路上扬，则当日收阳的概率很高。

（3）当股指低开后半个小时内反弹，但缺口没有补完，在10点左右又下跌，则当日收阴。

（4）当股指低开后半个小时内补完缺口再下行，则还是判断收阴。

4．股指振荡

（1）有时早上开盘后半个小时内，股指波动的幅度非常小，往往在一两个点之内，且红柱和绿柱都非常短，有时相互交错，如出现这种情况，则当日大盘容易出现大涨大跌的走势。一般以大涨居多。

（2）有时早盘开盘后半个小时内，股指波动幅度非常大，呈上蹿下跳的走势，则可以判断为当日大盘围绕开盘指数大幅振荡。

二、运用分时图分析个股的技巧

分时图的走势成因往往有两个因素：一个是市场因素，即受大盘或板块的影响而发生变化；另一个是非市场因素，即受主力控制而发生变化。

分时图的研究不同于K线图。具体来说，无论是大盘还是个股，在进行分时图研究时都必须正确看待13个方面。这13个方面依次是：开盘价位、运行方向、升（跌）角度、运作时间、上升高度（下跌深度）、回调（反弹）幅度、波幅形状（频率）、最近高（低）位、最高（低）位、整数位、趋势（支撑）线、图形形态、均价线。同时，还要辅助看即时成交量和盘口买卖信息。

1．分时图的13个方面

（1）开盘价位。在股票分时图的中间有一条较粗的水平线，它的左端显示的是个股昨日的收盘价格，右端显示的是0.00%，这条线代表着昨日收盘价位置。看股票今日的开盘价位时，主要是看开盘价格是落在该水平线的上方还是下方，或者是否正好落在线上。

股价开在该水平线上方，意味着多头占主动优势，开得越高说明多头主动上攻的意愿越强烈，但要防止主力制造的多头陷阱；股价开在该水平线下方，意味着空头占主动优势，开得越低说明空头主动打压的意愿越强烈，但要防止主力制造的空头陷阱；股价开在水平线附近，则意味着平开，是昨日收盘价的正常延续。开盘的每个细节都很重要，没有主力会拿自己的资金开玩笑。

此外，开盘价位也会对后面的股价运行走势起到支撑或压力的作用，即昨日收盘价处的水平线也起着支撑线或阻力线的作用。

（2）运行方向。自9：30分之后，不管有没有成交，股票就已经进入连续竞价的阶段了。此时，交易者应该密切注意股价的运行方向是向上、向下还是横向延伸；向上意味着股价在往上走，向下则意味着股价在往下走，横行则意味着股价正处于买卖双方的僵持状态。

向上走的股价可能会忽然转下，向下走的股价可能也会忽然转上，这些变化无常的表现会随着时间而变化，但最终会在收盘的时候给交易者一个明确的交代。

（3）升（跌）角度。无论股票是上升还是下跌，总会有个角度的问题。分时图的横坐标是时间，纵坐标是价格，所以角度反映价格的运行速度。在既定的时间内，如果股价升（跌）的速度快，角度自然就会加大。有的个股升（跌）得急促，有的个股升（跌）得缓慢，这些都可以通过角度直观地反映出来，这里面就透露出了多头（空头）的攻击决心和实力大小的问题，也就是涨（跌）力度的问题。有力的，就是大角度的，就是强势的，就是值得关注的。

甘氏线是针对股价运行角度而设计出的判断工具，把它用在分时图上也有很好的效果。需要注意的是，很多技术分析理论，包括趋势线、K线形态等，都可以在分时图上进行运用，它们本质上都是为股价趋势服务的，分时图不过是股价运行轨迹的另一种作图方式而已。

（4）运作时间。时间是一个永恒的魔幻大师，能够演化无数的事物，对于千万人时刻都在进行着博弈的股市而言，时间是一个比价格更重要的因素。股价涨（跌）多少的同时花了多少时间，是一个很敏感的问题，它直接反映了诸多投机者的心理状态。

在以时间为横坐标的分时图上，股价所有的变化都是在时间刻度之上的。升（跌）多少价格时耗费了多少时间，说明了多头或空头攻击能力大小的问题；调整（反弹）多少价格时用去了多少时间，则反映了空头或多头反攻力度的问题；升得快而跌得慢，或者升得慢而跌得快，又或者升和跌都是差不多的速度，它们反映出的是不同的盘面语言。图形变化的每一步都离不开时间，从消耗时间长短的问题上，我们可以洞察市场多、空双方的微妙变化，掌握买卖先机。

在股价的运行时间上，有几个时间段是很重要的。第一个是9：30～10：00阶段，属于早盘阶段，极强势和极弱势的股票都会在此时集中表现；第二个是10：30分时点，因为这是停牌个股复牌的时间，复牌的个股在复牌公告的刺激或大盘的影响下，常常会突然发力，而该举动又会影响同板块个股，并由此产生联动效应；第三个是11：00～11：30阶段，属于上午的尾盘阶段，很多有预见性的个股会在此时展开攻势，以图在下午的博弈中占据主动地位；第四个是13：00～13：30阶段，这是下午的早盘阶段，也许是交易者在中午休息的时候进行了进、出场的思考，也许是中午有一些突发性的消息传出，该时段往往也是当天多、空双方激烈争夺的时间段；第五个是14：30～15：00阶段，这是当天的收盘阶段，为使个股明天的走势符合自己的利益，或者主力终于开始透露本意，或者犹豫的交易者终于开始行动，或者有关明天的政策新闻隐约透露……该时段是一天最不安静的时段，尤其是最后一分钟的动作最为精彩。

(5) 上升高度（下跌深度）。股价运行了一段时间后，自然就会在分时图上留下上升的高度或下跌的深度，可能这只是多、空双方第一回合的较量，但我们却可以看出这一回合的胜负战绩，即：到底是多头占主动性优势，还是空头占主动性优势。

在以价格为纵坐标的分时图上，升的高度和跌的深度就是价格的涨跌问题，它显示着目前交易者的输赢状况。升高了，获利盘可能就会马上抛出；跌狠了，抢筹码的可能马上就会出来。这种涨跌的转化一直会持续到收盘时才能分出胜负。

(6) 回调（反弹）幅度。股价升高之后，或者会停顿下来积累力量后再继续前进，或者会停顿下来察看风向后掉头下行。这时，交易者就要看调整的深度问题了。一旦调整幅度太深，多头可能就会支撑不住，导致股价开始下坠。

小力度调整是强势股的表现，这种调整表示盘中做空的力度很虚弱，无力将股价打压下来，是一个好兆头；大力度调整则说明股价在升高后，马上遭受到空方的大力还击，说明空方的能量很大，应该引起重视；中力度调整介于这两者之间。但只要是股价出现调整而不是反转，说明多方总体上还是占有优势的。

反弹幅度也适用于上述原理。

此外，在分析回调（反弹）幅度的时候，还要同步考虑回调（反弹）所用时间的问题，回调（反弹）所用时间少，说明对手打击的力度大，很快就出现了价格回位现象；回调（反弹）所用时间多，说明对手在稳步的蚕食前面的成果，前者的强攻可能只是外强中干的表现。

（7）波幅形状（频率）。在分时图上，股价的走势通常像波浪一样的起伏不定，每一次升（跌）的转弯处就构成了一个小波幅，而诸多的小波幅则构成了一个大波幅，就像波浪理论里的形状。在分时图上不可能去数浪，但是不同的波幅形状却透露着不同的含义。

波峰或波谷尖锐，说明对手反击的速度快，狼牙状的分时图就体现了对手快速的偷袭行为；波峰或波谷呈方形或圆形，说明双方对高（低）点曾达成了短暂的一致，城墙垛口状的分时图就说明了价格两极化的认同；大波有大波的剧烈风险，小波有小波的迷惑现象，它们体现着股价的振荡状况和多、空双方的意见分歧。尤其是波幅运动的频率增加，往往是多、空双方剧烈争夺的表现。

（8）最近高（低）位。所谓最近高（低）位是指离当前股价最近的那个高（低）位在什么地方，这对于在分时图里连接趋势线或画压力线（支撑线）很有帮助。

（9）最高（低）位。所谓最高（低）位是指到目前为止，股价曾经运行的最高（低）位在什么地方，这对于在分时图里连接趋势线或画压力线（支撑线）也很有帮助。

（10）整数位。在一些重要的整数价位上，比如10.00元、20.00元等位置，往往也是股价重要的支撑位或阻力位，这是主力控盘战略意图的体现，也是普通交易者习惯性的买卖心理反映。

（11）趋势（支撑）线。当股价运行的高点和高点依次连接后，就会得出下降趋势线；当股价运行的低点和低点依次连接后，就会得出上升趋势线；还有高点与高点之间的所连成的阻力线，低点和低点之间所连成的支撑线，包括昨日收盘价水平线所构成的支撑线（压力线）等，都是基本技术分析原理在分时图上的应用，也都是交易者投机心理的一再反映。

(12) 图形形态。同趋势（支撑）线可以被运用到分时走势图上一样，K 线里的价格形态分析也可以用在这里。例如头肩顶（底）、双重顶（底）、弧形底、V 形反转、三角形整理等，在这里都有一些值得借鉴的地方。

(13) 均价线。均价线其实就是股价在当日的移动平均线，它计算的是开盘后到目前为止的每一分钟内累计成交的平均价格。该曲线在分时图里占有重要的分析地位，其作用不亚于 K 线图里的移动平均线。

当股价持续在均价线以上运行时，表明市场预期良好，买盘踊跃，当天介入的大部分交易者都有账面利润，这是个股强势运行的特征；当股价持续在均价线以下运行时，表明市场预期较差，卖盘踊跃，当天介入的大部分交易者都在亏钱，这是个股弱势运行的特征；当均价线从低位持续上扬时，表明市场预期提高，交易者纷纷入场推进股价上涨，平均持仓成本不断抬高，对股价形成了支撑的作用；当均价线从高位持续下降时，表明市场预期较差，交易者纷纷离场迫使股价下跌，平均持仓成本不断下降，对股价形成了压制的作用。可见，均价线也具有同移动平均线一样的三大特征：

①支撑与压力作用。当股价回落到均价线附近时，往往会发生反弹；当股价上升到均价线附近时，往往会掉头向下；均价线一旦被突破，原来的支撑作用将转化为压力作用，原来的压力作用将转化为支撑作用；均价线的支撑作用越明显，即意味着主流资金对股价的波动起着维持的作用；均价线的压力作用越明显，即意味着主流资金对股价的波动起着压制的作用。

②助涨与助跌作用。如果股价持续上涨，那么均价线将紧随着提高，说明介入者的持仓成本在不断上抬，交易者的追涨热情高涨，此为均价线的助涨性；如果股价下跌，那么均价线也将紧随着下降，说明介入者的持仓成本在不断下降，先入场的交易者均被套牢，于是后期的卖盘汹涌而出，买盘且战且退，此为均价线的助跌性。

③葛兰碧定律。移动平均线中的葛兰碧定律同样适用于均价线。

2．分时图分析辅助信息

(1) 任何一天的分时走势图都不是孤立走出来的，与当天的外部市场信息和自身的历史走势渊源相关，通常是昨日走势的延续，也常常受到近几日阻力位和支撑位的影响，受制于过去大的趋势状态。所以，在看分时走势图的时候，有必要调出连续几天的分时走势图一起看，以得知股价前期的高、低点在哪里，今天的均价线和前几日的均价线是否能对接在一起，等等。连贯的分时走势图对于我们研究分时图很有意义。

(2) 对于习惯了用K线图进行分析的交易者而言，1分钟K线图和分时走势图其本质是一样的。相比于1分钟K线图而言，分时图的优势是简单明了，最大的特点是：经过训练后，交易者对于特定走势的图形往往很敏感，能很快看出主力的意图和下一步走势，这对于需要快速进行决策的短线交易来说，非常重要。此外，与一分钟走势图相比，分时图中的均线支撑作用比较明显，很多时候股价都会在那里受到影响，而1分钟K线图里的均线则往往失去了作用。由于大多数交易者都在以分时走势图作为当日成交的参考工具，所以分时走势图也就理所当然地成为重要的短线博弈工具，其重要性超过了当日任何一个周期的K线图。

(3) 成交量。成交量是辅助分析股价涨跌原因、涨跌动能和涨跌真伪性的指标。总体来说，成交量的变化代表了当前资金的操作性质与交易者买卖热情的高低，大量资金做多股价必然上涨，大量股票做空则股价必然下跌。但要注意，分时图里的无量下跌是主力当日没有出货或没有主力参与的标志，这种下跌并不可怕；而无量空涨也是主力无法出货的信息，只要不放量，后面就还会有新高出现，因为主力往往会选择在高处出货。

(4) 盘口买卖信息。盘口买卖信息是辨析主力手段和意图的第一手资料，它对于分时图的形成有着直接的影响，很多图形走势就是基于盘口的委托买卖盘而发生的变化轨迹，而盘口买卖信息则直接说明了分时图的形成原因。

(5) 最后要注意的是，仅仅靠分析分时走势图、盘口交易数据、成交量来预测股价的走势是不够的，这些小动作的发生和成因，往往跟大盘走势和板块热点转换有着密切的关系。大盘分析和板块分析具有更重要的参考信息。

第四节 每日实战看盘要点

开盘就是股票开始交易的意思，在开盘之前沪市和深市先集合竞价，开盘价就是每天集合竞价后的成交价格。

一、集合竞价

集合竞价，即在某一规定时间内，由投资者按照自己所能接受的价格按规定进行买卖申报，由电脑交易处理系统对全部申报按照价格优先、时间优先的原则排序，并在此基础上，找出一个基准价格，使它同时能满足以下三个条件：成交量最大，高于基准价格的买入申报和低于基准价格的卖出申报全部满足（成交），与基准价格相同的买卖双方中有一方申报全部满足（成交），该基准价格即被确定为成交价格。集合竞价方式产生成交价格的全部过程，完全由电脑交易系统进行程序化处理，最后，将处理后所产生的成交价格显示出来。

这里需要说明的是：第一，集合竞价方式下价格优先、时间优先原则体现在电脑主机将所有的买入和卖出申报按价格由高到低排出序列，同一价格下的申报原则按电脑主机接受的先后顺序排序；第二，集合竞价过程中，若产生一个以上的基准价格，即有一个以上的价格同时满足集合竞价的三个条件时，沪市选取这几个基准价格的中间价格为成交价格，深市则选取离前收盘价最近的价格为成交价格。

二、关注开盘价

在实战看盘中，开盘价是非常关键的。比如一个正处于主升的品种，低开、高开、平开都是有一定含义的。主升中的低开常常隐藏杀机，尤其在上涨了相当的幅度后，一个低开足以“致命”。在分时观察中要注意以下几种现象：

（1）开盘后立即上攻。盘口显示出很强的攻击盘，但是盘中整理时却莫名其妙的跌破开盘价，一度创出新低，收盘前再度拉高。这么一来，K线便出现了下影线。这种走市其实已经蕴涵了一种多空的转换，如果做盘资金坚决，那根本不可能让场外拣到低价位筹码，因为资金在拉高时，本身就是在承接。而出现了比其承接价还低的价位，无疑是让场外的成本低于他的成本，这就像从主力的口袋里掏钱，是主力所无法容忍的，一旦出现这种走市，需要的是慎重和观望。

（2）开盘后略微上攻后即迅速跌破开盘价，且始终无法再冲破开盘价位。如果这种走市是在阴线的后面，所透露的盘面信息是不给前一天的高位买入者解套的机会，如果盘中持续低走，是一种极其虚脱的态势。

（3）开盘后一度短时间上攻，但是回跌破了开盘价后，还是能够继续创新高。这里要观察的新高和前期高点的幅度，如果只是略微创出的微弱新高，那这种新高的持续创出力度值得怀疑。如果一个K线正处于主升通道的品种，在分时走势中反复给你在开盘价位下的"绿色海洋"中建仓的机会，那当天走势很可能都是以调整为主，不会有太过凶猛的涨势，即使尾市出现拉台，那也要慎重。

以上三种情况都是针对开盘价而言的。开盘价就像一个人早起时的精神面貌：高开说明斗志昂扬，平开是还算端庄，低开则是精神委靡。一个好的精神状态甚至可以使股票一天都表现良好。

三、开盘后看盘要点

一般来说，在趋势明朗的情况下，前后两个交易日的集合竞价不会出现很大的变化，而一旦这种均衡被打破，往往预示着多空的力量出现显著的变化，其运行方向将进行选择（向下或向上）。开盘不仅仅是前一交易日的延续，而且还是当日交易走向的先期预演。鉴于中国股市实行T+1交易制度，开盘与收盘的时段多空双方都进行激烈的搏杀，在总趋势一定的情况下，盘中走势反而相对平缓。当日开盘后30分钟股指与个股的走势，是对当日的运行方式研判的重要依据。对开盘的认知较为深刻的投资者，往往能从当日开盘细节中看出当日股市运行趋势，并相应做出正确的买卖交易策略。当你对当日开盘情况了然于胸的时候，在实战投资中则能起到事半功倍的效果。

1．确认开盘的性质

首先要确认开盘的性质。相对于前收盘而言，若高开，说明人气旺盛，抢筹码的心理较多，市势有向好的一面；但如果高开过多，使前日买入者获利丰厚，则容易造成过重的获利回吐压力。如果高开不多，则表明人气平静，多空双方暂无恋战情绪。

如果低开，则表明获利回吐心切或亏损割肉者迫不及待，故市势有转坏的可能。如果在底部突然高开，且幅度较大，常是多空双方力量发生根本性逆转的时候，因此，回档时反而构成进货建仓良机。反之，若在大势已上涨较多时发生大幅跳空，常是多方力量最后喷发的象征，表明牛市已走到了尽头，反而构成出货机会。

同样，在底部的大幅低开常是空头歇斯底里的最后一击，反而构成见底机会。而在顶部的低开则证明人气涣散，皆欲争先逃出，也是市势看弱的表现。其后虽有反弹，但基本上一路下泻。在大市上升中途或下降中途的高开或低开，一般有继续原有趋势的意味，即上升时高开看好，下跌时低开看淡。

2．重视开盘后30分钟

之所以重视开盘后30分钟，是因为经过上一交易日后二十多个小时的思考，投资者所做出的投资决策是较为坚决且接近理性的，在此期间最能反映参与者的多空力量对比，所以从这里的30分钟应大致可以研判全天的走势。一般来讲，一般短线散户更多地喜欢将手里要了结的股票在头30分钟里面抛掉，而在当日最后30分钟决定是否买进股票。而市场主力做盘也喜欢在开盘30分钟完成当日的拉高、试盘、洗盘等任务，因为在这段时间人们的投资心理最浮躁，最希望得到某种方向的指引。

多头为了顺利吃到货，开盘后常会迫不及待地抢进，而空头为了完成派发，也会故意拉高，于是造成开盘后的急速冲高，这是强势市场中常见的。而在弱势市场中，多头为了吃到便宜货，会在开盘时即向下砸，而空头胆战心惊，也会不顾一切地抛售，造成开盘后的急速下跌。

(1) 第一个10分钟。多空双方之所以重视开盘后的第一个10分钟，是因为此时盘中买卖量都不是很大，因此用不大的量即可以达到预期的目的，主力机构通过集合竞价跳空高开拉高或跳空低开打压，借此测试抛压和跟风盘多寡，借以对今日操作计划进行修正。

(2) 第二个10分钟。多空双方进入休整阶段的时间，一般会对原有趋势进行修正。如空方逼得太猛，多头会组织反击，抄底盘会大举介入；如多方攻得太猛，空头也会予以反击，获利盘会积极回吐。因此，这段时间是买入或卖出的一个转折点。

(3) 第三个10分钟。因参与交易的人越来越多，买卖盘变得较实在，虚假的成分较少，可信度较高。这段时间的走势基本上为全天走势奠定了基础。此时，投资者应密切注意个股的量价关系是否配合，委买单与委买单的多寡，研判大势是“走多”还是“走空”。一般而言，开盘委比达到2倍以上，显示人气旺盛，短线资金入场；反之，离场观望。如两者相差不大，则需观察是否有大手笔委托（买卖）单，同时应结合前期量价趋势加以分析。

3．开盘后30分钟价格趋势研判

为了能正确地把握走势特点与规律，可以以开盘价为原始起点（因为开盘价是多空双方都认可的结果，也是多空力量的均衡位置），把开盘后的第一个10分钟、第二个10分钟、第三个10分钟指数或价位连成三条线段，以开盘30分钟的走向预示当日的价格趋势。

因为开盘三线大体可以代表当天的走势，在通常情况下，股价走势会沿开盘三线的方向运行。

(1) 如果开盘三线在9：40、9：50、10：00始终在开盘平行线上方移动，且一波比一波高，为涨势盘面。

(2) 如果开盘三线一路走低，始终在开盘平行线下方移动，并且与平行线的距离越拉越大，此为跌势盘面。

(3) 开盘三线始终沿开盘平行线上下波动，且波动幅度上下相当，则为振荡盘面。

另外，开盘三线还可能出现一些很不明显的态势。比如：开盘三线二上一下和一下二上仍属于趋涨势；开盘三线一上二下和二下一上则属于趋跌势。

四、盘中看盘要点

在10点以后，股市进入另一个多空双方搏杀阶段。股价在盘中走势，无论是探底拉升、窄幅振荡，或冲高回落，全部体现控盘主力的操作意图。盘中运行状态一般有以下几种情况：

（1）个股低开高走。若探底拉升超过跌幅的1/2时，此时股价回调跌不下去，表示主力做多信心十足，可于昨日收盘价附近跟进。

（2）大市处于上升途中，个股若平开高走，回调不破开盘，股价重新向上，表示主力做多坚决，待第二波高点突破第一波高点时，投资者应加仓买进。

（3）大市低位时，个股如形成W底、三重底、头肩底、圆弧底时，无论其高开低走，低开低走，只要盘中拉升突破颈线位，回调不破颈线时，可挂单买进。

（4）个股低位箱体走势，无论高开低走，平开平走，低开平走，向上突破时可以跟进。若是高位箱体突破时，应注意风险。当日股价走势出现横盘，最好观望，以防主力振荡出货。

（5）大市下跌时，若个股低开低走，突破前一波低点，多是主力看淡行情，应离场观望。

（6）个股如形成三重顶、头肩顶、圆弧顶时，跌破颈线时应果断卖出。

（7）升势中，若高开低走，两波反弹无法创出新高。此刻若放出大量，则是主力利用高开吸引投资者跟风追涨，进行派发。

（8）大盘趋弱时，个股高开低走，反弹无法翻红时，投资者宜在无法翻红时，获利了结，以免在弱势中高位被套。

（9）个股箱体走势后下破箱体时，可在箱底卖出。无论高开平走，平开平走或低开低走，尤其在箱体呈现大幅振荡时，一旦箱体低点支撑失守，显示主力已失去护盘能力，至少短线向淡，暗示一轮新的跌势开始，投资者应毫不犹豫斩仓出局。

看盘点金

对盘面进行判断，应结合大盘判断个股。

(1) 计算盘中买盘与抛单的比例，判断大盘强弱。

(2) 运用ADL判断，大盘指数与ADL同步，说明涨跌真实，走势健康。大盘指数与ADL出现背离，说明主力通过指标股调控来操纵指数，达到其操盘意图。

(3) 盘中波段高低点的判断，尤其在高低点处的量价关系值得研究。

(4) 盘中分析还应重点观察均价线，因为均价线对盘中走势的判断具有明确的警示作用。

五、尾盘看盘要点

尾盘不仅对当日多空双方交战起到总结作用，而且还决定次日的开盘，所以，股票市场波动最大时间段是在临收市半小时左右。此时股价常常异动，是主力取巧操作典型手法的表现，因此尾盘效应应格外重视。

如当日盘口强劲，会在尾市半小时左右引发跟风盘的涌入，使股价脱离当日走势斜率单边上行，此时庄家会借机大笔拉高，以封死下一交易日的下跌空间。由于此时跟进的买盘都有强烈的短线利润的兑现心理，所以尾盘若在抢盘时出现5%以上的升幅，要小心次日获利盘兑现对股价造成的抛压以及庄家次日开盘借势作打压振荡所带来的被动。投资者不要在尾市过分追高抢货，以免陷入庄家次日振荡带来的被动局面。

1. 尾盘修正

中午的前市收盘是多空双方都进入休整的时间，前市尾盘的最后拼搏，已能表现出多空双方的强弱。因此依据前市尾盘的修正，便基本可以判断后市的走势。

首先，找出前市的最高价与最低价，并计算出其中间价；以前市收盘价与前市最高价、最低价、中间价进行比较，判断其后市的走势。

如果用前市收盘价与最高价、最低价、中间价相比较，前市收盘价在最高价与中间价之间，那么尾市多方将强于空方，逐步振荡走强或再创新高。

如果用前市收盘价与最高价、最低价、中间价相比较，前市收盘价在最低价与中间价之间，那么尾市空方将强于多方，逐步振荡下挫或再创新低。

2．判断次日

(1) 涨势中（平均移动线系统呈多头发散）。

①尾盘价涨量缩，这种情形在涨势中多为高潮阶段时的惜售现象，次日股价通常多以跳空高开为主，昨天尾市没有买到的投资者，一般多会追涨买进。

②尾盘急速下跌而成交量放大，次日一般以平开或高开方式开盘，这是主力或机构洗盘的特征。

③尾盘价涨量增，表示股市人气旺盛，看涨心态浓厚，次日将一般以高开方式开盘。

(2) 盘整中（平均移动线系统呈横盘整理）。

①尾盘价跌成交量增大，次日一般以平盘或低开方式开盘居多，这种现象开盘往往代表上攻资金参与不积极，预示大盘将转入调整或下跌阶段。

②尾盘价涨成交量也增，这表明当日大盘攻势，多方明显强于空方，次日一般以平开或高开方式开盘。

③突破关键关口时量与价俱增，说明多方信心十足，致使成交量与价同步增加，次日一般以大幅高开方式开盘，然后再走出高开低走回档盘整的走势。

(3) 跌势中（平均移动线系统呈空头发散）。

①尾盘价跌量缩。大市的跌势中出现价跌量缩，说明空方强于多方，次日将小幅低开开盘，再急速或逐步下跌。

②尾盘价涨成交量也放大，K线收中阴，次日将以平盘方式开出，然后往下逐步下跌，或直接向下跳空下行。

③尾盘价涨成交量也放大，K线是收小阴或小阳，说明尾盘量价俱增，配合KDJ等指标低位，次日将以高开方式开盘，呈振荡反弹走势。

看盘点金

(1) 如果尾盘多方反攻，但又被空头打压，使大盘收于最低点，次日以平开或低开方式开盘，仍是一个下跌走势。

(2) 如果尾盘形成明显趋势，而且最后10分钟放量上涨，说明短线资金入市，次日应以高开方式开盘。

六、买卖盘口的几个问题

1. 散户买卖盘与主力买卖盘的区别

一般主力的买盘和抛盘多数数量较大，价位集中；而散户的盘口表现数量较少、价位分散。主力盘是行情的主导力量，按照“二八率”即市场中主力盘占市场总成交的20%，散户占80%，那么这20%的主力盘能够起到决定性的作用。

2. 正确看待主动性买盘和卖盘

主动性买盘和主动性卖盘都是主力出击的结果，能够左右股价的走势。在庄股行情中，总有对倒的成交量出现，如果只在收盘以后看成交量，往往容易被迷惑。投资者可以通过主动性买盘和主动性卖盘来研判主力的真正动向。主动性买盘就是对着卖盘一路买，每次成交是箭头为红色，委卖单不断减少，股价不断往上走。如果始终有抛盘对应着买盘，每次成交箭头为绿色，委买单不断减少，使得其股价逐渐往下走，这就是主动性抛盘。一般而言，盘中出现主动性买盘时，投资者可顺势买进做多；反之，盘中出现主动性抛盘时，投资者可顺势卖出做空。在这种情况下投资者要注意不要逆势操作，否则很容易吃亏。

3. 正确看待内盘和外盘

从理论上讲，内盘（即主动性卖盘）和外盘（即主动性买盘）的数值可以反映主动卖出和主动买入量的大小。有不少人以此为依据，做短线买卖的参考。但内盘和外盘的数值有时并不是真实的，主力为了迷惑散户会故意制造出虚假的内盘和外盘。散户股民如果没有一定的研判能力，往往容易上当。

例如，当某支股在低位横盘，庄家处于吸筹阶段时，往往是内盘大于外盘的。具体的情形就是庄家用较大的单子托住股价，而在若干个价位上面用更大的单子压住股价，许多人被上面的大单所迷惑同时也经不起长期的横盘就一点点的卖出。此时庄家并不急于抬高价位买入，只是耐心地一点点承接，散户里只有少数人看到股价已无深跌可能，偶尔比庄家打高一点少量买入，才形成一点点外盘。这样一来，就造成主动性卖盘远大于主动性买盘，即内盘比较大，这样的股当时看起来可能比较弱，但日后可能走出大行情。这就是主力压低吸货时为迷惑散户所制造的虚假卖盘。

所以，散户股民在利用内外盘的大小判断股票的走势时，一定要同时结合股价所处的位置和成交量的大小，更要关注股票走势的大形态。具体注意事项包括以下几点：

（1）在股价经过了较长时间的数浪下跌，处于较低价位。成交量极度萎缩后，成交量温和放大，当日外盘数量大于内盘数量，股价将可能上涨。此种情况比较可靠。

（2）在股价经过了较长时间的数浪上涨，处于较高价位。成交量数量巨大，并不能在继续增加时，当日内盘数量放大，大于外盘数量，股价将可能下跌。

（3）在股价上涨的过程中，时常会发现内盘大、外盘小，此种情况并不一定表示股价会下跌。因为有时候庄家会用几笔买单将股价推到一个相对高位，然后在股价小跌后，在买一、买二挂买单。一些不明真相的股民看到内盘大，外盘小，认为股价会下跌，就纷纷以叫卖价卖出股票。岂料庄家却分步挂单，将抛盘一一接走，随后股价不跌反涨，令许多股民大呼上当。如果股价已经上涨了较大的幅度，某日出现外盘大量增加但股价却不涨的现象，极有可能是庄家在利用假象掩护出货。

（4）在股价阴跌过程中，常会出现外盘大，内盘小的情况，但它并不能表明股价一定会上涨。因为有时庄家会用几笔抛单将股价打至较低位置，然后在买一、买二挂卖单，造成股价暂时横盘或小幅上升。一些不明真相的股民还以为是庄家在吃货，于是纷纷买入，谁知次日股价却不涨反跌。如果股价已下跌了较大的幅度，某日出现内盘大量增加但股价却不跌的现象，很可能是主力庄家在假打压真吸货，投资者应注意这一点。

（5）在股价已被打压到较低价位，卖一、卖二、卖三、卖四、卖五挂有巨量抛单，使投资者认为抛压很大，因此在买一的价位提前卖出股票，实际上庄家在暗中吸货，待接足筹码后，突然撤掉巨量抛单，股价大幅上涨。

而在股价上升至较高位置，买一、买二、买三、买四、买五挂有巨量买单，使投资者认为行情还要继续发展，纷纷以卖一价格买入股票，实际庄家是在悄悄出货，待筹码出得差不多时，突然撤掉巨量买单，并开始全线抛空，股价迅速下跌。

（6）当股价涨停时，所有成交都是内盘，但上涨的决心相当坚决，并不能因为内盘远大于外盘就判断走势欠佳；而跌停时所有成交都是外盘，但下跌动力十足，因此也不能因外盘远大于内盘而说走势强劲。

4．盘口挂单的研究与判断

（1）上压板、下托板看主力意图和股价方向。大量的委卖盘挂单俗称上压板，大量的委买盘挂单俗称下托板。无论上压下托，其目的都是为了操纵股价，诱人跟风，且股票走势处于不同阶段时，其作用是不同的。

当股价处于刚启动不久的中低价区时，主动性买盘较多，盘中出现了下托板，往往预示着主力做多意图，可考虑介入跟庄追势；若出现了下压板而股价却不跌反涨，则主力压盘吸货的可能性偏大，往往是大幅涨升的先兆。

当股价升幅已大且处于高价区时，盘中出现了下托板，但走势却是价滞量增，此时要留神主力诱多出货；若此时上压板较多，且上涨无量时，则往往预示顶部即将出现，股价将要下跌。

（2）连续出现的单向大买卖单。

①盘口意义。连续的单向大买单，显然非中小投资者所为，而大户也大多不会如此轻易买卖股票而无视亏损。大买单数量以整数居多，但也可能是零数。但不管怎样都说明有大资金在活动。有时主力会用大的买单或卖单告知对方自己的意图，像666手、555手，或者用特殊数字含义的挂单比如1818手等，而一般投资者是绝不会这样挂单的。

大单相对挂单较小，且并不因此成交量有大幅改变，一般多为主力对敲所致。成交稀少得较为明显，此时应是处于吸货末期，进行最后打压吸货之时。大单相对挂单较大且成交量有大幅改变，是主力积极活动的征兆。如果涨跌相对温和，一般多为主力逐步增减仓所致。

②扫盘。在涨势中常有大单从天而降，将卖盘挂单连续悉数吞噬，即称扫盘。在股价刚刚形成多头排列且涨势初起之际，若发现有大单一下子连续地横扫了多笔卖盘时，则预示主力正大举进场建仓，是投资人跟进的

绝好时机。

③隐性买卖盘。在买卖成交中，有的价位并未在委买、委卖挂单中出现，却在成交一栏里出现了，这就是隐性买卖盘，其中经常蕴涵庄家的踪迹。单向整数连续隐性买单的出现，而挂盘并无明显变化，一般多为主力拉升初期的试盘动作或派发初期激活追涨跟风盘的启动盘口。

一般来说，上有压板，而出现大量隐性主动性买盘（特别是大手笔），股价不跌，则是大幅上涨的先兆。下有托板，而出现大量隐性主动性卖盘，则往往是庄家出货的迹象。

④低迷期的大单。当某只股票长期低迷，某日股价启动，卖盘上挂出巨大抛单（每笔经常上百、上千手），买单则比较少，此时如果有资金进场，将挂在卖一、卖二、卖三档的压单吃掉，可视为是主力建仓动作。注意，此时的压单并不一定是有人在抛空，压单有可能是庄家自己的筹码，庄家在造量吸引注意。大牛股在启动前时常出现这种情况。

⑤盘整时的大单。当某股在某日正常平稳的运行之中，股价突然被盘中出现的上千手大抛单砸至跌停板附近，随后又被快速拉起；或者股价被突然出现的上千手大买单拉升然后又快速归位，表明有主力在其中试盘，主力向下砸盘，是在试探基础的牢固程度，然后决定是否拉升。该股如果一段时期总收下影线，则向上拉升可能大，反之出逃可能性大。

⑥下跌后的大单。某支个股经过连续下跌，在其买一、买二、买三档常见大手笔买单挂出，这是绝对的护盘动作，但这不意味着该股后市止跌了。因为在市场中，股价是护不住的。主力护盘，证明其实力欠缺，否则可以推升股价。此时，该股股价往往还有下降空间。但投资者可留意该股，因为该股套住了庄家，一旦市场转强，这种股票往往一鸣惊人。

七、看盘实战中排名表的分析

1. 涨幅排名表的分析

图 2–3 为实战看盘中排名表的分析图。包含项目有涨幅排名表、量比排名表、委比排名表等。可以对单独每一项进行升、降序排列。

（1）表中有多只股票同属一个板块概念，说明该板块概念已成为短期

涨幅%↓	量比	内盘	外盘	委比%	换手	开盘	最高	最低	涨速%
+10.02	0.95	11.16万	86438	+100.00	27.28	16.31	18.12	16.22	+0.00
+10.00	1.39	55093	56660	+100.00	14.27	22.80	24.09	21.90	+0.00
+10.00	1.32	43783	22650	+100.00	7.80	14.00	15.18	14.00	+0.00
+9.98	2.57	21.41万	61536	+100.00	11.79	15.54	15.54	15.25	+0.00
+9.97	4.32	18.26万	18.46万	+100.00	15.68	12.07	13.24	12.07	+0.00
+9.90	4.07	87335	91503	-66.25	27.39	9.85	10.89	9.48	-0.09
+9.56	1.55	15.52万	10.39万	-75.58	9.99	19.00	20.36	18.88	+0.69
+8.21	1.64	70151	10.41万	-9.93	14.02	9.20	10.05	9.20	+0.41
+7.21	2.49	29.98万	34.18万	-57.76	16.18	5.55	6.11	5.55	+0.00
+6.92	2.48	25.52万	26.11万	+64.24	14.03	11.08	12.23	11.07	+0.08
+6.91	2.28	15591	22429	+79.30	15.59	27.90	30.71	27.50	+0.10
+6.20	0.83	14.63万	17.45万	-45.08	9.77	8.56	9.34	8.52	+0.11
+5.85	1.60	13821	15688	+77.66	12.61	34.00	37.35	33.51	+0.03
+5.77	2.29	29.85万	31.01万	-10.33	18.46	6.32	6.99	6.31	+0.44
+5.71	1.86	18199	27875	-90.20	5.58	38.60	41.99	38.12	+0.00
+5.32	2.47	25794	28990	-10.91	25.36	15.62	16.60	15.30	+0.31
+5.29	1.72	55747	63611	-70.85	4.41	21.57	23.00	21.38	+0.09

图2–3　排名表分析图

市场热点，投资者应该注意其中成交量能较大的个股、涨幅不大的个股以及次新品种。

（2）有明显基本面原因而经常出现在该排行榜上的个股属于长庄股，可以中长线反复注意跟踪，配合其他指标注意其套利机会。

（3）出现在该排行榜的个股需要分析其题材的有效时间。

（4）经常放量的个股，一旦再次价量配合出现在该榜，有短线套利价值。

（5）交易日偏早时间进入该榜并表现稳定的个股有连续潜力，在交易日偏晚时间进入该榜的个股连续潜力一般（剔除突发事件影响）。

（6）长时间不活跃低位股第一次进入该榜，说明该股有新庄介入的可能。

（7）K线连续上涨到高位后进入到该榜，应小心庄家随时可能出货。

2．量比排名表的分析

量比排行榜——异动个股的监测器。列于量比排行榜前列的个股，说明当日成交量较近日呈急速放大之势，量异常放大常常是导致股价短线波动幅度加大的主要原因。

使用量比排行榜时注意以下几点：

（1）量比只是当天与最近几天平均成交量的相对比较数值，如果近几天都在放量，其量比数值就不会很大，量比排行榜也就无法在显要的位置（如榜首）揭示它正在放量，这时，可以通过成交额或者成交量排行榜来弥补。

（2）停牌个股复牌时常常会有异动，但它没有量比数值显示。也就是说，量比排行榜对于停牌个股复牌时的异动情况无法起到监测作用。这时，只有自己根据每日公告的一批停牌个股的复牌时间去跟踪观察。

（3）利用量比排行榜时，主要看榜首异常放量的个股和榜尾过分缩量个股，至于量比数值不是太大的异动个股，可以通过涨幅排行榜或振幅排行榜来捕捉。

（4）量比排行榜不仅可以帮助捕捉放量的异动个股，还可以通过榜尾查出哪些个股在缩量，再从缩量个股当中挑选哪些是属于成交清淡的无量个股，哪些是属于正常调整所需要的健康缩量，因为健康缩量的个股往往蕴含着较多的机会。

3．内外盘排名表分析

在技术分析系统中经常有“外盘”“内盘”出现。委托以卖价成交的纳入“外盘”，委托以买价成交的纳入“内盘”。由于以卖方价格成交的委托纳入外盘，如外盘很大意味着多数卖的价位都有人来接，显示买势强劲；而以买方价格成交的纳入内盘，如内盘过大，则意味着大多数的买入价都有人愿卖，显示卖方力量较大。如内盘和外盘大体相近，则买卖力量相当。

4．委比排名表分析

委比是衡量某一时段买卖盘相对强度的指标。委比值的变化范围为 -100%～+100%，当委比值为 -100%时，表示只有卖盘而没有买盘，说明市场的抛盘非常大；当委比值为+100%时，它表示只有买盘而没有卖盘，说明市场的买盘非常有力。当委比值为负时，卖盘比买盘大；而委比值为正时，说明买盘比卖盘大。委比值从 -100%～+100%的变化是卖盘逐渐减弱、买盘逐渐强劲的一个过程。

5．换手率排名表分析

换手率也称周转率，是指在一定时间内市场中股票转手买卖的比例，是反映股票流通性的指标之一。其计算公式为：

周转率（换手率）= 某一段时期内的成交量 / 发行总股数 × 100%

股票换手率是市场人气指标的一种，可显示出市场的筹码在一定期间内转手的状况。换手率的高低往往意味着这样几种情况：

（1）换手率越高，意味着该只股票的交投越活跃，人们购买该支股票的意愿越高，属于热门股；反之，股票的换手率越低，则表明该只股票少人关注，属于冷门股。

（2）换手高一般意味着股票流动性好，进出市场比较容易，不会出现想买买不到、想卖卖不出的现象，具有较强的变现能力。然而值得注意的是，换手率较高的股票，往往也是短线资金追逐的对象，投机性较强，股价起伏较大，风险也相对较大。

（3）将换手率与股价走势相结合，可以对未来的股价做出一定的预测和判断。某支股票的换手率突然上升，成交量放大，可能意味着有投资者在大量买进，股价可能会随之上扬。如果某支股票持续上涨了一个时期后，换手率又迅速上升，则可能意味着一些获利者要套现，股价可能会下跌。

另外，要注意产生高换手率的位置。高换手率既可说明资金流入，也可能为资金流出。一般来说，股价在高位出现高换手率则要引起持股者的重视，很可能是主力出货，当然也可能是主力拉高建仓；而在股价底部出现高换手则说明资金大规模建仓的可能性较大，特别是在基本面转好或者有利好预期的情况下。

八、在短时间内判断当日大盘强弱的要点

1. 第一板个股涨幅

深沪两市都可以用通过市场要素快速排序的方法告诉我们市场的真正实质。市场量价要素排序的功能是专业选手快速掌握市场真正情况的窗口，也是专业看盘的标准次序。

涨跌龙虎榜的第一板直接告诉我们当日、当时市场中最强大的庄家的活动情况。如果连力量最强大的庄家都不敢出来表现，则市场强弱可以立即得出判定。

第一板中如果有 15 支以上的股票涨停，则市场处于超级强势，所有短线操作可以根据目标个股的状态坚决果断地展开。此时，大盘背景为个股

的表现提供了良好条件。

第一板中如果所有个股的涨幅都大于5%，则市场处于强势，短线操作可以根据目标个股的强、弱势状态精细地展开。此时，大盘背景为个股的表现提供了一般条件。

第一板中如果个股没有敢于涨停，并且涨幅大于5%的股票少于10支，则市场处于弱势，短线操作应该根据目标个股强势状态小心地展开。大盘背景没有为个股的表现提供条件。

第一板中如果所有个股的涨幅都小于5%，则市场处于极弱势，短线操作必须停止。此时，市场基本没有提供机会，观望和等待是最好的策略。

2．大盘态势

大盘波动且低点不断上移，高点一波高于一波，随股价波动黄线和白线均处于向上的态势，且上涨幅度大于3%，属于多头完全控盘的超级强势态势，是典型的单边上扬。此时，短线操作坚决展开。

大盘波动态势重心不断上移，高、低点偶有重叠，大盘处于上扬之中，属于典型的振荡上扬。短线操作可视目标个股的具体情况而展开。

大盘横向水平波动，高、低点反复重叠，大盘处于振荡之中，短线操作可以根据目标个股的情况小心展开。

大盘重心向下运动，高、低点逐级下移，大盘处于跌势之中。此时大盘弱，短线操作应停止。千万不要逆大势盲动，自以为聪明，妄图去海底捞针。

3．个股涨跌家数对比

涨跌家数的大小对比，可以反应大盘涨跌的真实情况。

大盘涨，同时上涨家数大于下跌家数说明大盘上涨自然，涨势真实。大盘强，短线操作可以积极展开。大盘涨，下跌家数却大于上涨家数，说明有人拉指标股，涨势为虚涨。大盘假强，短线操作视目标个股小心展开。特别是上证指数，因为有像中石油（601857）这样的权重特别大的股票，它们上涨的时候，上证指数容易失真。

大盘跌，同时下跌家数大于上涨家数说明大盘下跌自然，跌势真实。大盘弱，短线操作停止。大盘跌，上涨家数却大于下跌家数，说明有人打压指标股，跌势虚假。大盘假弱，短线操作视目标个股小心展开。

4．盘中涨跌量价关系

大盘涨时有量、跌时无量说明量价关系健康正常，短线操作积极展开无妨碍。大盘涨时无量、跌时有量说明量价关系不健康，有人诱多，短线操作小心展开。

5．相关市场联动呼应

深沪两市同涨共跌是正常现象，如果B股也产生呼应则是最佳。全部市场在共涨时，短线操作大胆展开。

本章启示

技术分析是市场实际操作的前提，分析得好才能操作得好。短线的图表分析在分时图上进行。过去做短线的人，靠消息、靠经验以及靠市场感觉来做交易，其实风险是很大的。现在信息技术发达，电脑可以随时提供各种我们所需要的图表。选择哪一种图表完全看实际需要。理论上，时间越短的图表越敏感，也越难掌握。各种图有各种图的技术特性和适合对象，应灵活运用，还要与短期的指标结合在一起，再从分时图决定买卖点。这里只是单从分时图谈谈心得，其买卖还是要综合其他指标的。总之，出色的图表分析来源于对图表信号的深刻理解，而这种理解则来源于刻苦的学习与思考，当然，还有不可或缺的市场实践。

第三章 股市最实用的分析工具

——K线图看盘技巧

我可以保证，市场永远是错的。必须独立思考，必须抛开羊群心理。

——吉姆·罗杰斯

第一节　K线图的基本知识

K线图源于日本，最初，日本米市的商人用K线图来记录米市的行情与价格波动，后因其细腻独到的标画方式而被引入到股市及期货市场。K线图具有立体感强、直观、携带信息量大的特点，蕴涵着丰富的东方哲学思想，能充分显示股价趋势及买卖双方力量的变化，预测后市走向较准确，是各类传播媒介、电脑实时分析系统应用较多的技术分析手段。通过K线图，我们能够把每日或某一周期的市况表现完全记录下来。

一、日K 线的记录

日K 线是根据股价（股票指数）一天的走势中形成的四个价位，即：开盘价、收盘价、最高价、最低价绘制而成的。

（1）开盘价。开盘价又称开市价，是指某种金融产品在证券或者期货交易所交易日开市后的第一笔买卖成交价格。

（2）收盘价。收盘价是指某种金融产品在证券交易所或者期货交易所一天交易活动结束前最后一笔交易的成交价格。如果当日没有成交，则采用最近一次的成交价格作为收盘价。投资者对行情分析时，一般采用收盘价作为计算依据。因为收盘价是当日行情的结果，又是下一个交易日开盘价的依据，可据以预测未来证券市场行情。

（3）最高价。最高价是指某种金融产品当日交易中从开市到收市的交易过程中所产生的最高价格。

（4）最低价。最低价是指某种金融产品在交易日从开市到收市的交易过程中所产生的最低价格。

开盘价低于收盘价时，则开盘价在下收盘价在上，二者之间的长方柱用红色实心或空心绘出，称为阳线；其上影线的最高点为最高价，下影线的最低点为最低价。

开盘价高于收盘价时，则开盘价在上收盘价在下，二者之间的长方柱用绿色实心或空心绘出，称为阴线，其上影线的最高点为最高价，下影线的最低点为最低价。根据每支股票当日的开盘价，收盘价，最高价，最低价四项数据，可以将股价走势图画成K线图。具体绘制方法如图3−1所示。

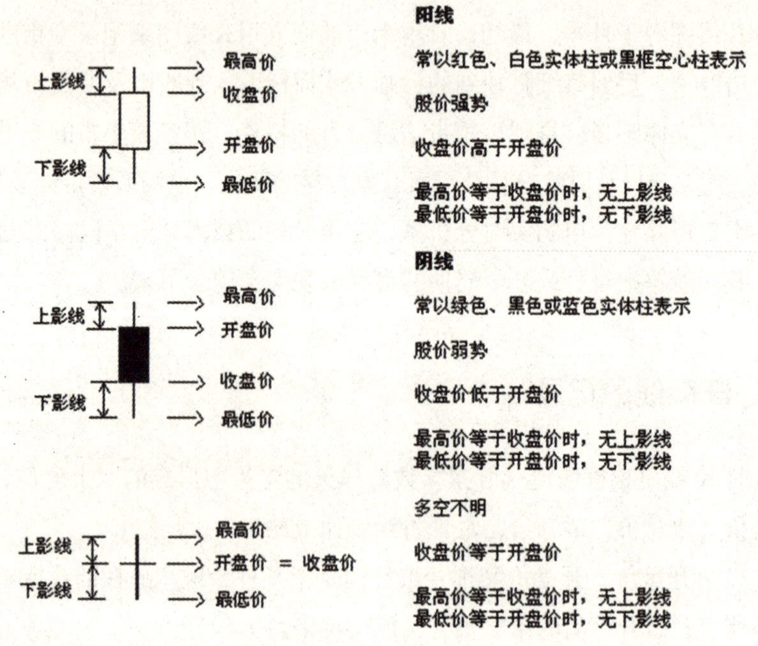

图3−1　K线图绘制方法

二、周K线和月K线的记录

根据K线的计算周期还可将其分为周K线、月K线等。

(1) 周K线是指以周一的开盘价、周五的收盘价为K线的开盘价和收盘价，以全周最高价和全周最低价来画的K线图。

(2) 月K线则以一个月的第一个交易日的开盘价、最后一个交易日的收盘价为K线的开盘价和收盘价，以全月最高价与全月最低价来画的K线图，同理可以推得年K线定义。

周K线、月K线常用于研判中期行情，但是由于指标选择周期较长，对短线行情的指导意义会减弱。

根据开盘价与收盘价的波动范围，可将K线分为极阴、极阳，小阴、小阳，中阴、中阳和大阴、大阳等线形。它们的波动范围通常为：极阴线和极阳线的波动范围在0.5%左右；小阴线和小阳线的波动范围一般在0.5%～1.5%之间；中阴线和中阳线的波动范围一般在1.5%～3.5%之间；大阴线和大阳线的波动范围在3.5%以上。

三、大盘K线走势图和个股K线走势图

大盘和个股K线技术走势图其周期可以分为5分钟、15分钟、30分钟、60分钟K线图，以及日K线图、周K线图、月K线图等。由于所取的时间周期不同，各种K线图所代表的意义当然也不相同。不过，各种K线图采用的绘制方法有相同之处，只要能够看懂其中的一种，其余的就可以触类旁通。因为大家都习惯看比较常用的日K线图，所以这里也就通过日K线图为例来介绍怎样看K线的技术走势图（图3–2）。

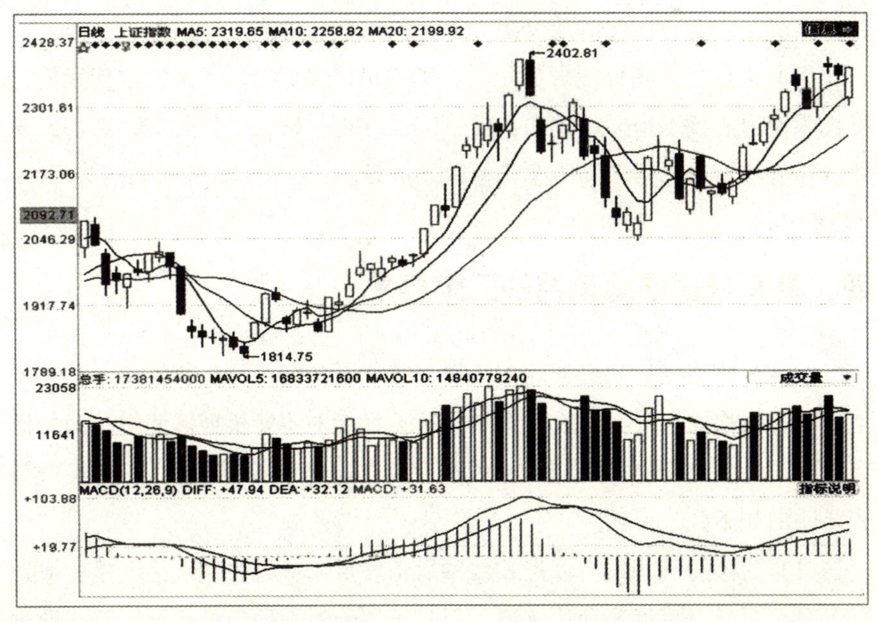

图3–2 大盘日K线走势图

一般的股票分析软件所显示的大盘K线技术走势图都是有三个画面组成的（现在的股票分析软件可以设置多画面组合），其中最上面的是日K线走势图，中间的是成交量的图形，最下面的是某个技术指标图形（可以任意选择）。

（1）移动平均线显示栏。该栏可以显示几个不同时间周期的移动平均线在某一天的数值。

（2）移动平均线走势图。一般设三条移动平均线，分别用不同的颜色表示。究竟是5日、10日、20日的移动平均线，还是什么别的移动平均线，在“移动平均线显示栏”有明确的提示。通常，时间最短的移动平均线（比如5日均线）用黄色表示，时间最长的用绿色表示（如20日均线），时间居中的移动平均线（如10日均线）用紫色表示。

（3）均量线显示栏。显示不同时间周期的均量线在某个交易日的数值。

（4）均量线，是以一定时期成交量的算术平均值在图形中形成的曲线。它是参照移动平均线的原理，以成交量平均数来研判行情趋势的一种指标，因此也称为成交量均线指标。

（5）成交量柱体。绿色（黑色）柱体表示大盘指数收阴时的成交量，红色柱体表示大盘收阳时的成交量。一天的柱状线就表示一天的成交量。

（6）常用技术指标图形显示栏。本栏可以根据每个人的需要任意的选择你想使用的技术指标。比如：MACD、DMI、RSI、KDJ、SAR等。具体选择方法可以参照不同股票分析软件的说明。

四、看K线图必须重视的三个要素

K线是价格运行轨迹的综合体现，无论是开盘价还是收盘价，甚至是上、下影线都代表着深刻的含义。运用K线绝对不能机械地使用，趋势运行的不同阶段出现的K线或者K线组合代表的含义不尽相同。研究K线首先要明白如下几个要素。

（1）同样的K线组合，月K线的可信度最大，周K线次之，然后才是日K线。就实战的赢利角度来看，只有那些看对大的趋势并且按照这种趋势操作的投资者，才有望获得真正的大利润。换言之，在上涨过程中耐心持有可使利润获取最大化，而在下跌中轻仓甚至空仓则是最好的风险回避方法。因此，准确判断趋势至关重要。而在各类技术指标当中，周期太短的，时常会发出错误的信号，并且有时不同的技术指标甚至发出相反的信号，所以选择恰当的周期指标也非常关键。

一般而言，日K线时间太短，并且一般的操盘资金可在一定时期内操纵股价走势，形成骗线，会误导投资者。但就中长期来看，大的趋势是一般资金难以控制的。所以在判断趋势的时候，对于各类指标的选择应以周K线甚至是月K线比较理想。有的个股走势从日K线上难以判断的时候，用周K线和月K线则一目了然。其中均线指标中重要的是半年线和年线的走势。一般在一轮大牛市中半年线始终会在年线之上，而短期股价也应以在年线之上运行为主，只有当半年线回落的时候才是对行情进行重新判断的时候。而MACD、RSI等指标也应以周线为主，这样对于个股在盘整中的骗线就很容易识破。在熊市中利用周K线或者月K线，也就不会被短期的反弹所迷惑，可以较好地防范风险。

用周K线或者月K线判断趋势有优势但也有不足，那就是对于强势个股在卖出的时候往往不会卖到最高价格，而在买入个股的时候又不能买到最低价。因此，这种操作方法是不能追求最低价位买入和最高价格卖出的，但可以基本把握一轮大行情的主流机会，并且能够比较好地回避大风险，保住胜利果实。从长期的实战来看，在一轮牛熊交替的周期中，这种方法可以减少操作频率，降低操作风险，获得最大的投资收益。

总之，月K线出现看涨的组合上涨的概率最大，周K线上涨的组合可信度也很高，而日K线骗线的概率较大，但是很常用。因此，在运用K线组合预测后市行情时，日K线必须配合周线和月K线使用效果才能更佳。

(2) 股价运行的不同阶段出现同样的K线组合代表含义不相同。比如，同样是孕线，在下跌段尾声出现就比振荡阶段出现的见底信号更可信。所以，我们不能一见到孕线或者启明星线就认为是底部到来，必须结合整个趋势综合来看。

(3) K线组合必须配合成交量来看。成交量代表的是力量的消耗，反映了多空双方博弈的激烈程度，而K线是博弈的结果。只看K线组合，不看成交量，其效果要减半。成交量是动因，K线形态是结果。

以上这三个要素是研究阴阳K线的前提，只有重视这三点才能去研究K线。

五、K 线图的应用时机

通常情况下，若阳线出现在盘整或股价下跌趋势末期，代表股价可能会开始反转向上；若阴线出现在盘整或股价上涨趋势末期，代表股价可能会开始反转向下；若阴线出现在盘整或股价上涨趋势末期，代表股价可能会开始反转向下。

出现极长下影线时，表示买方支撑力道强。因此，若此种K线出现在股价下跌趋势末期，再配合大成交量，表示股价可能反弹回升；若此种K线出现在股价上涨趋势末期或高档盘整期，再配合大成交量，表示主力大户可能盘中卖，盘尾拉，应注意卖出时机。

出现极长上影线时，表示卖压大。因此，若此种K线出现在股价上涨趋势末期，再配合大成交量，表示股价可能一时难以突破，将陷入盘整，甚至回跌。

十字线可视为反转信号，若此种K线出现在股价高档时，且次日收盘价低于当日收盘价，表示卖方力道较强，股价可能回跌；若此种K线出现在股价低档时，且次日收盘价高于当日收盘价，表示买方力道较强，股价可能上扬。

看盘点金

因为K线是仅就股票价格观察，所以应用时，须配合成交量观察买方与卖方强弱状况，找出股价支撑区与压力区。每日开盘价与收盘价易受主力影响，因此也可参考周K线图，以每周初开盘价、每周末收盘价、每周最高价、每周最低价绘制。因为主力较难全盘影响一周走势。

第二节　单根K线图的看盘技巧

一般来说，我们可以从K线的形态判断出某一时段内的多、空情况。所谓看“多”，就是看“涨”的意思；所谓看“空”，就是看“跌”的意思。

下面以带有成交量的分时走势图，分别说明数种典型的单个日K线图的形成过程和不同含义。分时走势图记录了股价的全天走势，不同的走势形成了不同种类的K线，而同一种K线却因股价走势不同而各具不同的含义。

一、小阳星

全日股价波动很小，开盘价与收盘价极其接近，收盘价略高于开盘价。小阳星的出现，表明行情正处于混乱不明的阶段，后市的涨跌无法预测，此时要根据其前期K线组合的形状以及当前所处的价位区域综合判断（图3–3）。

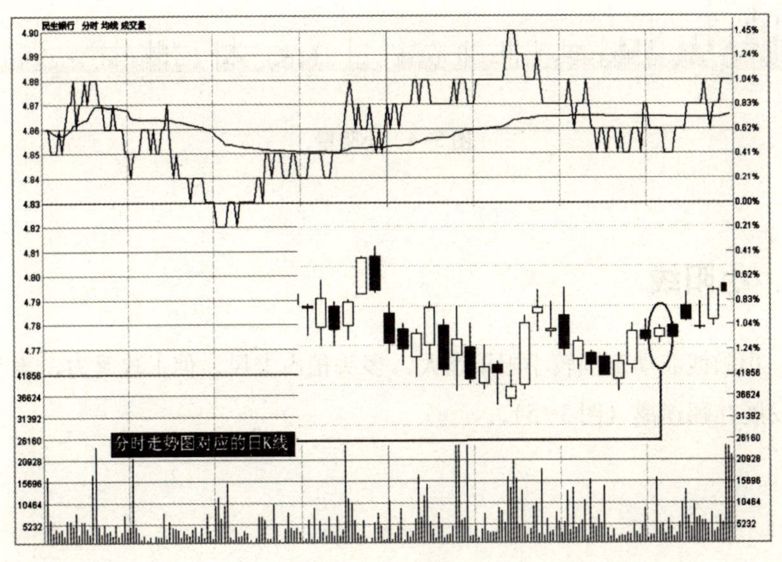

图3–3　小阳星

二、小阴星

阴星的分时走势图与小阳星相似，只是收盘价格略低于开盘价格，表明行情疲软，发展方向不明（图3-4）。

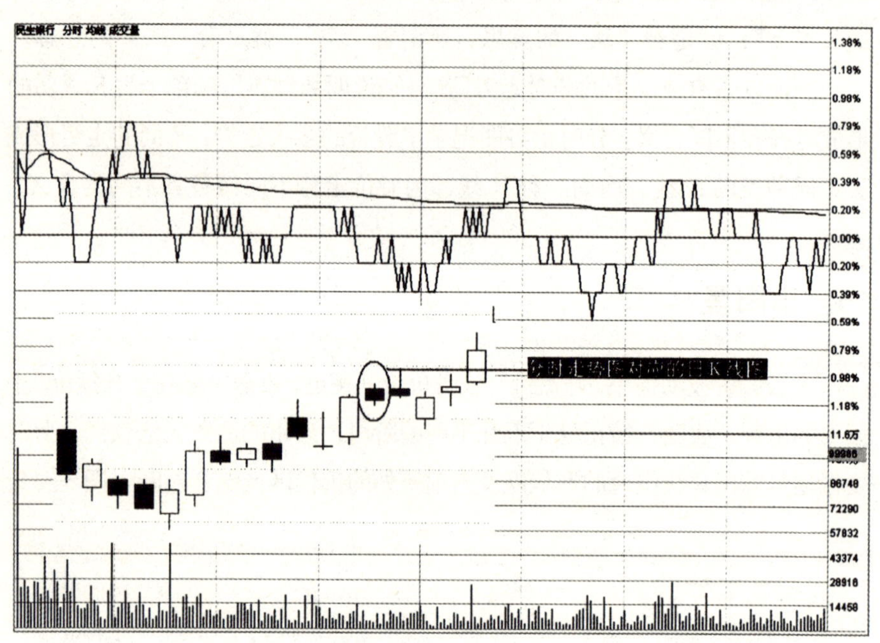

图3-4 小阴星

三、小阳线

小阳线波动范围较小阳星增大，多头稍占上风，但上攻乏力，表明行情发展扑朔迷离（图3-5）。

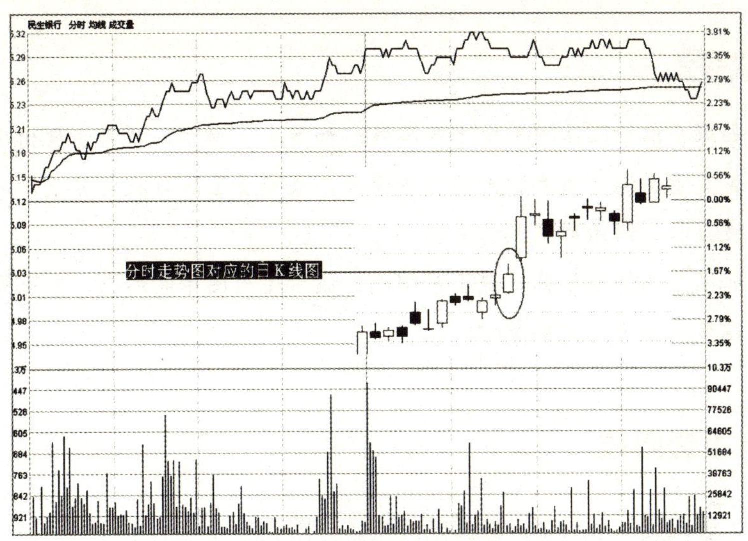

图 3-5 小阳线

四、上吊阳线

上吊阳线出现的位置不同、交易的成交量的不同决定了后市发展方向的不同（图 3-6）。

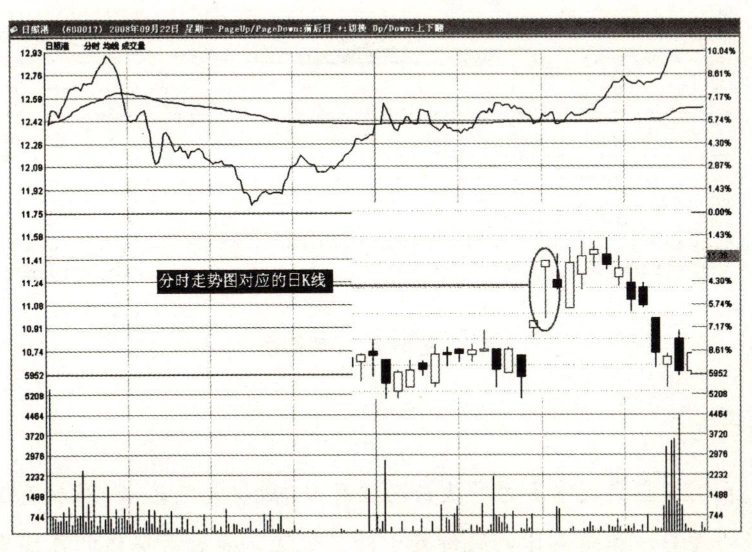

图 3-6 上吊阳线

看盘点金

如果在低价位区域出现上吊阳线，如图 3-6 所示，股价表现出探底过程中成交量萎缩，随着股价的逐步攀高，成交量呈均匀放大势态，并最终以阳线报收，预示后市股价看涨。

如果在高价位区域出现上吊阳线，股价走出图示的形态，则有可能是主力在拉高出货，需要留心。

五、下影阳线

下影阳线是一种带下影线的红实体（图 3-7）。

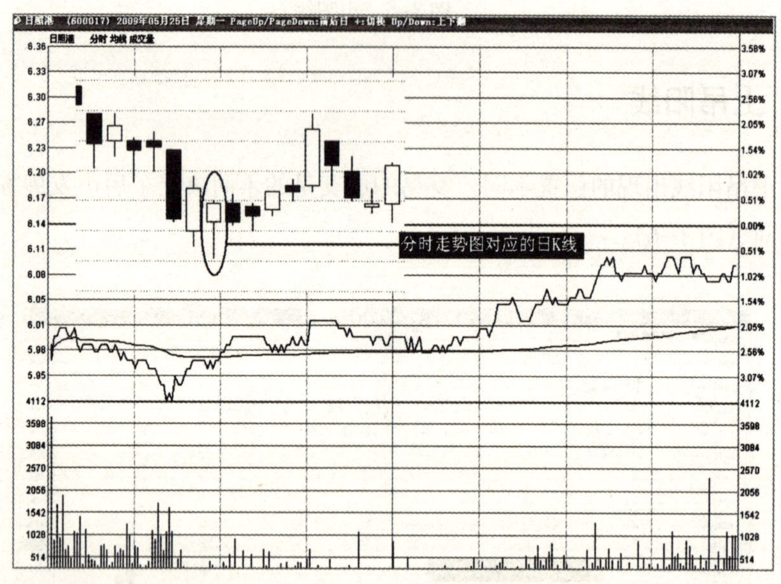

图 3-7　下影阳线

看盘点金

表明多空交战中多方的攻击沉稳有力，股价先跌后涨，行情有进一步上涨的潜力，但是具体的股价处于什么位置，是否有骗线的可能要综合考虑。

六、上影阳线

上影阳线是一种带上影线的红实体。一开盘买方强盛，价位一路上推，但在高价位遇卖方压力，使股价上升受阻。卖方与买方交战结果为买方略胜一筹（图 3–8）。

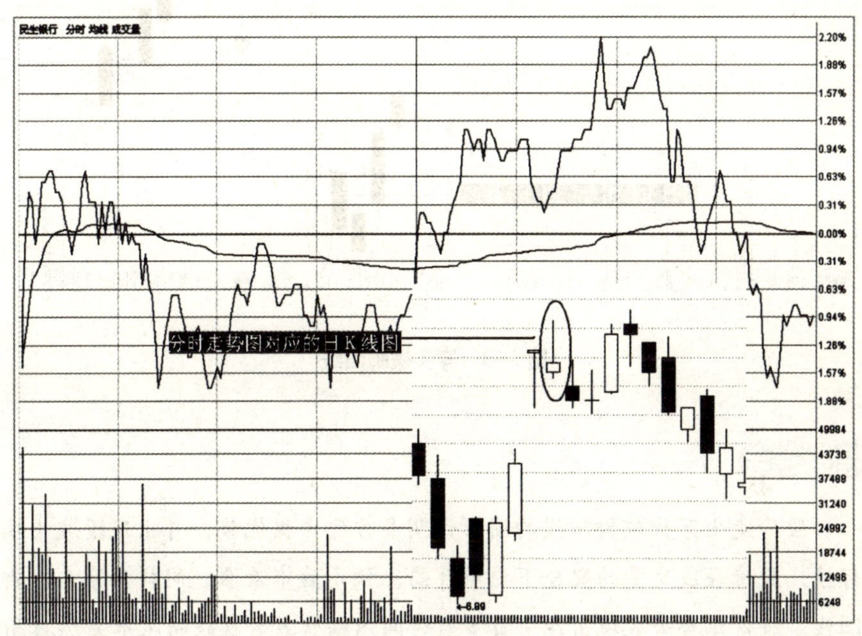

图 3–8 上影阳线

看盘点金

显示多方攻击时上方抛压沉重。这种图形常见于主力的试盘动作，说明此时浮动筹码较多，涨势不强。

七、穿头破脚阳线

穿头破脚阳线是一种上下都带影线的红实体（图 3–9）。

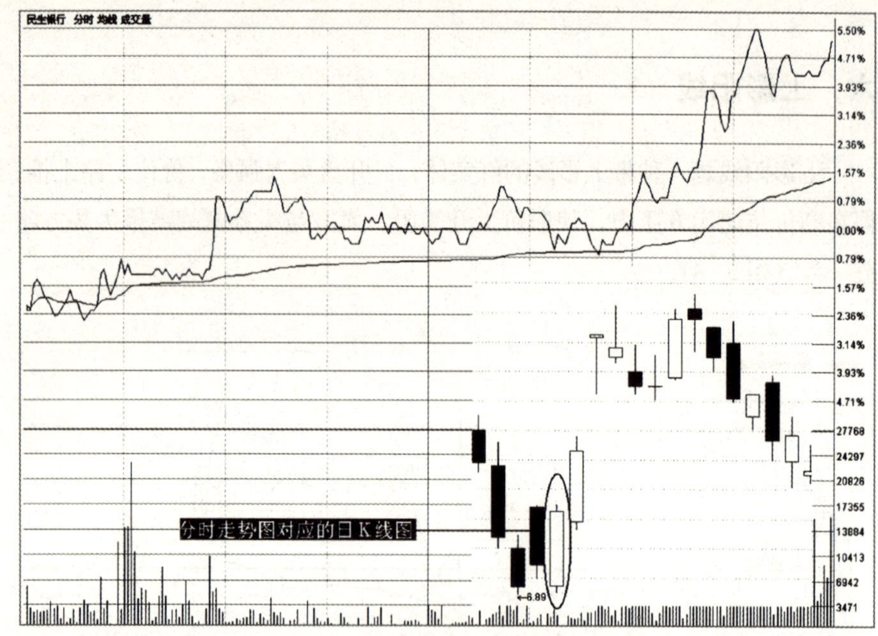

图 3–9　穿头破脚阳线

看盘点金

股价走出穿头破脚阳线的图形说明多方已占据优势，并出现逐波上攻行情，股价在成交量的配合下稳步升高，预示后市看涨。同样为穿头破脚阳线，股价走势若表现出在全日多数时间内横盘或者盘跌而尾市突然拉高时，预示次日可能跳空高开后低走。

还有一种情况，股价走势若表现为全日宽幅振荡尾市放量拉升收阳时，可能是当日主力通过振荡洗盘驱赶坐轿客，然后轻松拉高，后市可能继续看涨。

八、光头阳线

光头阳线是一种带下影线的红实体。最高价与收盘价同，开盘后，卖气较足，价格下跌。但在低价位上得到买方的支撑，卖方受挫，价格向上越过开盘价，一路上扬，直至收盘，收在最高价上（图 3–10）。

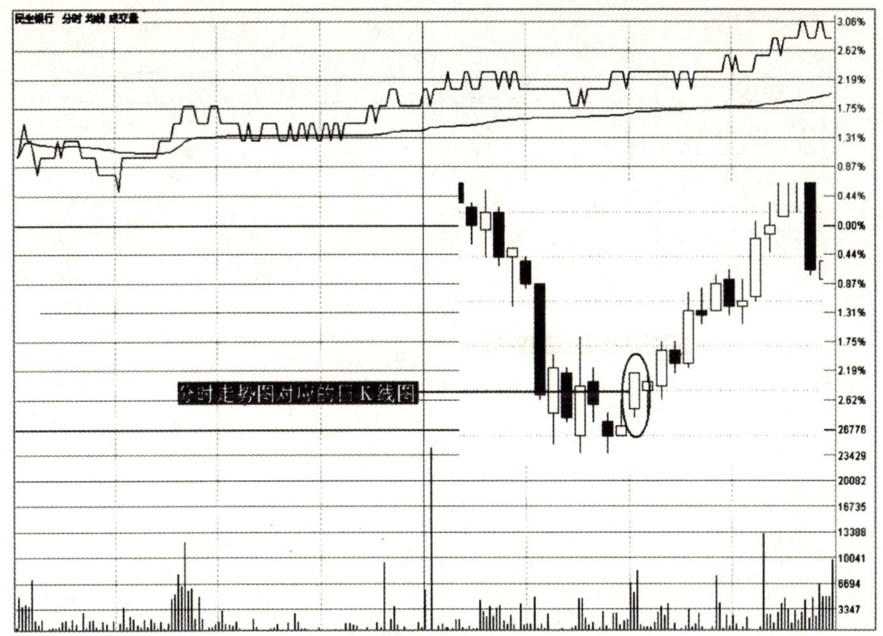

图 3–10 光头阳线

看盘点金

光头阳线若出现在低价位区域，在分时走势图上表现为股价探底后逐浪走高且成交量同时放大，预示为一轮上升行情的开始。如果出现在上升行情途中，表明后市继续看好。

九、光头光脚阳线

光头光脚阳线是指股票开盘后没有下跌，收盘时收在最高，没有上下影线（图 3–11）。

看盘点金

表明多方已经牢固控制盘面，逐浪上攻，步步逼空，涨势强烈。

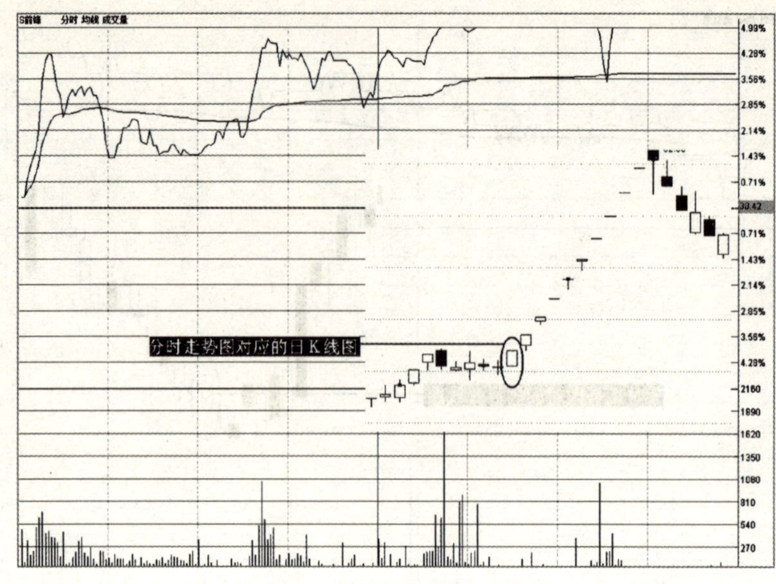

图 3–11　光头光脚阳线

十、小阴线

小阴线是带有上下影线，阴线实体较短的 K 线（图 3–12）。

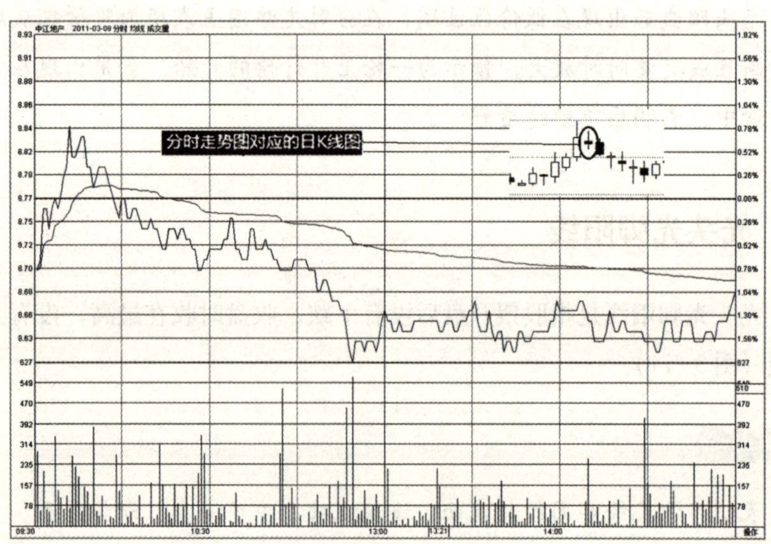

图 3–12　小阴线

看盘点金

表示空方呈打压态势，但力度不大，若出现在大阳线之后，代表着空方力量薄弱，后市涨势可以确定。

十一、光脚阴线

光脚阴线是一种带上影线的阴实体。收盘价即成为全日最低价。开盘后，买方稍占据优势，股票价格出现一定涨幅，但上档抛压沉重。空方趁势打压，使股价最终以阴线报收（图 3–13）。

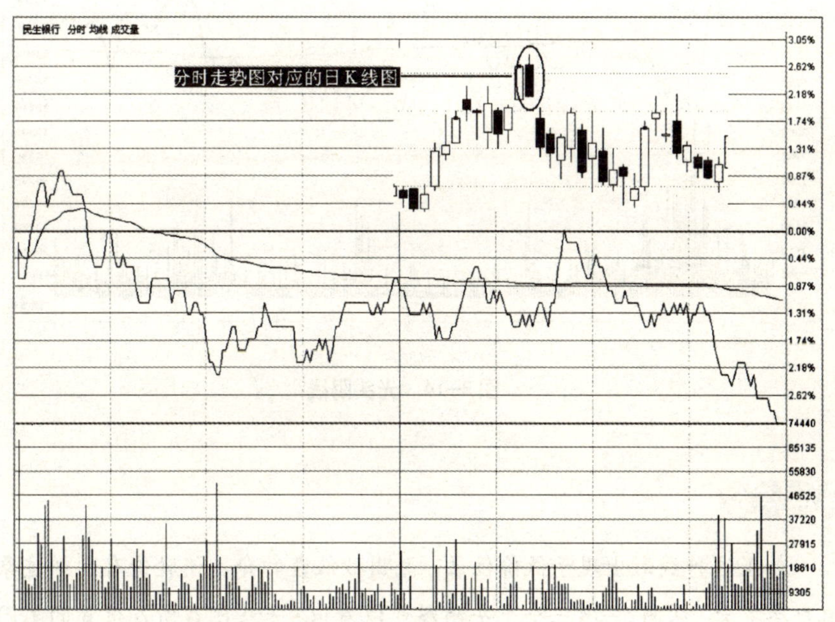

图 3–13 光脚阴线

看盘点金

光脚阴线的出现表示股价虽有反弹，但上档抛压沉重。空方趁势打压使股价以阴线报收。

十二、光头阴线

光头阴线是一种带下影线的阴实体，开盘价是最高价（图 3–14）。

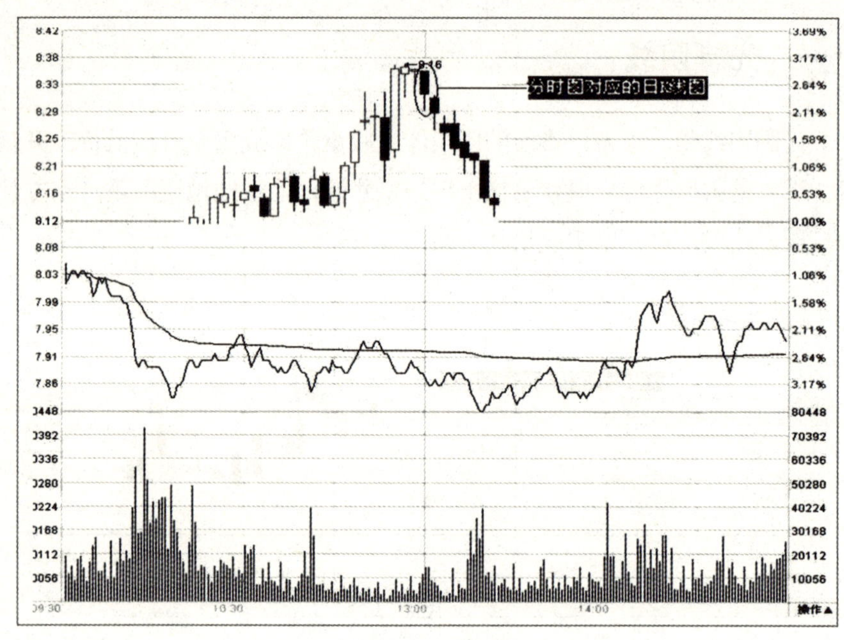

图 3–14　光头阴线

看盘点金

如果这种线形出现于低价位区，说明抄低盘的介入使股价有反弹迹象，但力度不大。从图 3–14 三个光头阴线可以看出，光头阴线所在位置的不同，起到的作用也是不一样的。

十三、下影阴线、下影十字星、T 形线

这三种线形中的任何一种出现在低价位区时，都说明下档承接力较强，股价有反弹的可能（图 3–15）。

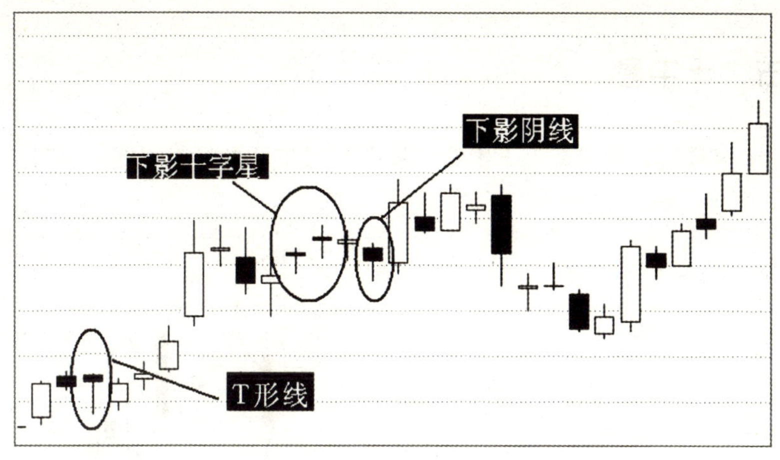

图 3-15　下影阴线、下影十字星、T 形线

十四、上影阴线、倒 T 形线

这两种线形中的任何一种出现在高价位区时，说明上档抛压严重，行情疲软，股价有反转下跌的可能；如果出现在中价位区的上升途中，则表明后市仍有上升空间（图 3-16）。

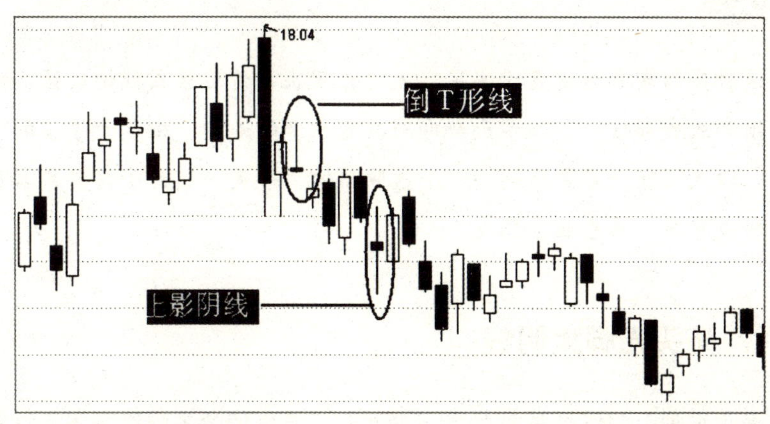

图 3-16　上影阴线、倒 T 形线

十五、十字星

十字星是一种只有上下影线，没有K线实体的形态（图3–17）。

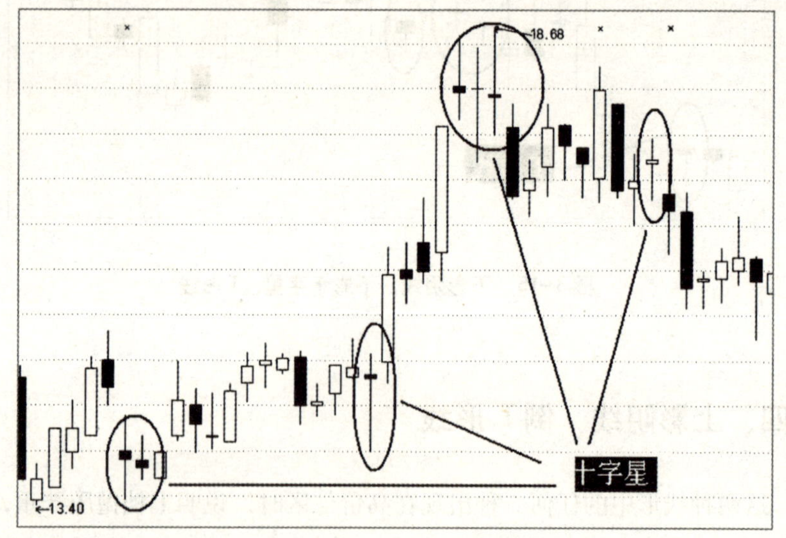

图3–17 十字星

看盘点金

这种线形常称为变盘十字星，无论出现在高价位区或低价位区，都可视为顶部或底部信号，预示大势即将改变原来的走向。由于十字星的特殊作用，股民朋友一定要特别小心小盘股票的十字星，因为小盘股票容易操控，形成骗线，诱惑股民朋友。

十六、光头光脚大阴线

光头光脚大阴线是K线的上下两头都没有影线的长阴线实体，这种类型的K线被认为是极度脆弱的K线（图3–18）。

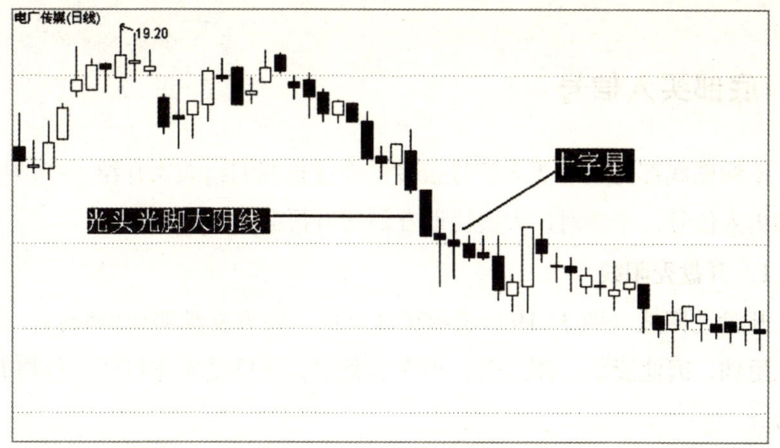

图 3–18　光头光脚大阴线

看盘点金

股价横盘一日，尾盘突然放量下攻，表明空方在一日交战中最终占据了主导优势，次日低开的可能性较大。如果股价走出如图 3–18 所示的逐波下跌的行情，这说明空方已占尽优势，多方无力抵抗，股价被逐步打低，后市看淡。从图 3–18 我们可以看到，在光头光脚大阴线之后，又出现十字星，如果错误地理解十字星的作用，就会被深度套牢。

第三节　K 线组合的看盘技巧之买入信号

K 线图组合是指由两根及两根以上的 K 线组合所形成的某种形态，该形态通过 K 线之间的对比，预示着某种股票价格的运动轨迹。以最简单的两根 K 线来说，在分析它们的时候，要考虑两根 K 线的阴阳、高低、上下影线，然后把单根 K 线的意义与前一根 K 线的意义相比较，来判断股价变化以及后一时间段价格大致的运动方向。

一、底部买入信号

K 线图底部见底的买入信号很多，在这里我们给大家介绍一些常用的底部买入信号，希望对广大股民朋友们所有帮助。

1．开盘秃阳线

开盘秃阳线（图 3–19）表示在开盘后，买方发动的攻势较强，卖方难以阻挡，因此股价一路上升；但在收盘前，股价受卖方打压，价格开始回落。

一支股票经过深度回调，并在低价位横盘数日，如果某日出现了开盘秃阳线，则说明股价已经见底，后市将会有一段时间的回涨。如果第二天继续收阳，就是介入的最佳时机。

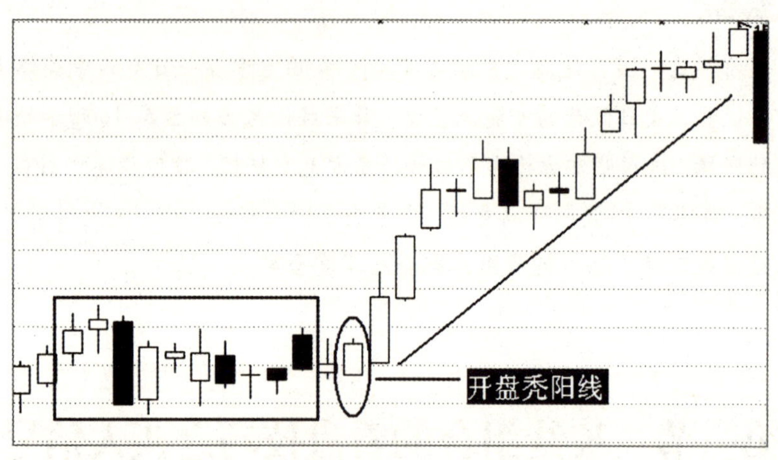

图 3–19　开盘秃阳线

看盘点金

低价位或箱形整理开盘秃阳线是一个强烈的买入信号，但是需要注意的是，结合其他指标判断，此阳线要确实出现在底部，同时阳线不宜过长，第二天若继续收小阳，则可大胆介入；若收阴，则应继续观望。

2．三川破晓明星

股价经过深幅调整后在低价位出现一条大阴线，而次日，向下跳空收一条小图线（阴阳均可），在三日内将该向下跳空缺口补去并拉出中阳线，称为“三川破晓明星”线。该线的出现表示重要的阶段性底部显现，这是强烈的见底信号，可抓紧买入。

图 3–20 为中金岭南（000060）于 2010 年 5 月 6 日至 5 月 10 日走出的三川破晓明星图。

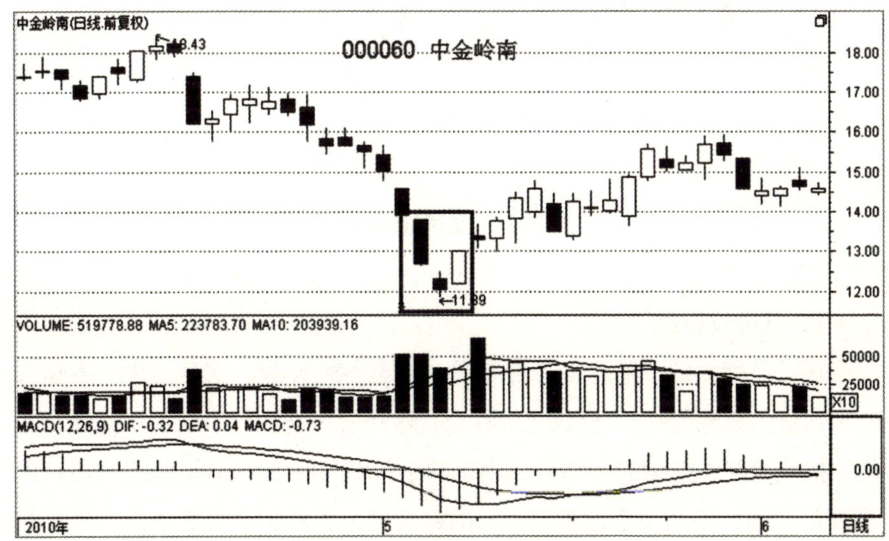

图 3–20　三川破晓明星图

3．低价位孕线

低价位孕线是指经过一连串的阴跌或整理之后出现了一个大线（阳、阴），而次日又出现了一个短小的图形，其上下的幅度都没有超过前一个交易日的幅度，这样的情况，我们就称之为低价位孕线。低价位孕线分“阳孕阴”、“阴孕阳”、“阴孕阴”、“阳孕阳”、“十字星孕线”等形态。在低价区，上述形态均为买入信号。

图 3–21 为唐钢股份的 2009 年 4 月 14 日的数据，是标准的阳孕阴，以后的股价，涨得非常厉害。

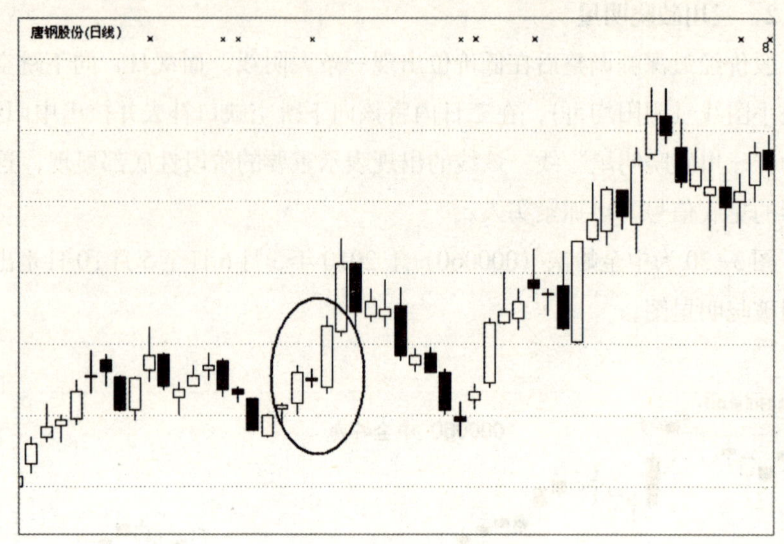

图 3–21　整理阶段的孕线

4．低价位抱线

在一段持续的下跌后，某日出现一条短小的K线，次日出现一条长大的K线（阴线或阳线），形成包容状态，这样的K线图称为低价位抱线。低价位抱线表明在持续的下跌后，出现的小K线表示下跌力量减弱；随后出现的大K线，最高价超过了前一日的最高价，表示买方力量加强，形式利于多方。此图不论是阳抱阴，还是阴抱阳，还是阳抱阳，或者阴抱阴都是买入信号。

图 3–22 为重庆港九（600279）2010 年 7 月 19 日的K线图，是典型的低价位抱线（阳抱阴）。

看盘点金

低价位抱线一般是比较准确的买入信号，尤其是“异性相抱”，阴抱阳或者阳抱阴更加准确。低价位抱线的周抱线比日抱线更加准确，基本可以放心地买入了。而下降途中的阴抱阴抱线，一般是反弹信号，最好不要介入，如果想介入，那么需要快进快出。

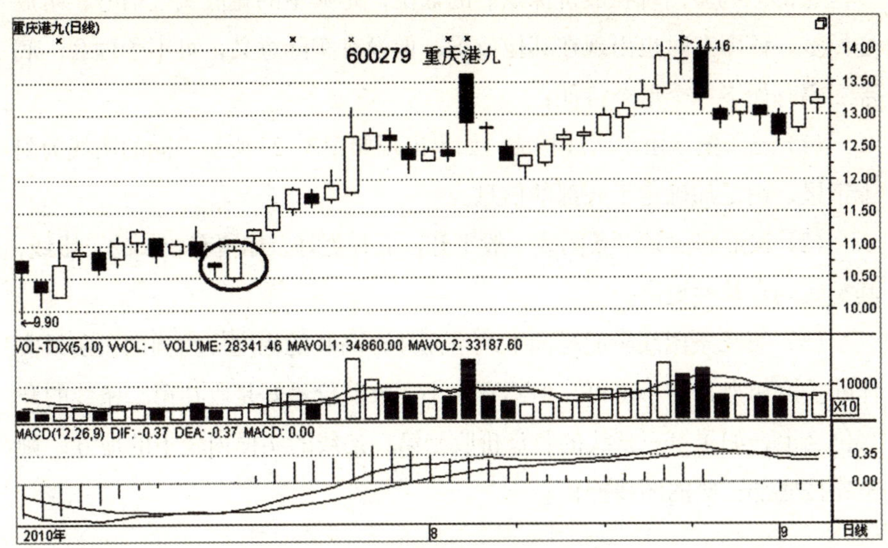

图 3–22 低价位抱线

5．底部三鸦

底部三鸦是三条阴线组成的倒“山”形图形。如图 3–23 所示，中国石化于 2009 年 3 月 11 日～3 月 13 日，形成底部三鸦。

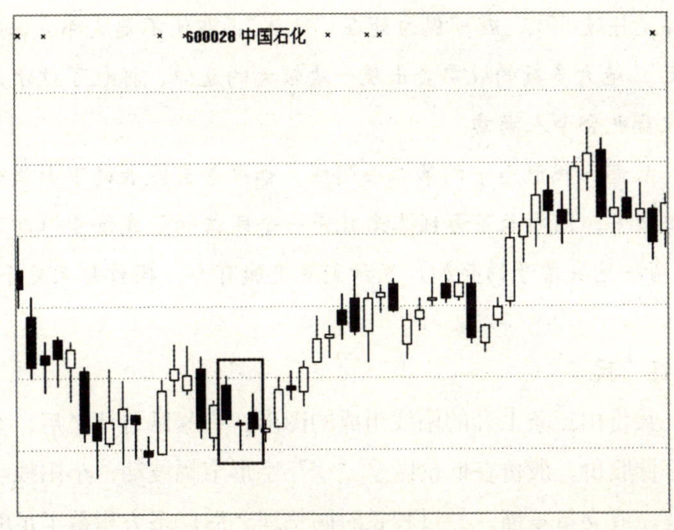

图 3–23 底部三鸦

底部三鸦多出现在股价深跌后的低位，是典型的见底买入信号，可放心做多。该图有时也出现在其他位置，但没有实际意义，可不予理会。底部三鸦有如下三个形态特征：

（1）三条图线由中阴线构成，如果出现如图3–23所示中间的阴线为阴十字星，则更加确定了底部的信息。

（2）该形态的第二条图线一般平开，低开更好，如留有较长的下影线，其见底的有效性更高。

（3）第三条图线一般是向上跳空高开，高开的幅度应与前两条阴线实体的长度相当，略小也可，但不宜太小，收盘价最好是收在第二条线的开盘价之上，如果第三条线的收盘价收到第二条线的实体内较下的地方，则不能按底部三鸦的图线操作。

看盘点金

（1）底部三鸦形态完全符合前面说的三大特征是不多见的，所以底部三鸦形态不能像其他的图线那样要求“达标”，只要是相似或近似即可。这些相似的形态与标准形态的底部三鸦所显示的信号同样可信，应放心操作。

（2）后市能否获利的关键就是要认真分析底部三鸦形态是否处在低位。判断是否处在低位，一般的办法是观察该股前段下跌的幅度，若前段下跌的幅度超过30%，就可视为处在“低位”，即使不是底部，但股价下跌了30%后，绝大多数的股票会出现一次较大的反弹，抓住了这次反弹，所得到的收益也会令人满意。

（3）底部三鸦形态中的第二条阴线，如果带有较长的下影线时，则应放心大胆做多。因为长下影线本来就是一个可信的见底信号（即下浮底部线），这两种见底信号的叠加，显示见底更加有力，操作起来更令人放心。

6．红三兵

红三兵是由三条上升的阳线组成的图形。在暴跌行情之后，空方已无力继续打低股价，股价在低价区呈“一”字形窄幅波动，小阳线与小阴线交替出现，成交量萎缩。经过较长时间整理之后，多方积蓄了足够上升的能量，伴随着成交量的均匀放大，盘面出现连续上升的三根小阳线，使股价突破盘局开始上升。这三根小阳线称为红三兵，它的出现预示着后市大幅上升的可能性很大。如图3–24所示，鄂尔多斯（600295）于2010年7月5日至7日形成红三兵。

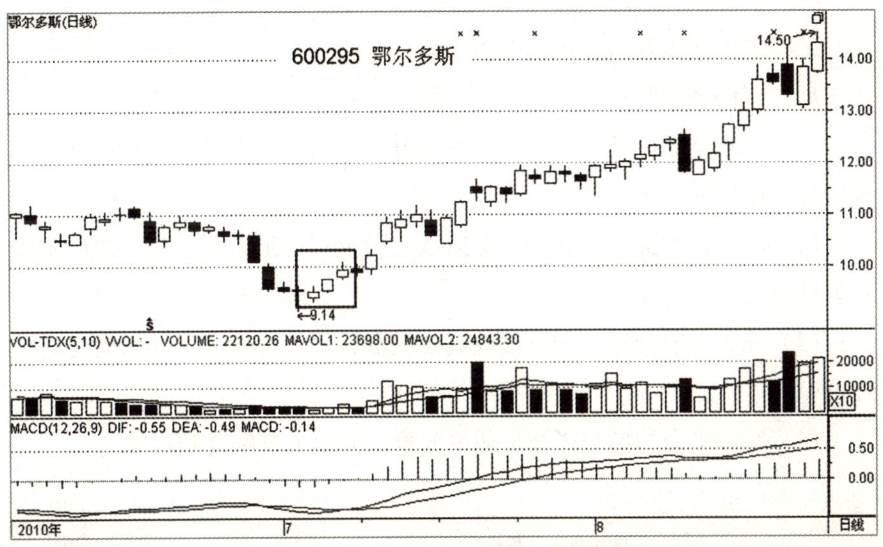

图3–24 红三兵

红三兵有如下特征：

（1）三条阳线应为中小阳线，第三条阳线的实体要大体相当。

（2）第二条阳线和第三条阳线要分别在前一条阳线实体的中心值之上开盘。

（3）第三条阳线必须在第二条阳线的最高价之上收盘。

看盘点金

（1）红三兵出现的频率很高，但完全符合条件的则比较少。标准的红三兵，必须符合上述提到的三个特征，不符合特征的三条阳线，均不能按红三兵形态进行操作。

（2）处在高位的红三兵，要注意获利了结，更不能把它当成上升途中的红三兵而买进。

（3）红三兵可在任何位置出现，只有在低位和上升途中出现的红三兵，才是可信的买入信号。

二、上升途中买入信号

上升途中的买入信号主要有以下五种：

1. 平台突破型

平台突破型即突破上升平台，是上升途中的介入良机。这样的股票K线形态主要特征如下：

（1）股价连续涨升，往往在此阶段股价很难看出未来趋势，散户也没有胆量介入。

（2）几天后股价在一个阶段性高位横盘整理。一般要一到两周完成整理过程。

（3）突破平台的标准应该是适度放量，同时上升幅度超过3%。

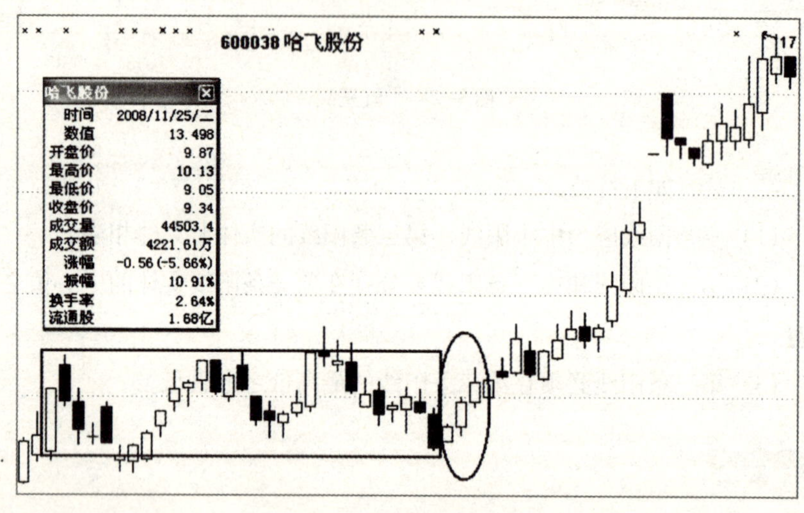

图3-25　平台突破型

看盘点金

如图3-25所示，哈飞股份在箱形整理之后出现红三兵，股价向上突破形成买入机会。

2．一波三折型

多数市场的主力不愿意让自己的操作意图过于明显地表露，加上震仓洗盘的需要，股票在上升途中经常出现一波三折型这样一种形态。

(1) 股票价格首先激升，有的还形成跳空缺口，在明确了突破向上后又毫无征兆地急跌，收出大阴线，将缺口回补。

(2) 随后的3~6天中，股价在一个小范围内没有规则地上下波动，形成一个旗形整理态势。

(3) 在成交量明显收缩后突然又一根阳线向上突破，这样的走势属典型的洗盘K线组合。

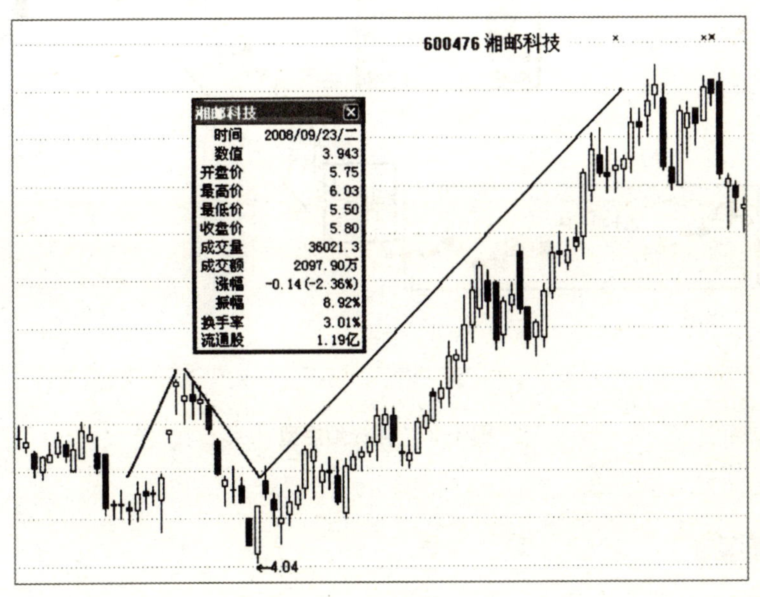

图3-26　一波三折型

看盘点金

如图3-26所示，湘邮科技在2008年9月份后，股价开始跳空上涨，随后几个大阴线回补缺口，股价也随着下跌，此时很多散户已经被震仓出局，但是10天之后，股价又重新涨回到缺口顶部位置，随即该股一发不可收拾。

3. 阳光灿烂型

阳光灿烂型往往表示主力做多的坚定信念，主要表现为“三羊开泰”式样的连续多根大或中阳线的组合，尤其是连续并列的阳线，更加表现了上升势头的猛烈。

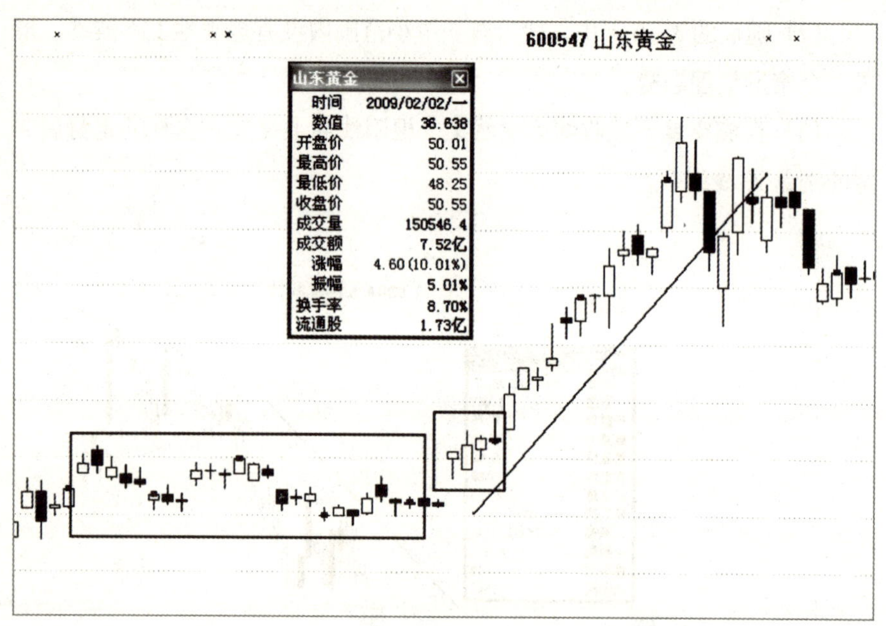

图 3–27　阳光灿烂型

看盘点金

如图 3–27 所示，山东黄金在 2009 年 2 月份时上证指数一路突破 2000 点，山东黄金在长期整理之后，随着一个跳空高开，做多行情变得十分坚定，形成一片阳光灿烂的局面。这种股票多为大盘蓝筹股，跟随大盘指数的上涨而上涨，并且有超越指数的潜质。

4. 丹凤回头型

丹凤回头型往往在操盘时有一定的随机性，与大势的配合较为明显。股价在上升途中多出现一些插入线和斩回线。但出现一条阴线后往往能够在下一个交易日收一条向下跳低开盘的阳线，其收盘价格进入到前阴线实体中心值的附近，有的还能够收到上方，这说明多头力量依然强劲，主力控盘力量没有减弱。这样的形态依然是买入良机。

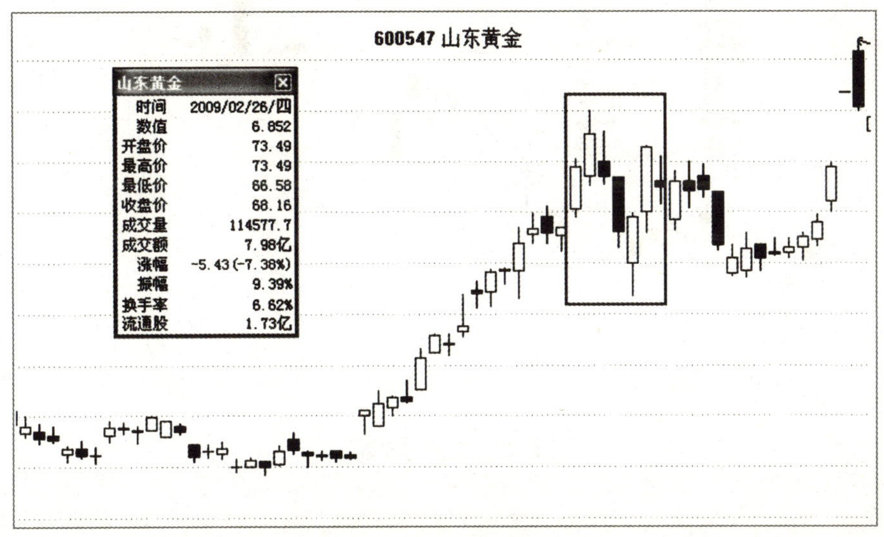

图 3–28 丹凤回头型

看盘点金

依然以山东黄金为例，在2009年2月26日前后，上证指数出现较大的回调，山东黄金也随着回调两天，但是随即被两根大阳线收回失地（图3–28），从此可以看出多头力量仍然强大，随即出现了山东黄金跳空高开的局势。但是如果此种形态“事不过三”，假如连续出现两次以上即要警惕变盘的可能，尤其在放量比较大以后，则应及时出场。

5．金星闪烁型

股价上升途中出现一条大阳线，随后出现两到三颗星形线或者十字星。然后，又在市场的犹豫中突然收起一令人疑惑的阳线，其收盘价高于或接近星形线的最高价，此形态出现后，该股将要有一波急拉行情。

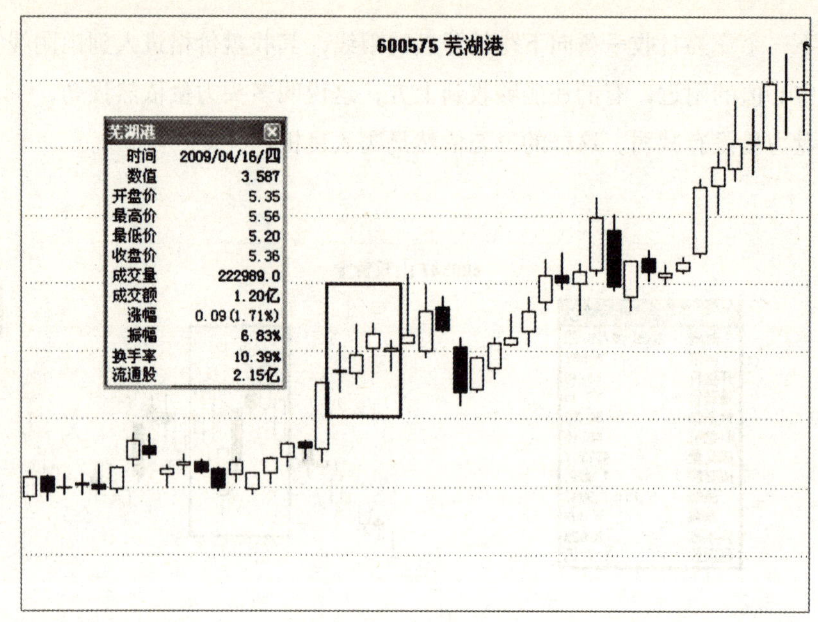

图 3-29 金星闪烁型

看盘点金

如图 3-29 所示，芜湖港于 2009 年 4 月 16 日在一个长阳之后连续形成四个小星，之后继续拉阳线，可以确认多头势力强盛，要果断买入或继续持股待涨。

第四节 K 线组合的看盘技巧之卖出信号

股市有这样一句话：会买的是徒弟，会卖的才是师傅。会买不如会卖，要将账面上的赢利转化为真正的利润，非要会卖不可。因此，如何识别和利用K 线图卖出信号来为自己创造财富，是每一位股民们必须深入学习的。K 线图的卖出信号很多，在这里我们介绍一些常见的 K 线图卖出信号，希望对广大股民朋友们有所帮助。

一、乌云线

乌云线也称覆盖线，由一条阳线和一条阴线组成，阴线在阳线收盘价之上开盘，最后形成乌云盖顶之势。具体图形如图 3–30 所示。

行情连续数天扬升之后，隔日高开。随后买盘不愿追高，大势持续滑落，收盘价跌至前一日阳线之内。这是超买之后所形成的卖压涌现，获利了结盘大量抛出之故，将下跌。乌云线可在走势图中的任何位置出现，但只有出现在高位和上升途中或下降途中的乌云线才具有研究价值。处在高位或下降途中的乌云线，所显示的是卖出信号。在横向盘整行情中出现的乌云线，属于一般波动，不能作为操作的依据。

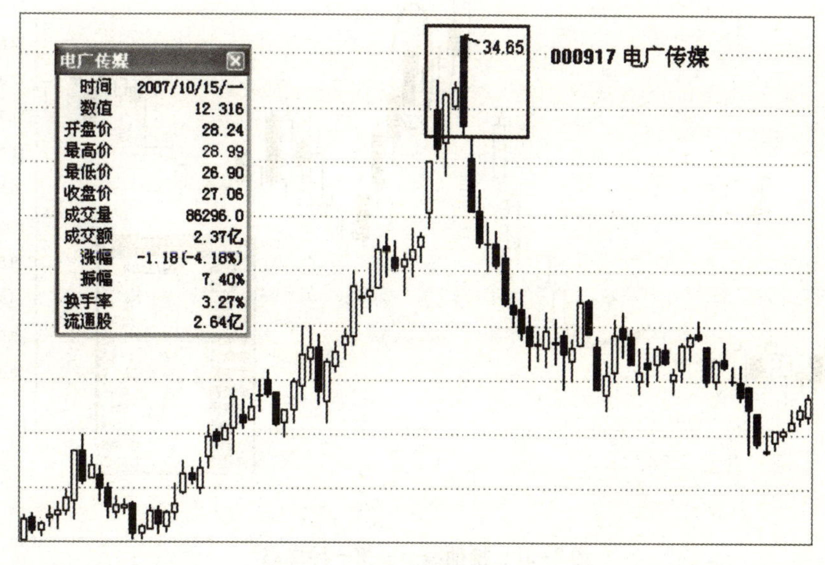

图 3–30　乌云线

看盘点金

（1）高位乌云线是比较强烈的卖出信号，当出现此信号时，应坚决卖出股票，不能有丝毫的犹豫。

（2）下降途中的乌云线，也是很强的卖出信号，也应像对待高位乌云线一样，及时卖出，以免越套越深，不能自拔。

（3）千万别把上升途中的乌云线当成高位乌云线进行了卖出操作。但不要贪多，有了赢利，就应了结。

二、挽袖线

挽袖线是由一阴一阳两条图线组成的图形，有如下两种形态：

（1）第一条图线为阳线，第二条图线为阴线，且阴线在前阳线的实体内开盘，在前一条线的最低价之下收盘（图 3–31）。

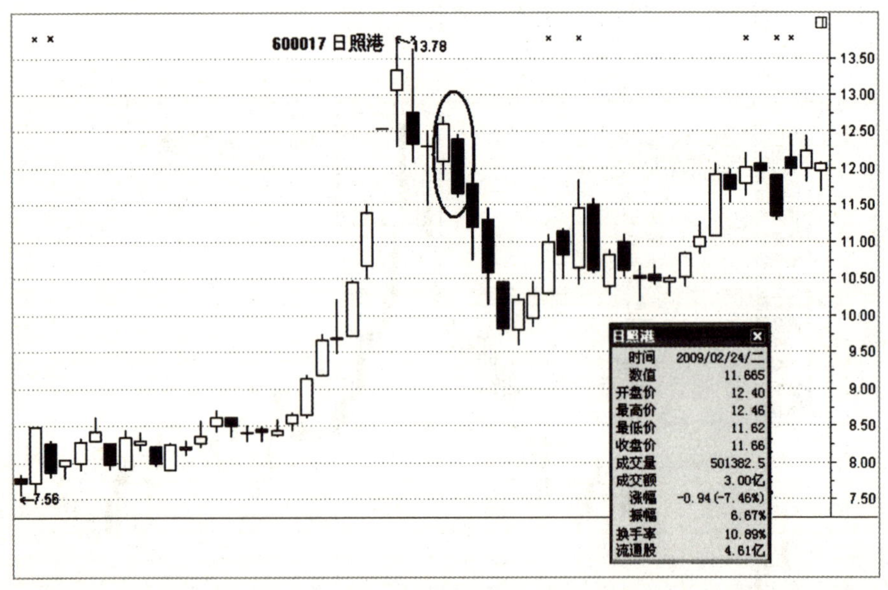

图 3–31　挽袖线——第一种形态

（2）第一条图线为阴线，第二条图线为阳线，阳线在前阴线的实体内开盘，在前阴线的最高价之上收盘（图 3–32）。

挽袖线可在走势图中任何位置出现，处在高位（包括大天顶高位和上升行情的波段峰顶高位）和下降途中的挽袖线，均为卖出信号。

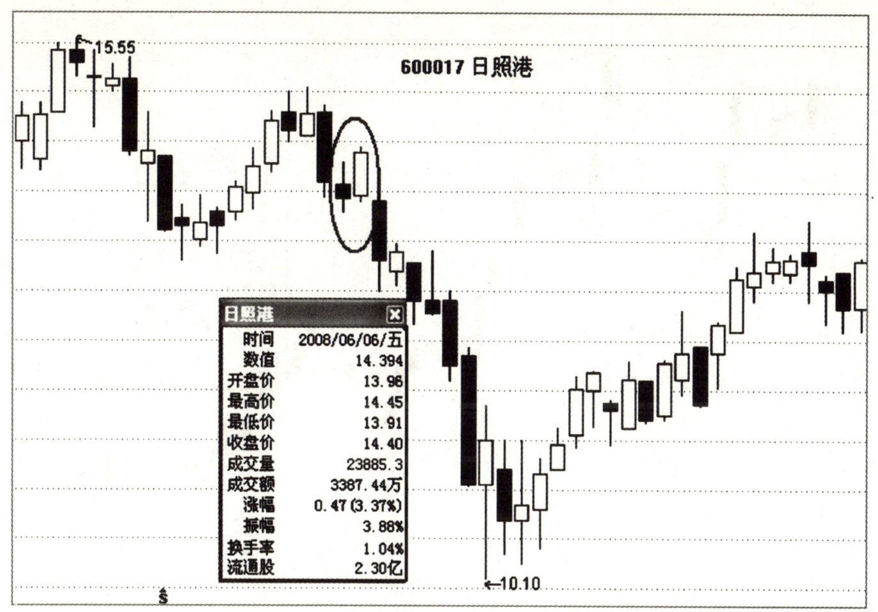

图 3–32 挽袖线——第二种形态

看盘点金

按照处在天顶高位处挽袖线卖出股票后，应远离股市，等待股价调整到位后才可重新买入。但在波段顶部卖出股票后，须时时关注后市的走势，一旦调整到位，应及时买回，迎接下一波的升势。

三、向上跳空星形线

向上跳空星形线是由一根中阳线或长阳线，与一根跳空高开的小阴星或者小阳星组成。具体如图 3–33 所示。

向上跳空星形线具有如下三大特征：

（1）在该组合出现前应该有至少 10% 的阶段上涨幅度，换句话说就是该星形线处于阶段高位。

（2）该形态的前一条图线必须是一条大阳线，当日升幅至少在 2%以上。

（3）第二根星形线必须于第一根阳线在实体之间，有向上跳空缺口。

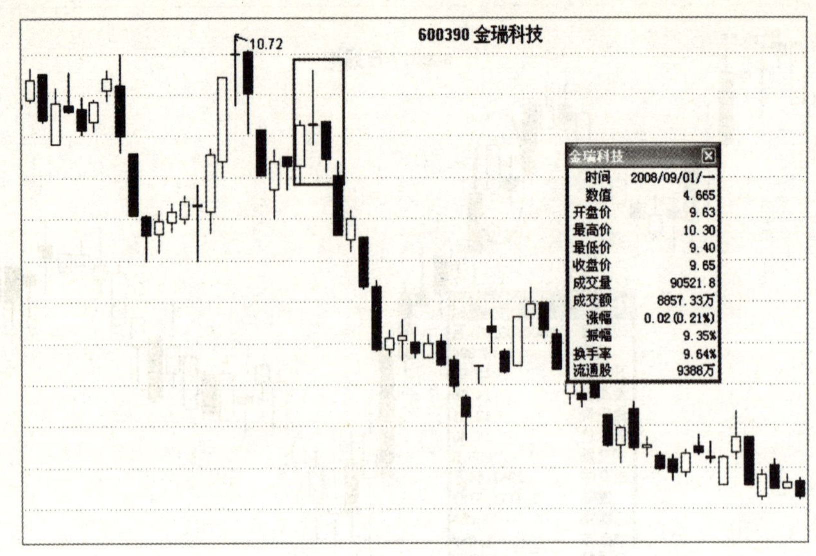

图 3–33 向上跳空星形线

向上跳空星形线是典型的见顶信号，该形态出现后，行情一般会出现一段下跌走势，应及时卖出股票，以免高位套牢。

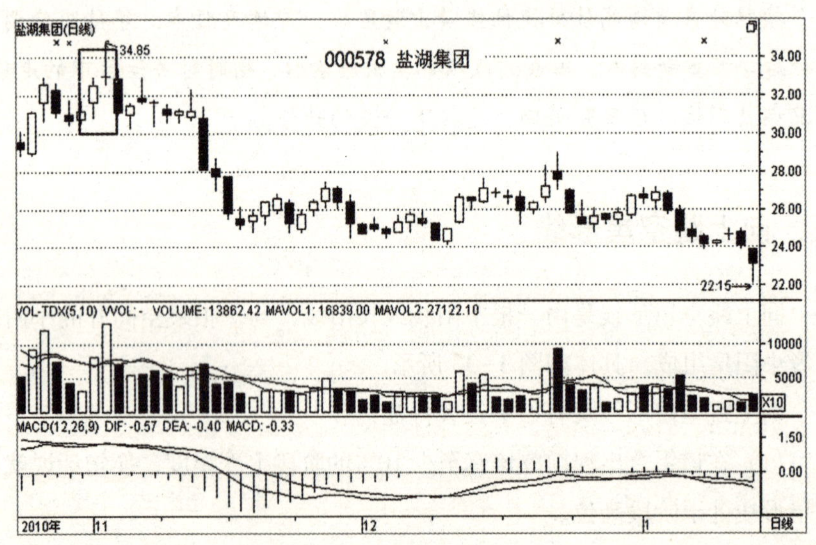

图 3–34 向上空跳星形线

图3-34为盐湖集团（000578）2010年11月1日之后K线走势图，由图中可以看出，该股在11月1日和2日走出了一个非常典型的向上空跳星形线，印证了以上观点。

看盘点金

(1) 向上跳空星形线出现后，有的股票仅收一条阴线就反弹收阳线，在星形线出现的当日没来得及卖出股票的投资者，应该趁反弹之机果断卖出，如果再失去这次卖出机会，就会使到手的赢利至少要损失10%以上，投资者应格外珍惜这一可贵的卖出机会，不能存有等待反弹的思想。

(2) 向上跳空星形线的最佳卖出时间就是星形线出现的当天，一旦发现股价向上跳空高开，同时出现大成交量，股价先是暴涨，然后下跌的走势时，就可认定是向上跳空星形线的形成，此时就应全部卖出手中的获利筹码。为了能顺利卖出，报价应低于市价1～2个价位。获利丰厚的投资者，还可挂出更低的卖出价格。

(3) 向上跳空星形线出现后，股价下跌的幅度一般会达到前期升幅的80%，甚至100%，即跌回到原起涨点价位。股价跌回到原起涨点价位后，先前卖出的投资者，此时可酌情抄底抢反弹，但出手不要太大，只能做试探性买入，因为股价跌回到原位后，并不意味着就不再下跌了，有时仅在原位虚晃一枪，就破位下行，若是一次进多了货，即使及时进行了“止损”，其损失也是令人难以接受的。

四、高位待入线

股价涨升到高位后，一日走出一条大阴线，第二天在阴线底部附近开盘，收一条小阴线，收盘价与前一条阴线的收盘价同值或接近，但不能进入到阴线实体内，这种形态的图线就是高位待入线，该线预示着股价已经到了顶部，后市将以向下调整为主。

待入线是判断行情走势的重要信号之一，处在高位的待入线多显示见顶信号，应卖出股票。

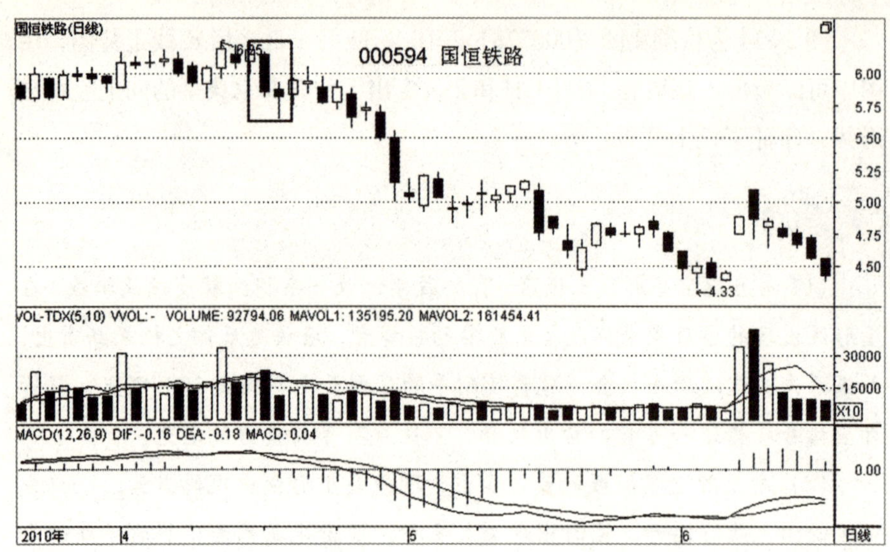

图 3-35 高位待入线

图 3-35 为国恒铁路（000594）2010 年 4 月 19 日之后 K 线走势图。从图中可以看出，该股在 4 月 19 日和 20 日这两天，走出了一个十分典型的高位待入线形态，此时国恒铁路正处于高位，随即股价连续下跌。

五、高位切入线

高位切入线与高位待入线的图形基本相似，即在高位出现一条大阴线后，紧接着走出一条小线，在前阴线的实体以下开盘，在前阴线实体内的下端收。切入线是一条弱势线，是强烈的卖出信号。

图 3-36 为西北轴承（000595）于 2010 年 1 月 20 日之后走势图。由图中我们可以看到在当天出现大阴线之后，一个小阳线在大阴线之下，是明显的高位切入线卖出信号。

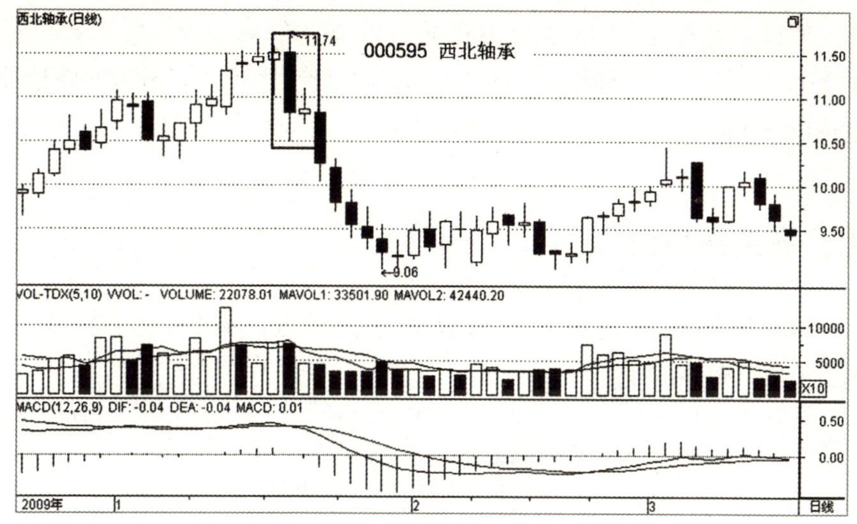

图 3–36 高位切入线

六、高档横盘上跳大阴线

股价在高档横盘整理，连日小阴小阳不断，某一日忽然大幅向上跳空高开，由于上涨得不到认同，股价跌落至其横盘区域收市，形成高位的大阴线。其后，股价再无力向上，最后只能向下突破，展开一段下跌行情。

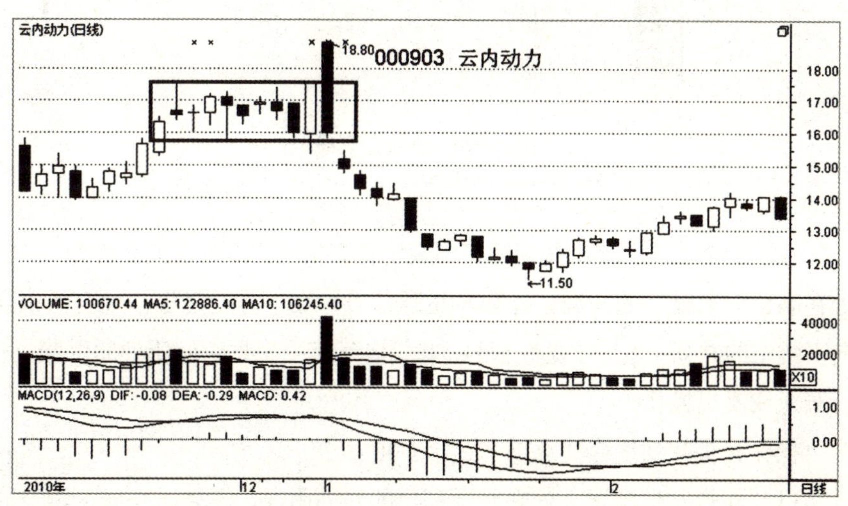

图 3–37 高档横盘中上跳大阴线

如图3-37所示，云内动力（000903）在2010年12月份横盘整理之后，于2011年1月7日放量收出大阴线，当日收盘价已经位于前段时间横盘所在价位，之后股价无法得到支撑，继续下跌。

七、齐头并列线

齐头并列线是由两条开盘价和收盘价基本接近、实体长度大体相当的图线组成（图3-38）。

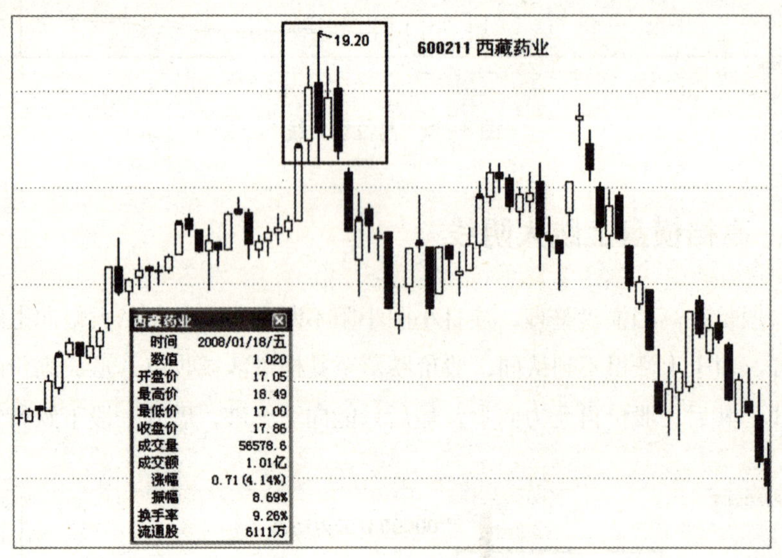

图3-38　齐头并列线

在一般情况下，齐头并列线并不表示什么信号，只有在上升趋势里，且处在高位向上跳空的并列，才显示见顶信号，在下降趋势里，处在低位且向下跳空的并列，才显示见底信号。投资者一定要根据它们所处的位置，进行买入或卖出操作。

操作齐头并列线应注意以下三个事项：

（1）在特殊情况下，处在天顶部位的并列阴线，不要求是向上跳空的形态，只需要两条图线的开盘价、收盘价和实体的大小均符合并列线的组合要求就行。

(2) 并列阴线或并列阳线，指的是它们所在部分的并列，一般不考虑上下影线的长短。

(3) 要注意区分并列阳线和并列阴线所处的位置，如“高位”与“低位”问题。一般没有绝对标准，需要根据个人的经验进行判断。

第五节　K线组合形态的看盘技巧

做短线讲究快和准。快能抢到时机，准是买和卖的时机选择不出差错。何时买入、何时卖出，要依趋势而动。在基本趋势上涨或下跌的中途，往往会出现一些时间不长、振幅不一的盘整走势，它们就像一个歇脚站，股价在此盘整蓄势，然后终止盘整，继续沿原趋势方向运行，这种形态在技术上叫“突破”。由于盘整积蓄了新的能量，股价突破盘整局面后所能够达到的点位是特别值得短线关注的。因此，突破形态是短线操作最应注意的转势信号。如果确认后及时跟进向上的突破形态，一般都可以有10%以上的收获；看到向下突破的信号，则可以及时止损。

适合做短线的突破形态有很多，其中较为常见的有以下几种：

一、上升三角形

上升三角形通常出现在上升趋势的中途，是较为常见的中途整理形态。它是在股价经过前阶段的大幅上涨之后，为防止为短线跟风盘抬轿而进行的一种整理形态，目的就是为了将短线跟风客清洗出去。在这个整理形态中，两次冲顶连线呈一水平线或近似水平，两次探底连线呈上升趋势线，但总体来说都存在一个缩量的过程，这种调整的幅度越来越小，到整理末期基本以十字星报收，量也缩到这个整理形态的最小位置。

上升三角形具有以下特征：股价回落的低点一个比一个高，而高点却在同一水平附近受阻，最后股价向上放量突破阻力，展开新的上升浪。上升三角形的形式如图 3–39 所示。

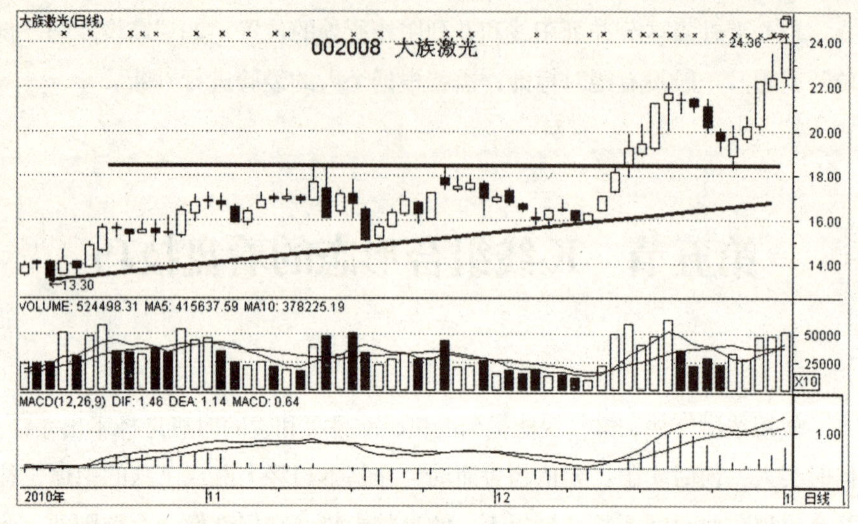

图 3–39 上升三角形

在整理过程中，短线追求连续上涨的资金看到股票总突破不了上台阶时股价的顶点位置，渐渐失去耐心，最后出局，主力机构便在整理结束后选择向上方向。由此可见，当股价放量向上突破上升三角形的上边压力线时，这是判断一个真实突破的关键，是最佳的买入时机，不应该拖泥带水。该图形突破后的上升是快速而有力的，其升幅至少是上升三角形内的最大垂直高度。

看盘点金

对于确认上升三角形的向上突破需要注意的是：

(1) 由于上升三角形属于上升趋势的中途整理形态，在其形态形成过程中的成交量应逐步萎缩，而向上突破时成交量必须有效放大。切记，放量的突破才是好的突破形态。量，是每个炒股的人时刻需要关注的，尤其是大盘压力重重的时候。

(2) 上升三角形完成的时间不应过长，一般只有两个浪峰；也不应直至三角形顶端才突破，否则上升力度有限或可靠性降低，甚至会演化为横向走势。

(3) 如果突破时成交量配合不理想，股价又重新回到三角形之内时，应小心假突破并应止损。特别在有些涨幅已经很大的股票，主力往往利用假突破制造多头陷阱，达到高位派发的目的，其特点就是突破后很快股价又跌回至整理形态之内并形成头部。于是，三角形失败，形成多重顶。

如果对上升三角形的本质有了充分而又具体的认识，在此基础上去识别正确形态，做到胸有成竹，捕捉具有完美上升三角形形态的个股，想不赚钱都难了。

二、对称三角形

对称三角形属于典型的中途整理形态，它既可能出现在上升趋势中途，也可能出现在下降趋势中途。

上升趋势中的对称三角形，是在股价经过快速的上涨之后，股价进入整理时所形成。它的高点是一个比一个低，而低点的支撑却一个比一个高，构成一个向右逐渐收敛的三角形，最后股价放量向上突破三角形的上边压力线，继续上涨。对称三角形向上突破时应有成交量明显放大的配合，这一点非常重要。下降趋势中的对称三角形与此相反。

对称三角形的图形变化复杂，不易直接看出，其向上突破形态如图 3–40 所示。

看盘点金

对于确认对称三角形的向上突破需要注意的是：

(1) 上升趋势中对称三角形的形成应具备两个条件：在三角形形成之前必须有明确的上升趋势，三角形有两个明显的高点与低点。

(2) 三角形内的成交量必须逐步萎缩，向上突破时应有成交量明显放大的配合，三角形完成的时间不应过长和不应至三角形顶端才突破。否则，由于多方力量减弱致使突破后的上涨力度有限甚至形成假突破。

(3) 对称三角形向上突破后的最小升幅一般为三角形内的最大垂直

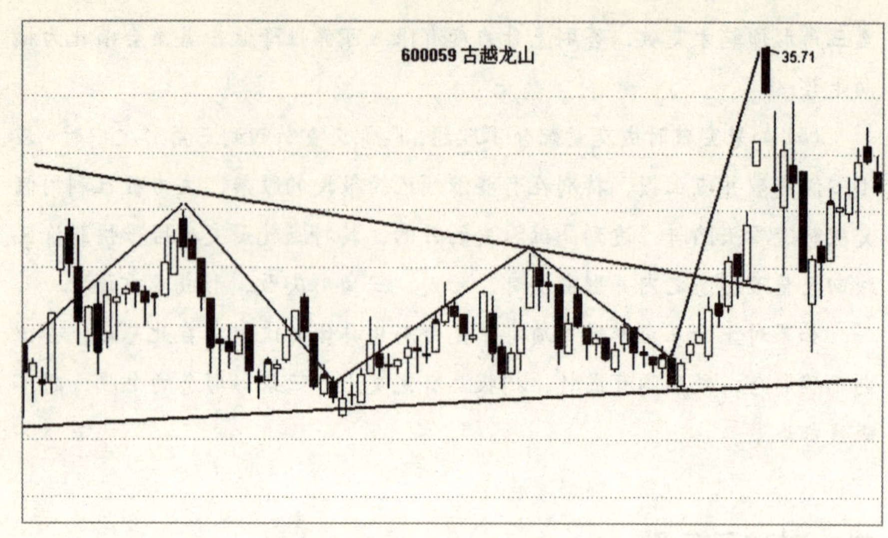

图 3-40　上升趋势中的对称三角形

高度。

(4) 对称三角形放量突破其上边压力线时为买入时机，如突破后股价很快跌回三角形内或三角形上边线之下为假突破，应止损。

短线炒股者若拿不准其突破方向，应遵循等待、观望、休息的策略，直至产生突破方向时再入市。

三、下降三角形形态

下降三角形与上升三角形图形相反，也是一种典型的中途整理形态(图 3-41)。走势特点是高点一个比一个低（或低点越低，但高点始终无法形成突破)，而低点则在同一个水平线上。最后股价向下突破三角形的下压力线，其下跌幅度至少是三角形最大高度的 1 倍。

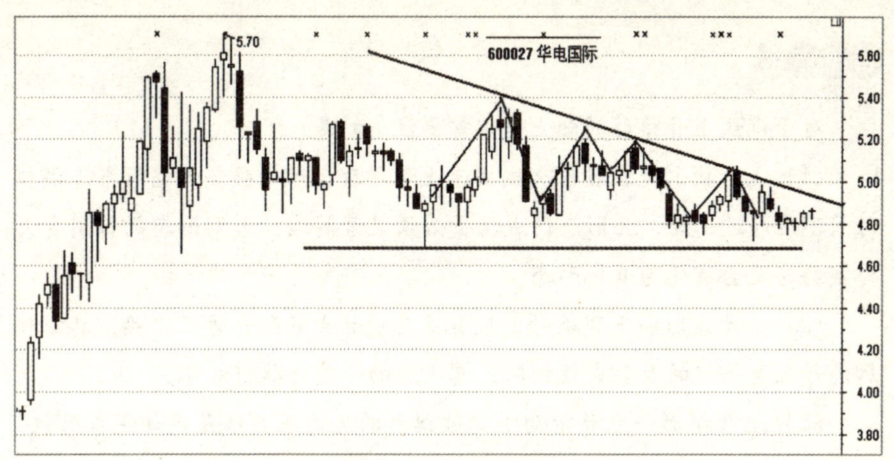

图 3-41　下降三角形

四、上升旗形形态

上升旗形是在股价经过快速而陡峭的上升之后形成旗杆，然后进入调整。因股价波动紧密而形成一个狭窄和稍微向下倾斜的平行四边形，像面旗子（图 3-42），所以叫旗形突破。形态内的成交量快速萎缩，向上突破时成交量又快速放大且股价再次出现快速拉升。

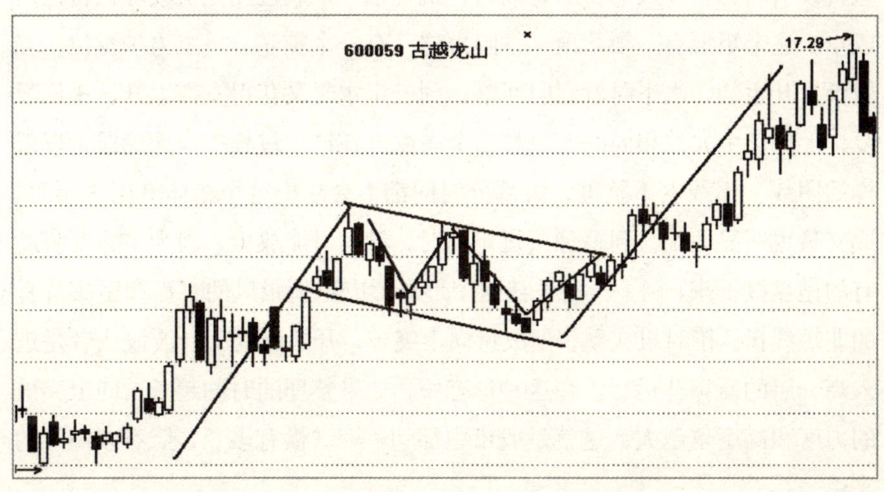

图 3-42　上升旗形

对于确认上升旗形的向上突破需要注意的是：

(1) 上升旗形是在股价大幅快速上涨之后出现的强势调整形态，调整时间不应超过4周，且形态的成交量必须显著萎缩，否则形态的作用会大为减弱甚至会演化为其他形态。

(2) 上升旗形向上突破时，应有成交量放大的配合方可信赖。其突破后的升幅与旗杆的长度大致相同，其上涨的速度与旗杆相似。

(3) 上升旗形一旦放量向上突破旗形的上边压力线是最佳买入时机，上升又将开始。止损点可设在旗形的下边支撑线被跌破时。

五、上升矩形形态

矩形，实际上就是平常所说的箱体，它是股价在两条平行线之间上下波动所形成的一种典型和较为常见的整理形态，它既可以出现在上升趋势中，也可能出现在下跌趋势中。

在上升趋势中，当股价上了一个台阶后，如果再向上必然遇到较大抛压，于是主力机构便在台阶上方反复上下整理，以达到清洗短线获利盘和重新吸引新资金介入的目的。同时，机构也可以通过高抛低吸降低自己的成本。这个矩形有一个箱顶——阻力位，有一个箱底——主力护盘位。当股价上升至某一水平时就遇阻回落，到一定水平又获得支撑上升，来回反复，形成三个大致相同的低点和三个高点。在这个过程中，无论股价以怎样的阴线、阳线上下整理，大部分时间都不会超出这个箱体（图3-43），成交量也明显萎缩。到整理接近尾声时，量有可能放大，因为主力要将所有的抛盘接下来，剩下一些关注这个形态形成重新跟风的买盘和坚决持有的非短线盘。待时机成熟，便放量向上突破，开始新的上升波段或者是进入高一层的新箱体运行。在这种形态中，如果整理的时间越长，向上突破的力度和高度也越大，这就是股市中那句——“横有多长，竖有多高”的来由。

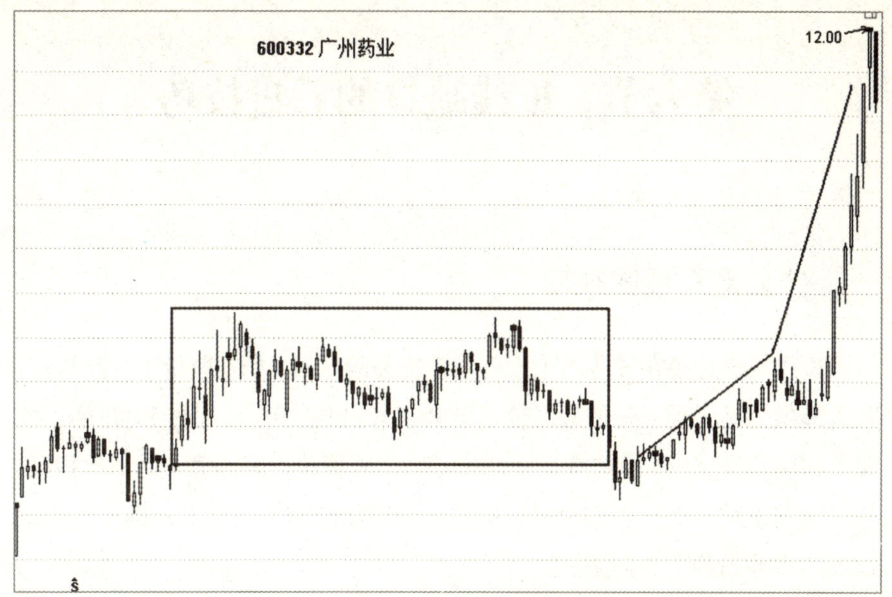

图 3-43　上升矩形

看盘点金

对于确认上升矩形的向上突破需要注意的是：

(1) 矩形应由基本相同的高点和低点组成，形态内的成交量应逐步萎缩，在形态突破前应小心其演化成三重顶的可能，特别是升幅较大的股票。

(2) 矩形应由三个大致相同的低点和高点组成，三个低点和高点在相差 3% 的范围内都是可以接受的。

(3) 矩形向上突破后的升幅一般是矩形的垂直高度或是其数倍，且波幅越大的矩形其突破后的升幅越大。

(4) 矩形向上突破时应有成交量明显放大的配合，否则其可靠性降低。

(5) 矩形在突破前可短线操作，即在箱底附近买进、箱顶附近卖出，止损点设在箱底跌破时。放量向上突破箱顶时是明确的短线买入时机，止损位设定在股价又跌至箱顶之下时，以防假突破。

第六节 K线缺口的看盘技巧

一、什么是K线图缺口

K线缺口是指在K线图上没有发生交易的区域。如在股价上升趋势中，某天最低价高于前一日的最高价，就会在K线图上留下一段当时价格不能覆盖的缺口或空白，称之为向上跳空缺口；在股价下降趋势中，情况相反，称之为向下跳空缺口。向上跳空缺口表明市场趋势大步向上，向下跳空缺口表明市场趋势大步向下。

二、K线缺口的类型

1．普通缺口

普通缺口常发生在股票交易量很小的情况下，或者是在股价做横向盘整运动的中间阶段，或者是在诸多价格形态的内部。发生原因往往是市场参与者毫无兴趣，市场交易清淡，相对较小的成交量便足以导致价格跳空。一般而言，普通缺口可忽略不计。

2．突破缺口

突破缺口通常发生在重要的价格区间，如在股价横向整理到需要一举突破支撑线（或阻力线）的时候，或者是在头肩顶（底）形成之后股价需要对颈线进行突破之时，或者是在股价对重要趋势线或移动平均线进行跨越式突破的时候，就常常会出现跳空缺口。它反映着市场交易者的一致思维和意愿，也预示着后市的价格运动会更大、更快。

由于突破缺口是在突破重要价格区间发生的，所以此处不看好突破的抛盘将全部被吃掉，而看好突破的抛盘则高价待售（上升突破时），因此买盘不得不高价成交，由此形成向上的跳空缺口（这里常常伴随着较大的交易量）。这种重要区域的价格突破一旦成功，其跳空缺口往往不易被完全封闭（指价格又回到了突破之前）。如果该缺口马上被完全封闭，价格重新回到了缺口下方，那么说明原先的价格突破并不成立。

3．持续缺口

在突破缺口发生之后，如果市场前进趋势依然明显，一方推动热情高涨，那么价格会再度跳跃前进，再次形成一个跳空缺口或一系列跳空缺口，这种缺口称之为持续缺口。此类缺口常常是伴随着中等的交易量完成的，它说明趋势发展顺利。在上升趋势中，持续缺口的出现表明市场坚挺；在下降趋势中，则显示市场疲软。如同突破缺口一样，持续缺口点将成为此后市场调整中的支撑区，它们通常也不会马上被封闭。如果价格重新回到持续缺口之下，则对原有趋势不利。

一般说来，在突破缺口发生之后，第二个明显的缺口往往是持续缺口而不是衰竭缺口。持续缺口的出现，意味着行情将会突飞猛进，其运动空间至少为从第一个跳空缺口到这个缺口之间的距离。如果出现了几个持续缺口，则价格运动空间的预测会变得比较困难，但也意味着衰竭缺口将随时来临，或最后一个“持续缺口”本身就是衰竭缺口。

下图 3-44 为上证指数在 2009 年 4 月至 8 月间走势图。

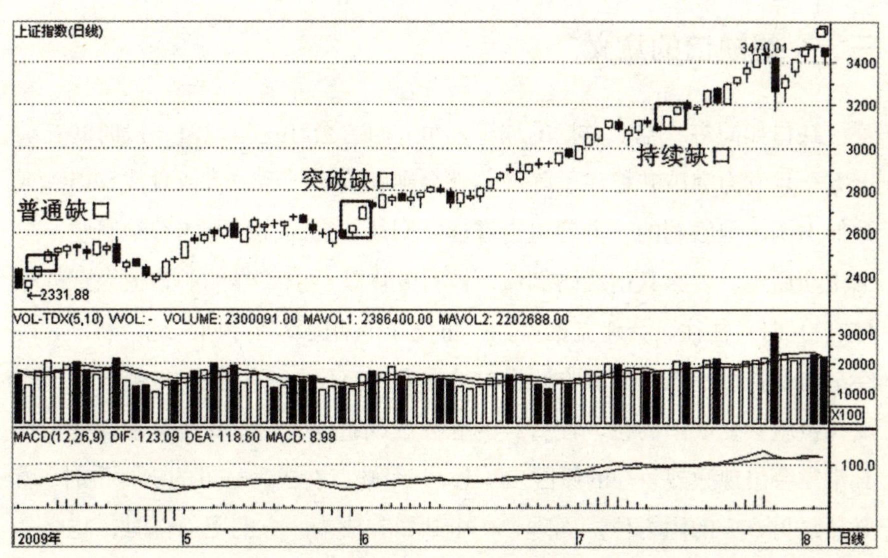

图 3-44　K 线缺口

4．衰竭缺口

这类缺口常常出现在行情趋势将要结束的末端。在突破缺口和持续缺口均已清晰可辨，同时测量的价格目标已经到达后，很多交易者就开始预期衰竭缺口的降临。在上升趋势的最后阶段，股价往往会随着盲从者的疯狂进入呈现出快速上涨的行情，但清醒的交易者则开始平仓了结了。随着主力的平仓动作，衰竭缺口出现后往往会有一段时间的价格滑落，并伴随着巨大的成交量。当后续的价格低于这个最后的缺口时，意味着衰竭缺口已经形成，后市多方将开始回撤。但衰竭缺口出现后，价格不一定就在当日开始反向，往往还会继续走高，但它预示价格将在最近一段时期内要回撤了，最后的疯狂该结束了。

但是，当缺口达到三个或三个以上时，在没有出现价格回撤并对前一缺口进行封闭前，我们很难知道哪一个缺口将是衰竭缺口。只有可能从测量目标中获得一点答案，即：如果在第二个缺口（持续缺口）来临后，价格运动空间没有达到从第一个跳空缺口到这个缺口之间的距离，那么，在此阶段出现的第三个缺口就很有可能是持续缺口，直至所测量的价格目标达到为止。

三、K 线缺口的意义

缺口如同多、空双方挖的战壕，争斗双方会在这里对峙一段时间；但一方一旦发力突破并稳住了阵脚，就会乘胜追击，而败者或且战且退，或败如山倒。但胜利的一方若追击过远，则往往会面临严重的补给问题，要么主动后退，要么其前线防御反而被对方攻破。当曾经的胜方退至该战壕（缺口）时，往往又会建立据点，严防死守，期望重新夺回阵地。所以，跳空缺口处往往是曾经的胜方回撤时的重要支撑位，一旦被对方突破，这个支撑位就会变成阻力位，使曾经的胜方难以逾越，这就是跳空缺口处为什么常常会出现激烈争夺的原因。可见，一个缺口在成为一方的支撑位时，就必然是另一方的阻力位。同理，一个缺口在成为一方的阻力位时，也必然是另一方的支撑位。

每发生一个缺口都令进攻方雀跃，但每回填一个缺口则令退回方恐惧。

缺口是很多技术分析者极其关心的部位。短期内缺口即被封闭，表示原先取得优势的一方缺乏后劲，未能继续向前推进，由进攻改为防守，处境不利。长期存在的缺口若被封闭，则表示价格趋势已经反转，原先主动的一方已经变成被动的一方，原先被动的一方则控制了大局。根据日本证券类文献的记载，如果缺口在三个交易日内没有被封闭，那么在随后的13个交易日内，市场有力量朝缺口产生的方向发展。这说明缺口不一定会立即封闭，但是，它如果没有被下一个小回调封闭，就可能会被其后的中级回调封闭；如果仍然没有，则极可能会被更远一些的反转大趋势封闭，这就是所谓的“涨得有多高，跌得就有多深”的写照。

一般谈到的缺口是在日K线图上的反映，但缺口更频繁的是出现在分钟K线图上。当然，也会出现在周K线图和月K线图上，只是时间的周期越长，缺口就越不易表现出来。但是在周期长的K线图上，缺口一旦表现出来了，其意义就更加重大，也越有利于长期趋势的判断。有些时候，日内分钟K线图上（如30分钟K线图）的缺口往往比日间缺口更重要：它们的出现，才带动了日内重要趋势线的突破，形成了重要的价格形态，并造就了中期趋势的持续或反转。因此，日内分钟K线图里的缺口也是交易者应关注的对象。但是要记住一点：过于频繁的缺口出现，会降低缺口的有效性。

四、K线缺口的判断标准

以下的判断标准都是以股价在上行趋势中的表现来举例的：

1．从时间上来说

普通缺口经常产生，也最易被封闭；衰竭缺口的封闭会需要一点时间；其后的持续缺口的封闭会需要更多的时间；突破缺口则往往要等到衰竭缺口和持续缺口都被封闭后才会被封闭。

2．从形态上来说

普通缺口往往是在整理形态内发生的；突破缺口则是在要超越形态特定部位时发生的；持续缺口是在超越形态特定部位之后，持续拉升的行情中产生的；衰竭缺口则是在行情趋势末端出现的。

3. 从阶段性来说

突破缺口意味着价格终于突破了整理形态而开始移动，持续缺口是价格快速移动至行情中点的信号，衰竭缺口则是行情趋势将至终点的信号。

4. 从成交量来说

普通缺口处往往没有什么成交量，突破缺口处往往会有大成交量，持续缺口处会有适当的成交量，衰竭缺口产生的当天或次日也往往会有大成交量。

由此可见，当股价以猛烈的方式向上跳空突破原有整理区，并在次日没有回头时，交易者就应该开始建仓，并在价格回调时没有破缺口且又开始攀升时加码买进，直至衰竭缺口来临或者市场出现回撤迹象时离场。一般而言，在连续出现三个缺口后，交易者就要准备减仓了，但在最近一个缺口没有被封闭之前，中线交易者不适合卖出所有的股票。

需要注意的是，不仅是缺口具有强烈的支撑或压力作用，单根大阳线或大阴线的开盘价、收盘价、中间价格这三个位置，往往也具有一定的支撑或压力作用。特别是当单根大阳线或大阴线曾经起到过重要的突破作用时，这三处位置的支撑或压力作用尤为明显。

本章启示

K线图是最能表现股市行为的图表之一，尽管如此，一些常见的K线组合形态只是根据经验总结了一些典型的形状，没有严密的科学逻辑。在应用K线的时候要记住以下几点：

(1) 结合其他方法共同使用。用其他分析方法已经做出了该买还是该卖的决定之后，才用K线组合选择具体的采取行动的时间和价格。

(2) 具体情况具体分析，不断“修改、创造和调整”组合形态。组合形态只是总结经验的产物，实际在股市操作中，完全满足我们所介绍的K线组合形态的情况是不多见的。如果一点不变的照搬组合形态，有可能长时间碰不到合适的机会。因此，要根据情况适当地改变组合形态。

(3) K 线分析的错误率是比较高的。股市的变动是快速和复杂的，因此，实际的股市情况可能与我们的判断有所差别。从经验统计的结果中可以证明，用K 线组合来研判后市的成功率不是很高。

为了更深刻地了解K 线组合形态，应该了解每种组合形态的内在和外在的原理。因为它不是一种完美的技术，这一点同其他技术分析方法是一样的。K 线分析是靠人类的主观印象而建立的，因此，我们也不能盲目地完全依靠它作为判断股市行情的唯一依据。

第四章

股市最科学的分析利器

——技术指标看盘技巧

如果说我在华尔街六十多年的经验中发现过什么的话，那就是没有人能成功地预测股市变化。

——格雷厄姆

指标是根据股市市场走势的各个方面，建立一个数学模型，给出数学上的计算公式，得到一个体现股票市场的某个方面内在实质的数字，这个数字叫指标值。指标值的具体数值和相互间关系，直接反映股市所处的状态，为我们的操作行为提供指导方向。

目前，证券市场上的各种技术指标数不胜数。例如，相对强弱指标（RSI）、随机指标（KD）、趋向指标（DMI）、平滑异同平均线（MACD）、能量潮（OBV）、心理线、乖离率等。这些都是很著名的技术指标，在股市应用中长盛不衰。而且，随着时间的推移，新的技术指标还在不断涌现。

第一节　股市生命线——MACD

一、MACD 的原理

1. MACD 的定义

MACD 即平滑异同移动平均线（Moving Average Convergence and Divergence），是 Geral Appel 于 1979 年提出的、一项利用短期（常用为 12 日）移动平均线与长期（常用为 26 日）移动平均线之间的聚合与分离状况，对买进、卖出时机做出研判的技术指标。当 MACD 从负数转向正数，是买进的信号；当 MACD 从正数转向负数，是卖出的信号。当 MACD 以大角度变化，表示快的移动平均线和慢的移动平均线的差距非常迅速地拉开，代表了一个市场大趋势的转变。图 4-1 为 MACD 指标。

2. MACD 的计算公式

MACD 指标主要是通过 EMA、DIF 和 DEA 三者之间的关系，通过 DIF 和 DEA 连接起来的移动平均线以及 DIF 减去 DEM 值而绘制成的柱状图（BAR）等来分析判断行情，是预测股价中短期趋势的主要的股市技术分析指标。其中，DIF 是核心，DEA 是辅助。DIF 是快速平滑移动平均线（EMA1）和慢速平滑移动平均线（EMA2）的差。BAR 在股市技术软件上是用红柱

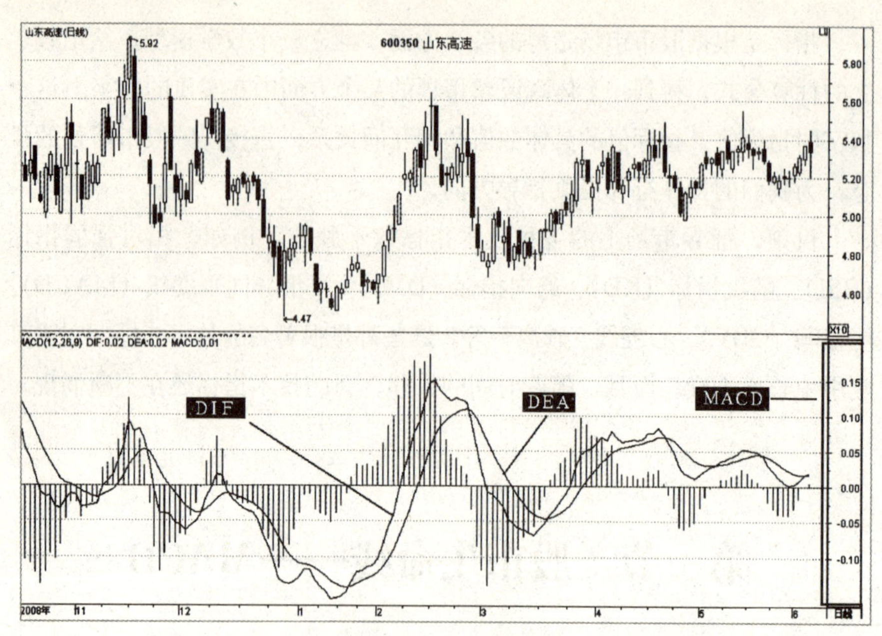

图 4–1 MACD 指标

和绿柱的收缩来研判行情。具体计算公式如下：

加权平均指数（DI）= 当日最高指数 + 当日收盘指数 + 当日最低指数 × 2

12 日平滑系数（$L12$）=2/(12+1)=0.1538

26 日平滑系数（$L26$）=2/(26+1)=0.0741

12 日指数平均值（12 日 EMA）=$L12$ × 当日收盘指数 +11/(12+1) × 昨日的 12 日 EMA

26 日指数平均值（26 日 EMA）=$L26$ × 当日收盘指数 +25/(26+1) × 昨日的 26 日 EMA

差离率（DIF）=12 日 EMA−26 日 EMA

9 日 DIF 平均值（DEA）= 最近 9 日的 DIF 之和 /9

柱状值（BAR）=$DIF-DEA$

$MACD$=(当日的 DIF− 昨日的 DIF) × 0.2+ 昨日的 $MACD$

3．MACD 的应用原则

（1）当 DIF 由下向上突破 MACD，形成黄金交叉，即白色的 DIF 上穿黄色的MACD形成交叉的同时，BAR绿柱线缩短，为买入信号。具体如图4–2所示。

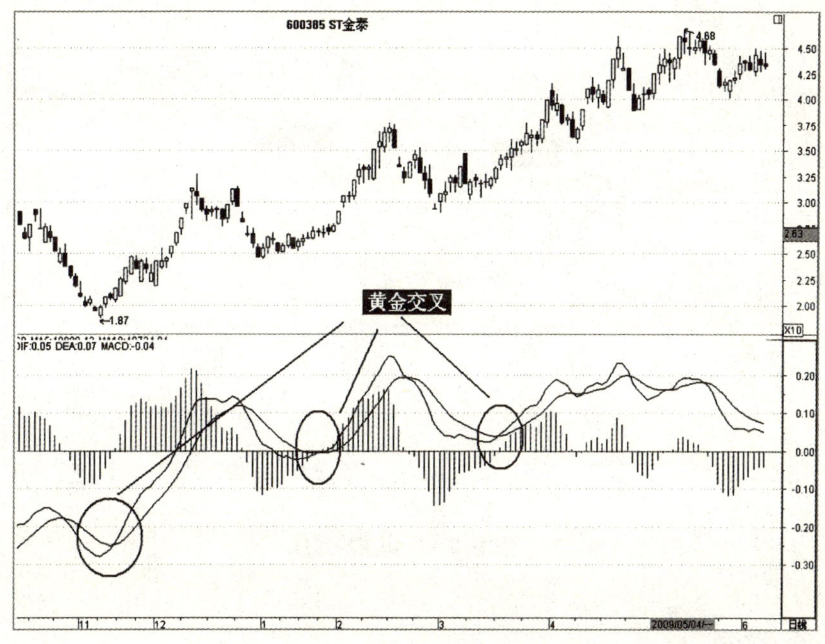

图4–2 MACD的买入信号

(2) 当DIF自上向下突破MACD，形成死亡交叉，即白色的DIF下穿黄色的MACD形成交叉的同时，BAR红柱线缩短，为卖出信号。

(3) 当股价指数逐波升高，而DIF及MACD不是同步上升，而是逐波下降，与股价走势形成顶背离，这预示股价即将下跌。如果此时出现DIF两次由上向下穿过MACD，形成两次死亡交叉，则股价将大幅下跌（图4–3）。

(4) 底背离：当股价指数逐波下行，而DIF及MACD不是同步下降，而是逐波上升，与股价走势形成底背离，预示着股价即将上涨。如果此时出现DIF两次由下向上穿过MACD，形成两次黄金交叉，则股价即将大幅度上涨。

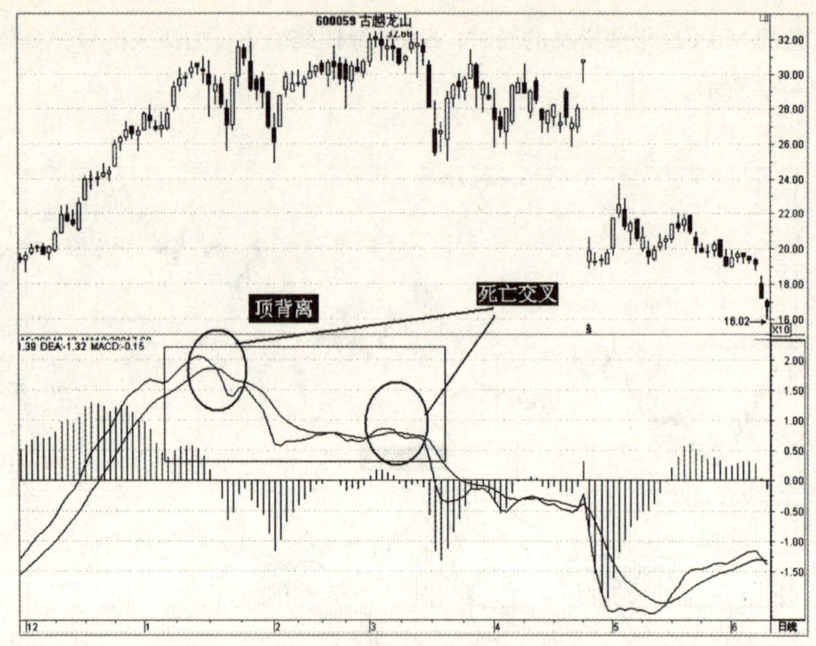

图 4–3　顶背离的形成

看盘点金

MACD主要用于对大势中长期的上涨或下跌趋势进行判断，当股价处于盘局或指数波动不明显时，MACD买卖信号不明显。当股价在短时间内上下波动较大时，因MACD的移动缓慢，所以不会立即对股价的变动产生买卖信号。

二、MACD 的基本应用方法

（1）MACD 金叉。当 DIF 由下向上突破 DEA 形成 MACD 金叉，为买入信号。

（2）MACD 死叉。当 DIF 由上向下突破 DEA 形成 MACD 死叉，为卖出信号。

（3）MACD 绿转红。当 MACD 由负变正，股市由空头转为多头。

（4）MACD 红转绿。当 MACD 由正变负，股市由多头转为空头。

（5）当 DIF 与 DEA 均在零轴线以下时，即都为负值时，大势属空头市场。当DIF向上突破DEA，这时可买入。

(6) 当DIF与DEA都在零轴线以上时，即均为正值时，大势属多头市场。当DIF向下突破DEA，这时可卖出。

(7) 当DEA与K线趋势发生背离时为反转信号。

(8) DEA在盘整局面时失误率较高，但如果配合RSI及KD指标可适当补缺点。

图4-4标示了MACD的基本应用方法。

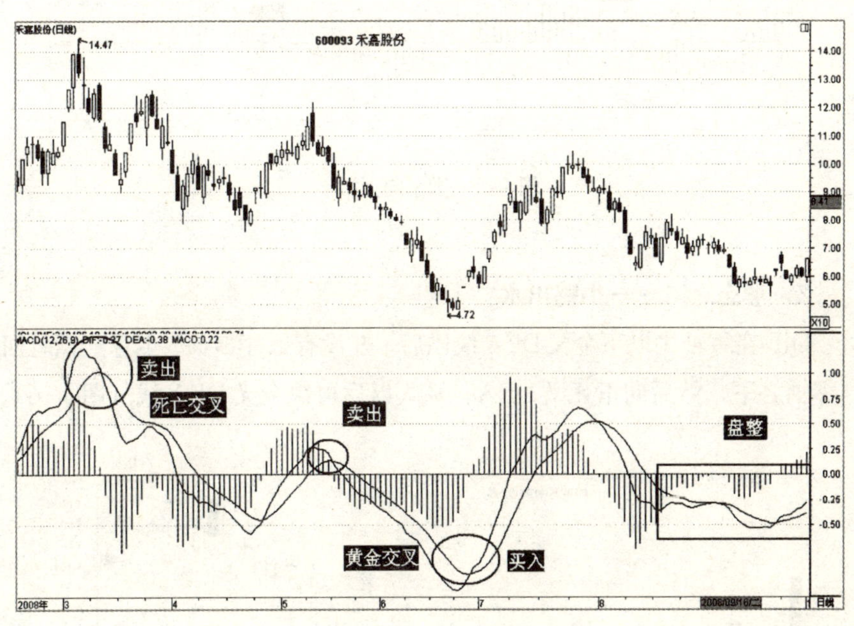

图4-4 MACD的基本应用方法

三、MACD的看盘技巧之买入形态

1. 形态之一——佛手向上

如图4-5所示，DIF与DEA金叉后，随股价的上行而上行，尔后，随股价的回调而下行。当主力洗盘时，股价回调，而DIF线回调到MACD线0值附近时，DIF线反转向上，使形成了佛手向上形态，此时是买入的机会。

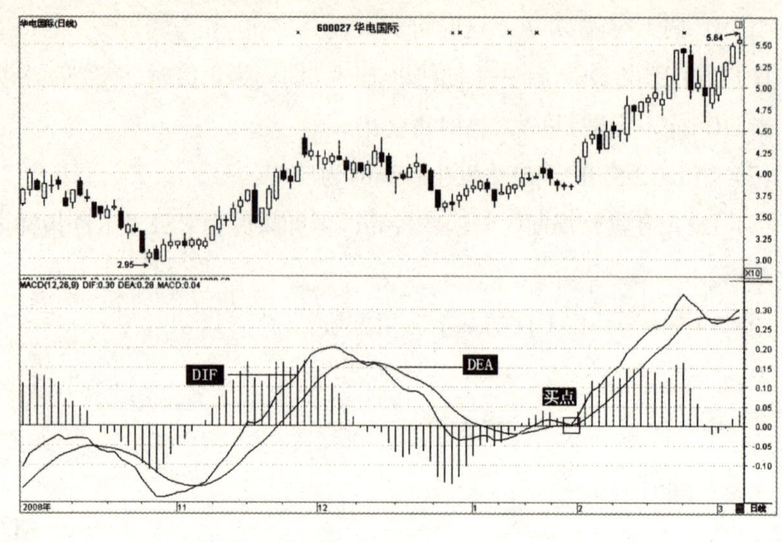

图 4-5　佛手向上

2．形态之二——小鸭出水

DIF 在零轴之以下金叉 DEA 线以后，并没有上穿零轴或上穿一点就回到零轴之下，然后向下死叉 DEA，几天以后再次金叉 DEA 线（图 4-6）。

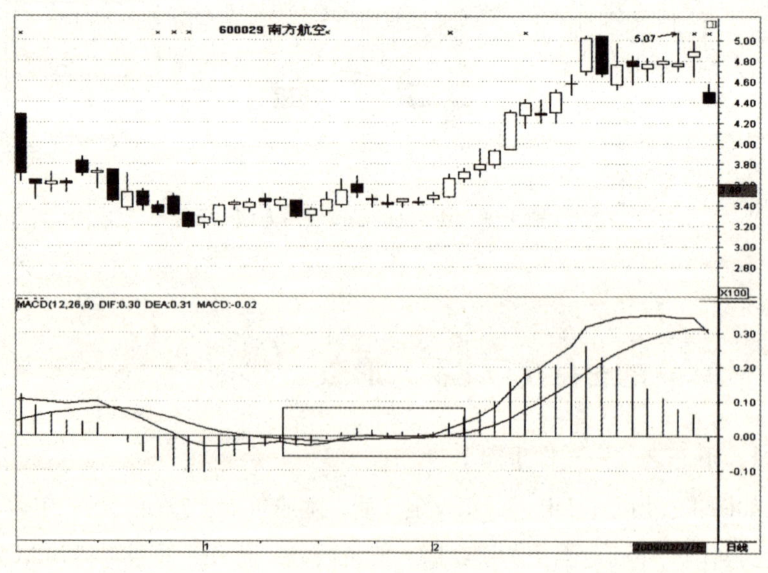

图 4-6　小鸭出水

该形态为股价在下跌探底之后，抛盘穷尽之时呈现的底部形态，应该理解为见底反弹信号，可择机入市。

3．形态之三——漫步青云

漫步青云指的是DIF线在零轴以上死叉DEA线，然后下穿零轴，然后在零轴或零轴以上金叉DEA线（图4-7）。该形态形成是股价在探底回升途中做盘整，也有的是筑底形态，呈上攻之势，应理解为积极介入信号，应果断入市。

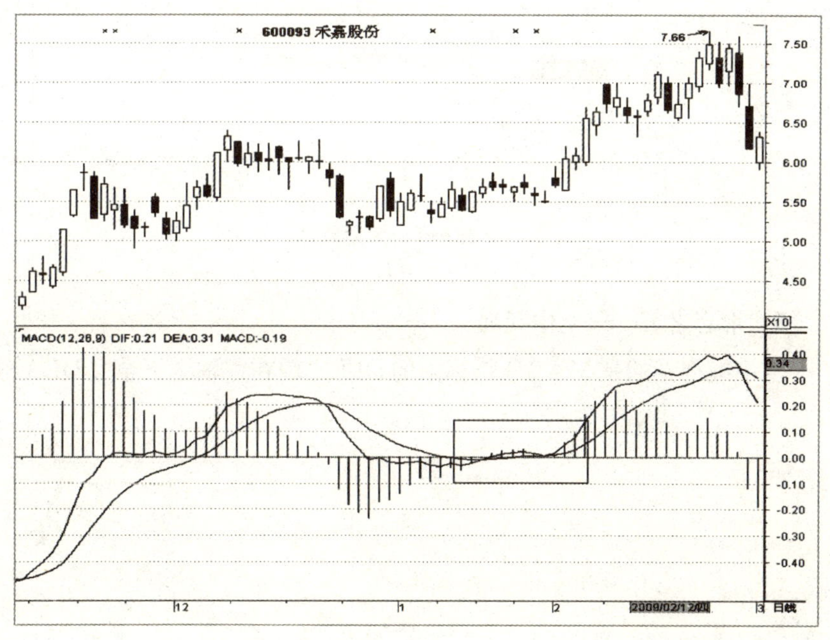

图4-7 漫步青云

4．形态之四——天鹅展翅

天鹅展翅指的是DIF在零轴以下金叉DEA线，随后没有上穿零轴就回调，向DEA靠拢，MACD红柱缩短，但没有死叉DEA就再次反转向上，同时配合MACE红柱加长，该形态为天鹅展翅形态（图4-8）。该形态的形成多为底部形态，是股价在下跌探底之后，抛盘穷尽之时呈现的底部形态，应理解为主力建仓区域，可择机介入。

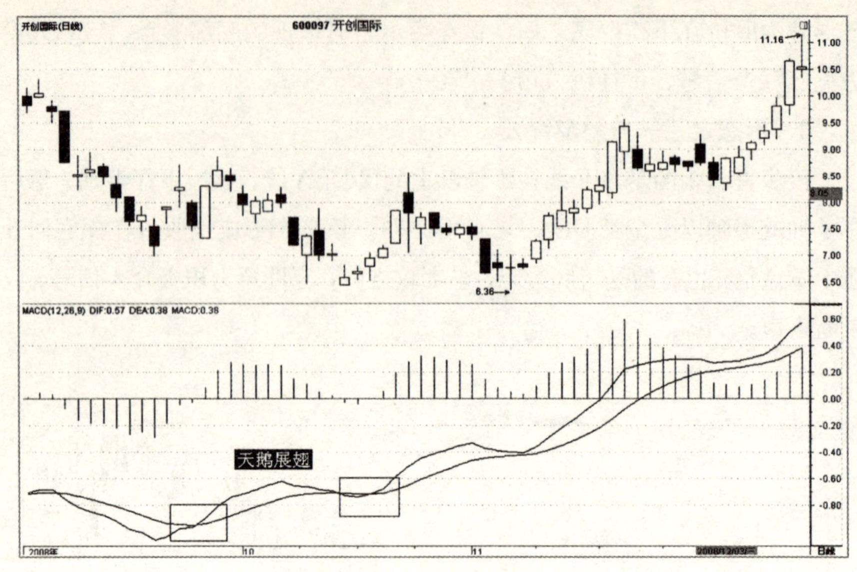

图 4-8　天鹅展翅

5．形态之五——空中缆绳

空中缆绳指的是MACD指标中的DIF之前在零轴之下金叉DEA线，

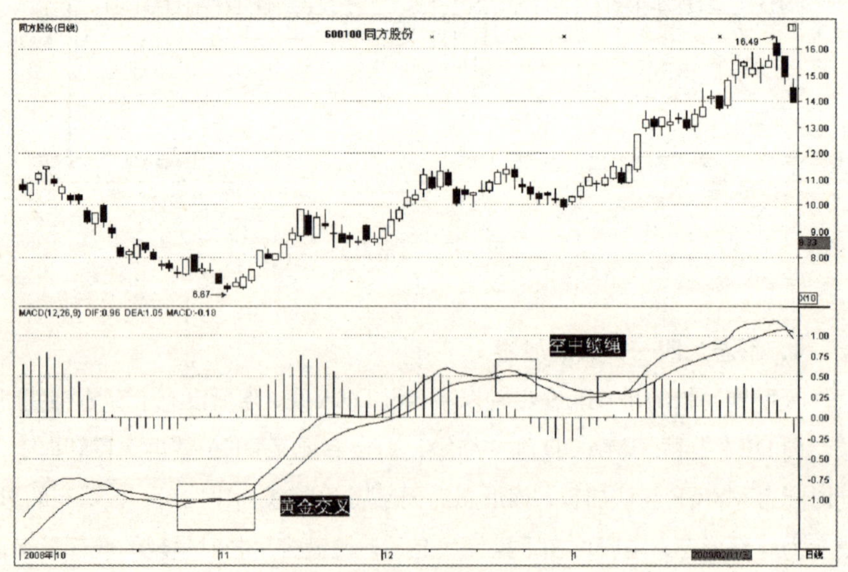

图 4-9　空中缆绳

之后在零轴之上运行一段时间，然后随股价回调，DIF 也开始向下回调。当 DIF 调到 DEA 线的时候，两条线黏合成一条线，当它们再次分离，多头发散的时候，形成买入时机，新的涨势开始（图 4-9）。该形态的出现多为上档盘整和主力洗盘所为，股价在上升途中作短暂的盘整后，呈现强势上攻形态，应理解为积极介入信号，果断买入。

6．形态之六——空中缆车

空中缆车主要指 DIF 线在零轴之上死叉 DEA 线，但不下穿零轴，过几天即再次在零轴以上金叉 DEA（图 4-10）。该形态的出现多为上档盘整，主力洗盘所为。股价作短暂调整后，呈现强劲上升动力，可理解为积极介入信号，可果断买入，如能连续放量更可坚决看多。

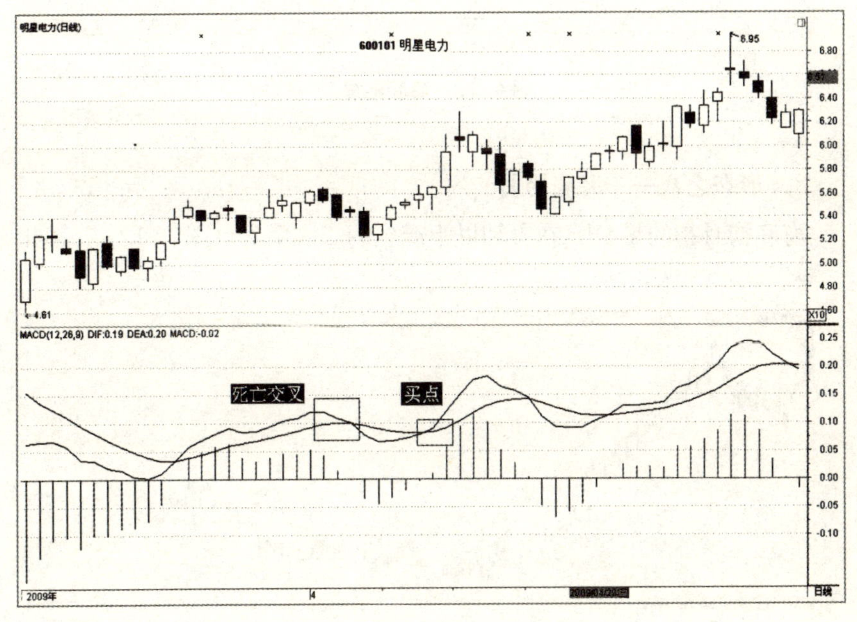

图 4-10　空中缆车

7．形态之七——海底电缆

海底电缆形态主要指 DIF 和 DEA 一直在 0 值以下呈直线运动（图 4-11）。此时股价多处于持续下跌阶段，在持续一段时间后，DIF 和 DEA 形成黄金交叉，这时形成买入机会。

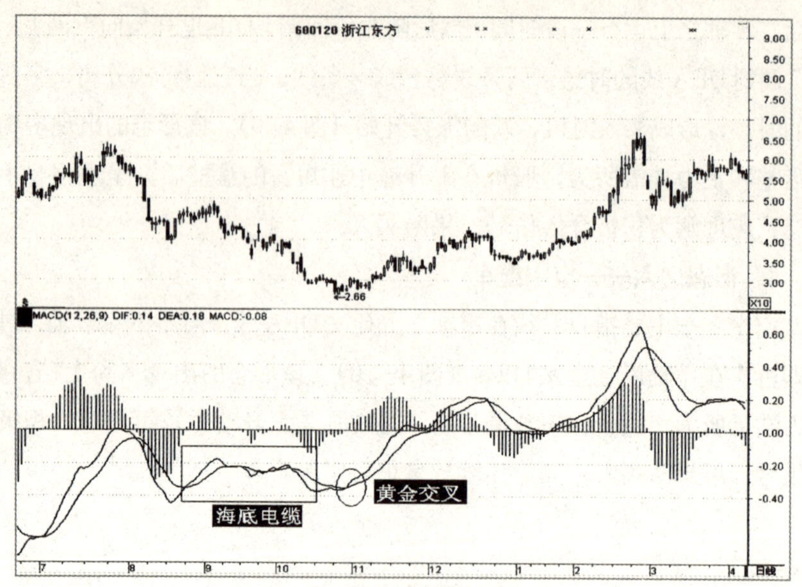

图 4-11　海底电缆

8. 形态之八——海底捞月

海底捞月指的是 DIF 在零轴以下产生的二次金叉（图 4-12），表明该

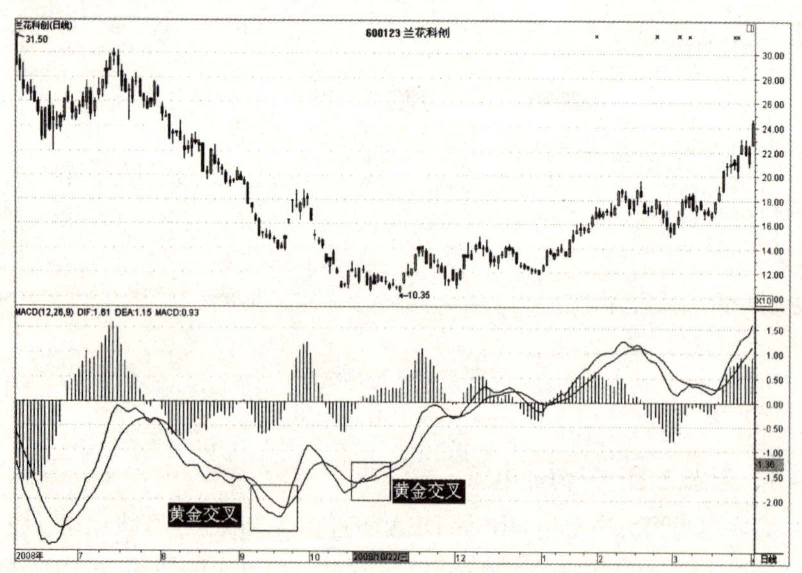

图 4-12　海底捞月

股打底完成，开始走出底部，可以择机介入。从图2–12我们可以看到，该股在零轴以下产生两次黄金交叉，并且在中间还有一次死亡交叉，所以在第一个黄金交叉后要观察是否为真正的反弹，在出现死亡交叉后要谨慎进入，当出现第二个黄金交叉后，涨势已经确认，要果断买入。

第二节　鱼翔浅底——KDJ

一、KDJ 的原理

1．KDJ 的定义

KDJ 指标又叫随机指标，是由乔治·蓝恩博士（George Lane）最早提出的，是一种新颖、实用的技术分析指标。它起初用于期货市场的分析，后被广泛用于股市的中短期趋势分析，是期货和股票市场上最常用的技术分析工具。

2．KDJ 的计算方法

指标 KDJ 的计算比较复杂，首先要计算周期（n 日、n 周等）的 RSV 值，即未成熟随机指标值，然后再计算 K 值、D 值、J 值等。以日 KDJ 数值的计算为例，其计算公式为：

$$n\text{日 } RSV\text{值} = (C_n - L_n) / (H_n - L_n) \times 100$$

式中：C_n 为第 n 日收盘价；L_n 为 n 日内的最低价；H_n 为 n 日内的最高价。RSV 值始终在 1～100 间波动。

计算 K 值与 D 值：

$$\text{当日 } K\text{值} = 2/3 \times \text{前一日 } K\text{值} + 1/3 \times \text{当日 } RSV\text{值}$$

$$\text{当日 } D\text{值} = 2/3 \times \text{前一日 } D\text{值} + 1/3 \times \text{当日 } K\text{值}$$

若无前一日 K 值与 D 值，则可分别用 50 来代替。

以 9 日为周期的 KD 线为例，首先须计算出最近 9 日的 RSV 值，即未成熟随机值，计算公式为：

$$9\text{日}RSV\text{值} = (C - L_9) / (H_9 - L_9) \times 100$$

式中：C为第9日的收盘价；L_9为9日内的最低价；H_9为9日内的最高价。

$$K\text{值} = 2/3 \times \text{前一日}K\text{值} + 1/3 \times \text{当日}RSV\text{值}$$

$$D\text{值} = 2/3 \times \text{前一日}K\text{值} + 1/3 \times \text{当日}K\text{值}$$

若无前一日K值与D值，则可以分别用50代替。

$$J\text{值} = 3 \times \text{当日}K\text{值} - 2 \times \text{当日}D\text{值}$$

3．KDJ 指标的原理

随机指标 KDJ 是根据统计学的原理，利用一个特定的周期（通常为9日、9周等）内出现过的最高价、最低价、最后一个计算周期的收盘价及这三者之间的比例关系，来计算最后一个计算周期的未成熟随机值RSV，然后根据平滑移动平均线的方法来计算K值、D值与J值，并绘成曲线图来研判股票走势。它以最高价、最低价及收盘价为基本数据进行计算，得出的K值、D值和J值分别在指标的坐标上形成的一个点，连接无数个这样的点位，就形成一个完整的、能反映价格波动趋势的 KDJ 指标。

二、KDJ 指标看盘技巧之选股方法

在股票市场中要赚钱，首先要做好选股工作。怎样才能选好股？归纳起来有六个方面，即形态、均线、技术指标、成交量、热点及主力成本。日线 KDJ 是一个敏感指标，变化快，随机性强，经常发生虚假的买、卖信号，使投资者根据其发出的买卖信号进行买卖时无所适从。运用周线 KDJ 与日线 KDJ 共同金叉选股法，就可以过滤掉虚假的买入信号，找到高质量的成功买入信号。在这里，我们谈一下周线 KDJ 与日线 KDJ 共同金叉选股法。

周线 KDJ 与日线 KDJ 共同金叉选股法的买点选择可有如下几种：

（1）打提前量买入法。在实际操作时往往会碰到这样的问题：由于日线 KDJ 的变化速度比周线 KDJ 快，当周线 KDJ 金叉时，日线 KDJ 已提前金叉几天，股价也上升了一段，买入成本已抬高。激进型的投资者可打提前量买入，以求降低成本。采用打提前量买入法需要满足以下两个条件：

①收周阳线，周线 K、J 两线勾头上行将要金叉（未金叉）。

②日线KDJ在这一周内发生金叉，金叉日收放量阳线（若日线KDJ金叉当天，当天成交量大于5日均量更好）。

（2）周线KDJ刚金叉，日线KDJ已金叉买入法。

（3）周线K、D两线“将死不死”买入法。

采用此方法需要满足以下三个条件：

①周线K、D两线将要死叉，但没有真正发生死叉，K线重新张口上行。

②周线KDJ金叉后，股价回档收周阴线，然后重新放量上行。

③日线KDJ金叉。用此方法买入股票，可捕捉到快速强劲上升的行情。KDJ指标在各类软件中的颜色：K线为白色，D线为黄色，J线为紫色。

图4–13为KDJ指标图。

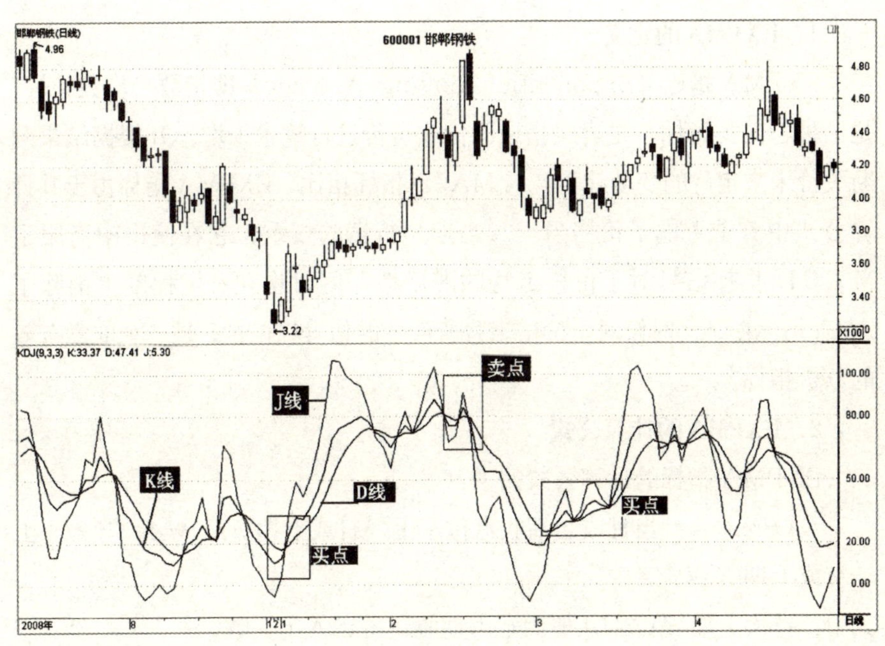

图4–13　KDJ指标

看盘点金

随机指标KDJ主要是利用价格波动的真实波幅来反映价格走势的强弱和超买超卖现象，在价格尚未上升或下降之前发出买卖信号的一种技术工具。它在设计过程中主要是研究最高价、最低价和收盘价之间的关系，同时也融合了动量、强弱指标和移动平均线的一些理念，因此，能够比较迅速、快捷、直观地研判行情。

第三节　趋势为王——EXPMA

一、EXPMA 的原理

1．EXPMA 的定义

EXPMA 指标（Exponential Moving Average）即指数平均数指标，是一种趋向类指标，是对股指或股价收盘价进行算术平均，并根据结果判断股价未来走势的变动趋势。与 MACD 指标相比，EXPMA 指标由于其计算公式中着重考虑了价格当天（当期）行情的权重，它在使用中克服了 MACD 指标信号对于价格走势的滞后性，同时也在一定程度上消除了 DMA 指标在某些时候对于价格走势所产生的信号提前性，是一个非常有效的分析指标。

2．EXPMA 的计算公式

EXPMA 指标的计算公式如下：

EXPMA =（当日或当期收盘价 − 上一日或上期 *EXPMA*）/ *N* + 上一日或上期 *EXPMA*

式中：首次上期 *EXPMA* 值为上一期收盘价；*N* 为天数。

二、EXPMA 指标的运用

EXPMA 指标运用主要有以下四点：

(1) EXPMA 指标由 EXPMA1（白线）和 EXPMA2（黄线）组成，当白线由下往上穿越黄线时，股价随后通常会不断上升，那么这两根线形成金叉之日便是买入的最佳时机。

(2) 当一只个股的股价远离白线后，该股的股价随后很快便会回落，然后再沿着白线上移，可见白线是一大支撑点。

(3) 若白线和黄线始终保持距离并上行，则说明该股后市将继续看好，每次股价回落至白线附近，只要不击穿黄线，则这种回落现象便是良好的买入时机。

(4) 同理，当白线由上往下击穿黄线时，股价往往已经发生转势，日后将会以下跌为主，则这两根线的交叉之日便是卖出时机。

EXPMA 指标的运用参见图 4-14。

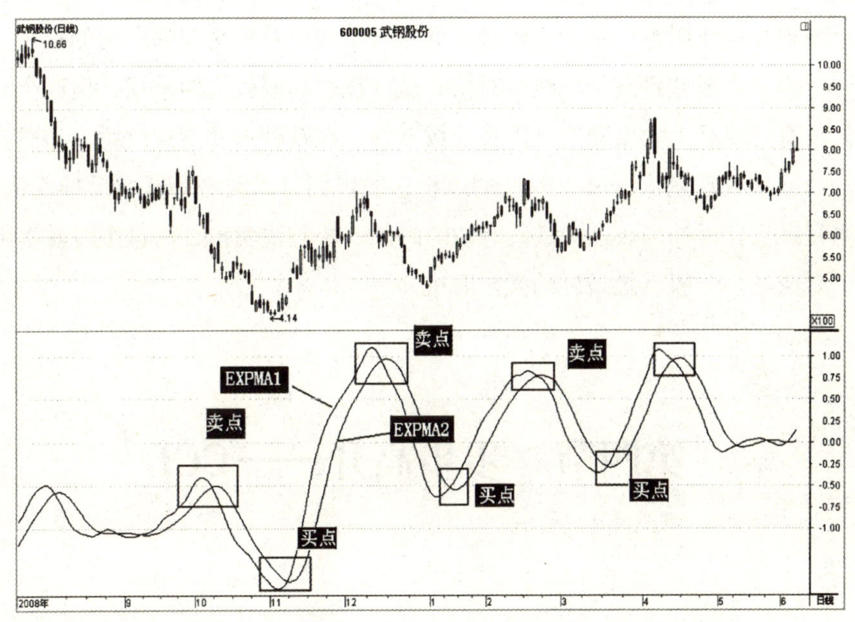

图 4-14 EXPMA 指标的运用

在上升趋势中，价格 K 线、短期 EXPMA 线、长期 EXPMA 线按以上顺序从高到低排列，形成多头排列。在上升趋势中，股指或股价将在短期线和长期线上方运行。当股价出现回调时，首先在短期线获得支撑而反弹，若跌破短期线，股指或股价将在长期线附近获得强支撑。经过多次下试长期线后，一旦有效跌破长期线，上升趋势将被扭转，新的下降趋势将展开。

在下降趋势中，长期EXPMA线、短期EXPMA线、价格K线按以上顺序从高到低排列，形成空头排列。在下跌趋势中，股指或股价将在短期线和长期线下方运行。当股指或股价开始反弹时，首先将遇到短期线的压力而回落；若上穿短期线，股指或股价将在长期线遇到强大压力，经过多次上试长期线后，一旦有效上穿长期线，下降趋势将被扭转，新的上升趋势将展开。长期线被股价突破之后，一般需要2~3个交易日的时间来确认突破的有效性。

当短期线从下上穿长期线，形成金叉时，股指或股价短暂上冲后，可能会回抽到长期线附近，是买入机会。此时短期线对股价将起到支撑的作用，当短期线从上下穿长期线，形成死叉时，股指或股价短暂下跌后，可能会反弹到长期线附近，是卖出机会，此时长期线对股价将起到压制的作用。

当一个股票跌破指标线的时候，就应该引起股民们的重视，但这个时候没有必要马上卖出股票。因为连续下跌，在跌破重要支撑位后，必然有一个回抽确认这次跌破有效性的过程，股民们可以耐心等待它反抽确认，当发现它在反抽确认该次跌破有效的时候，要赶快卖出，而这个时候卖出一旦成功，一般就是最好的卖出时机。

第四节　步步高升——CCI

一、CCI 的原理

1. CCI 指标的定义

CCI 指标又叫商品路径指标，其英文全称为 Commodity Channel Index，是由美国股市分析家唐纳德·蓝伯特（Donald Lambert）所创造的，是一种重点研判股价偏离度的股市分析工具。

2. CCI 指标原理

CCI 指标是一种比较新颖的技术指标，用来衡量股价是否超出常态分布范围，属于分析超买超卖类指标的一种。它最早是用于期货市场的判断，后运用于股票市场的研判，并被广泛使用。与大多数单一利用股票的收盘价、开盘价、最高价或最低价而发明出的各种技术分析指标不同，CCI 指标是根据统计学原理，引进价格与固定期间的股价平均区间的偏离程度的概念，强调股价平均绝对偏差在股市技术分析中的重要性，是一种比较独特的技术分析指标。

超买超卖指标，顾名思义，“超买”，就是已经超出买方的能力，买进股票的人数超过了一定比例，这时候应该反向卖出股票。“超卖”则代表卖方卖股票卖过了头。卖股票的人数超过一定比例时，反而应该买进股票。这是在一般常态行情，像 KDJ、WR 等大多数超买超卖型指标都有“0～100”上下界限，它们对一般常态行情的研判比较适用。但是，如果行情是超乎寻常地强势，则超买超卖指标会突然间失去方向，“行情不停的持续前进，群众似乎失去了控制”。而 CCI 指标却是波动于正无穷大到负无穷大之间，因此不会出现指标钝化现象，这样就有利于投资者更好的研判行情，特别是那些短期内暴涨暴跌的非常态行情。

3．CCI 指标的计算方法

由于选用的计算周期不同，和其他技术分析指标一样，包括日 CCI 指标、周 CCI 指标、年 CCI 指标等多种类型。然而经常被用于股市研判的是日 CCI 指标和周 CCI 指标。虽然它们计算时取值有所不同，但基本方法一样。

以日 CCI 指标计算为例，其计算方法有以下两种：

第一种计算过程如下：

$$CCI（N日）=（TP-MA）/（MD\times 0.015）$$

式中：TP=（最高价＋最低价＋收盘价）/3；MA= 最近 N 日收盘价的累计之和 /N；MD= 最近 N 日（MA －收盘价）的累计之和 /N；0.015 为计算系数；N 为计算周期。

第二种计算方法表述为中价与中价的 N 日内移动平均的差除以 N 日内中价的平均绝对偏差。

其中，中价等于最高价、最低价和收盘价之和除以 3；平均绝对偏差为统计函数。

二、 CCI 指标的看盘技巧之实战运用

CCI 指标的实战运用主要是集中在 CCI 指标区间的判断、CCI 指标的背离、CCI 曲线的走势和 CCI 曲线的形状等几个方面（图 4–15）。

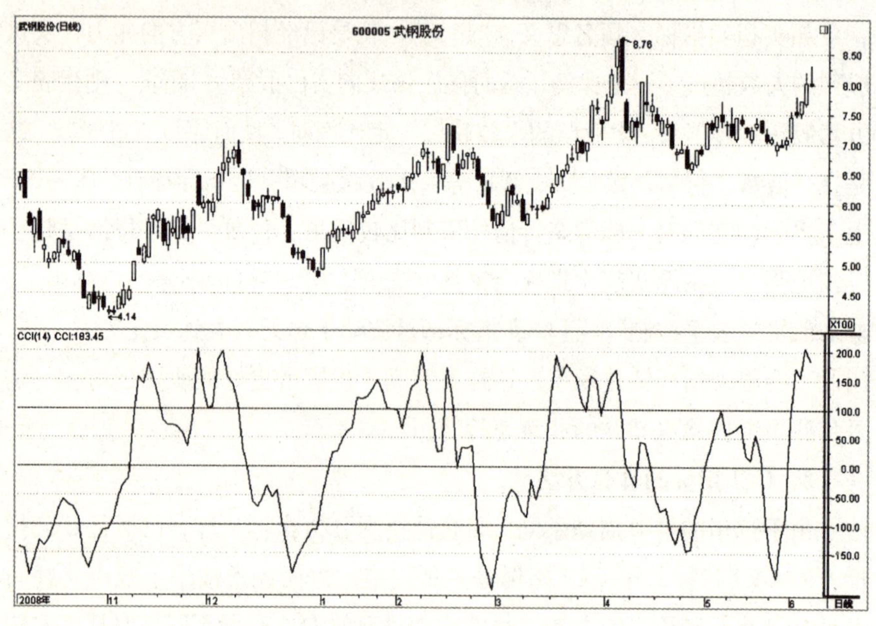

图 4–15　CCI 指标

1．CCI 指标区间的判断

（1）当 CCI 指标从下向上突破 +100 线而进入非常态区间时，说明股价脱离常态而进入异常波动阶段，中短线应及时买入，假如有比较大的成交量配合，买入信号则更为可靠。

（2）当 CCI 指标从上向下突破 −100 线而进入另一个非常态区间时，说明股价的盘整阶段已经结束，将进入一个比较长的寻底过程，购买者应以持币观望为主。

（3）当 CCI 指标从上向下突破 +100 线而重新进入常态区间时，说明股价的上涨阶段可能结束，将进入一个比较长时间的盘整阶段。股票持有者

应及时逢高卖出股票。

(4) 当CCI指标从下向上突破−100线而重新进入常态区间时，说明股价的探底阶段可能结束，又将进入一个盘整阶段。股票购买者可以逢低少量买入股票。

(5) 当CCI指标在+100线～−100线的常态区间运行时，投资者则可以用KDJ、CCI等其他超买超卖指标进行研判。

2．CCI指标的背离

CCI指标的背离是指CCI指标的曲线的走势和股价K线图的走势方向正好相反。CCI指标的背离分为顶背离和底背离两种。

(1) 顶背离。所谓的顶背离是指当CCI曲线处于远离+100线的高位，但它在创出近期新高后，CCI曲线反而形成一峰比一峰低的走势，而此时K线图上的股价却再次创出新高，形成一峰比一峰高的走势。顶背离现象一般是股价在高位即将反转的信号，表明股价短期内即将下跌，是卖出信号。

在实际走势中，CCI指标出现顶背离是指股价在进入上升过程中，先创出一个高点，CCI指标也相应在+100线以上创出新的高点。之后，股价出现一定幅度的回落调整，CCI曲线也随着股价回落走势出现调整。但是，如果股价再度向上并超越前期高点创出新的高点时，而CCI曲线随着股价上扬也反身向上但没有冲过前期高点就开始回落，这就形成了所谓的CCI指标的顶背离。CCI指标出现顶背离后，股价见顶回落的可能性较大，是比较强烈的卖出信号。

(2) 底背离。CCI的底背离一般是出现在远离−100线以下的低位区。当K线图上的股价一路下跌，形成一波比一波低的走势，而CCI曲线在低位却率先止跌企稳，并形成一底比一底高的走势，这就是底背离。底背离现象一般预示着股价短期内可能将反弹，是短期买入的信号（图4−16)。

与MACD、KDJ等指标的背离现象研判一样，CCI的背离中，顶背离的研判准确性要高于底背离。当股价在高位，CCI在远离+100线以上出现顶背离时，可以认为股价即将反转向下，投资者可以及时卖出股票；而股价在低位，CCI也在远离−100线以下低位区出现底背离时，一般要反复出现几次底背离才能确认，并且投资者只能做战略建仓或做短期投资。

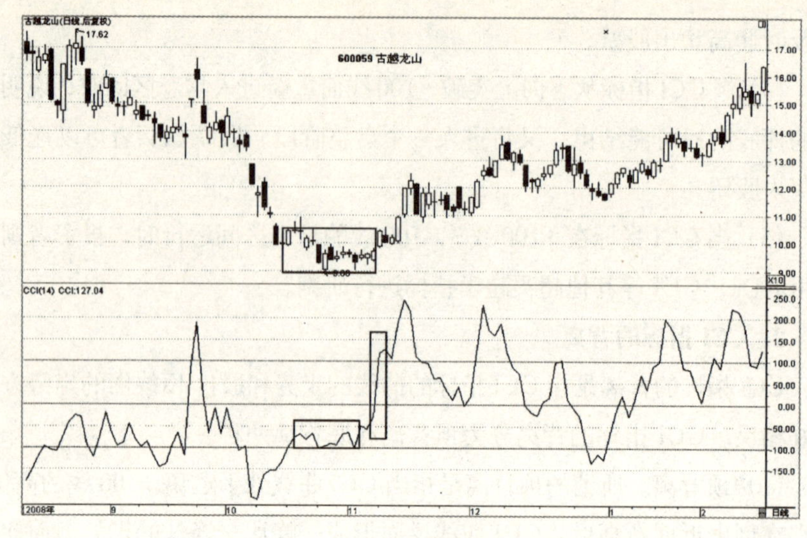

图 4–16　CCI 指标的底背离

3. CCI 曲线的形状

（1）当 CCI 曲线出现在远离 +100 线上方的高位时，如果 CCI 曲线的走势形成 M 头或三重顶等顶部反转形态，这就预示着股价由强变弱，股价则可能大跌，这时应及时卖出股票。如果股价的曲线也出现同样形态则更可以确认，其跌幅可以用 M 头或三重顶等形态理论来判断（图 4–17）。

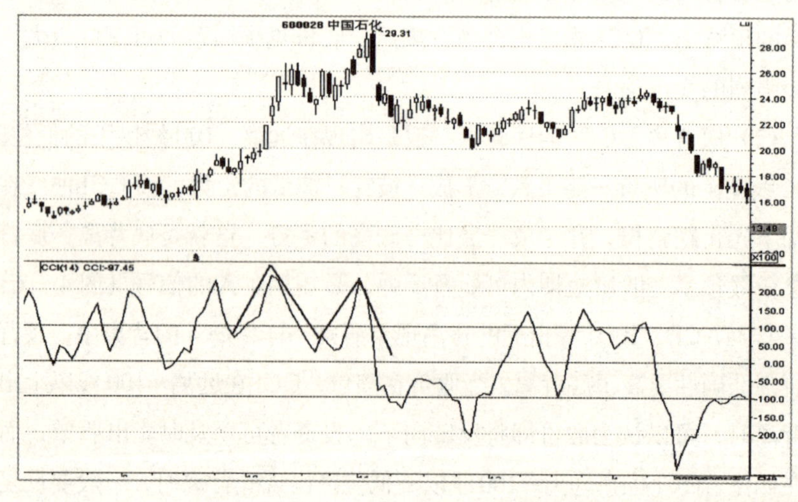

图 4–17　CCI 指标在 100 线以上形成 M 头

（2）当CCI曲线出现在远离-100线下方的低位时，如果CCI曲线的走势出现W底或三重底等底部反转形态，这就预示着股价由弱转为强，因此，股价即将反弹向上，可以逢低少量吸纳股票。如果股价曲线也出现同样形态更可以确认，其涨幅可以用W底或三重底形态理论来研判（图4-18）。

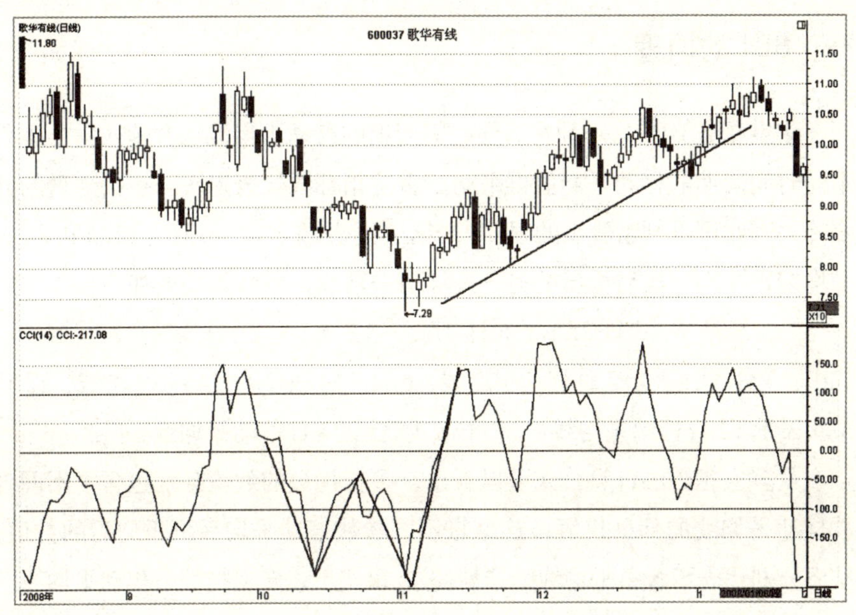

图4-18　CCI指标在-100线以下形成W头

CCI曲线的形态中M头和三重顶的准确性要大于W底和三重底。总之，CCI主要是在超买和超卖区域发生作用。但是在不同的市场走势中，这两种作用又是不同的。在熊市里，CCI最有价值的应用是判断短线反弹的顶点；在牛市里，CCI最有价值的应用是判断短线回调的底部拐点。这并不是熊市和牛市所固有的特点，而与CCI本身特点有关，CCI指标的缺陷就是对于突破性行情作用较大，对于温和性的行情作用就不明显。

第五节　平步青云——BBI

一、BBI 的原理

多空指数 BBI 是一种将不同时间周期的移动平均线综合的产物，即将不同时间周期的移动平均值再平均。多空指标线代表多头与空头力量的分水岭，因此可以判断股市的强弱。多空指标是将 3 日、6 日、12 日和 24 日平均线再平均一次后得出的另一条移动平均线，其计算公式如下：

$$BBI=(3\text{日}MA+6\text{日}MA+12MA+24\text{日}MA)/4$$

式中：3 日 *MA* 表示 3 日移动平均线；6 日 *MA* 表示 6 日移动平均线；12 日 *MA* 表示 12 日移动平均线；24 日 *MA* 表示 24 日移动平均线。

从多空指数的计算公式可以看出，多空指数的数值分别包含了不同日数移动平均线的部分权值，这是将不同参数移动平均后再平均后的数值，从而分别代表了各条平均线的“利益”。事实上，多空指数是移动平均原理的特殊产物，起到了多空分水岭的作用，投资据此操作较为理想。

二、BBI 的操作

多空指标实际上是一条平均线，根据移动平均线的原则，可以向多空指标线与 K 线图的交叉点来确定股票的买进和股票的卖出时机。

1．买入信号

（1）股价在低价区以收市价向上突破多空线为买入信号（图 4–19）。

（2）多空指标线向上，股价在多空指标线之上，属于多头势强，是买入信号（图 4–20）。

2．卖出信号

（1）股价在高价区以收市价向下跌破多空线为卖出信号（图 4–21）。

（2）多空指标线向下，股价在多空指标线之下，属于空头势强，是卖出信号（图 4-22）。

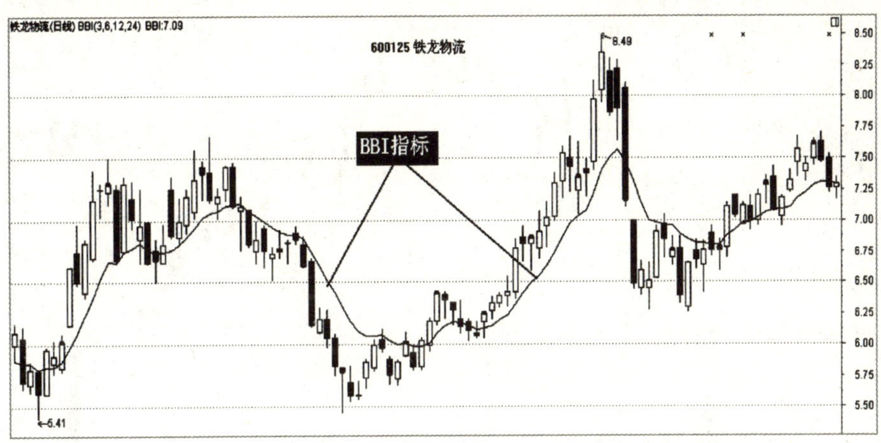

图 4-19　买入信号

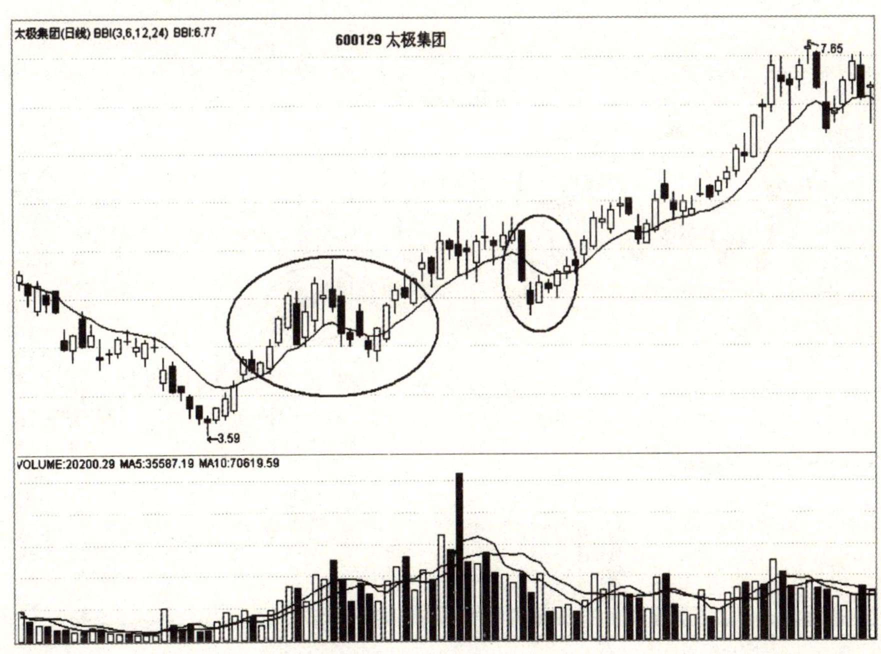

图 4-20　最佳买入时机

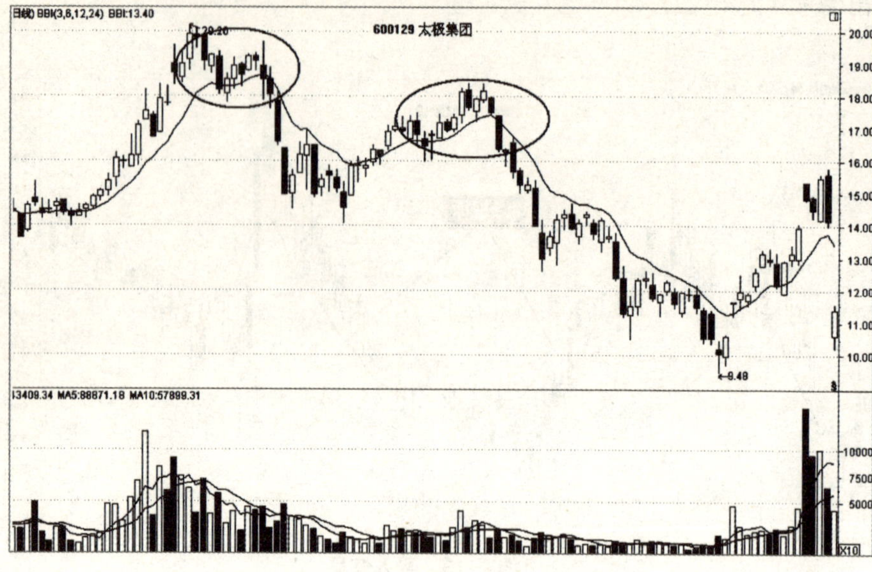

图 4–21　卖出信号

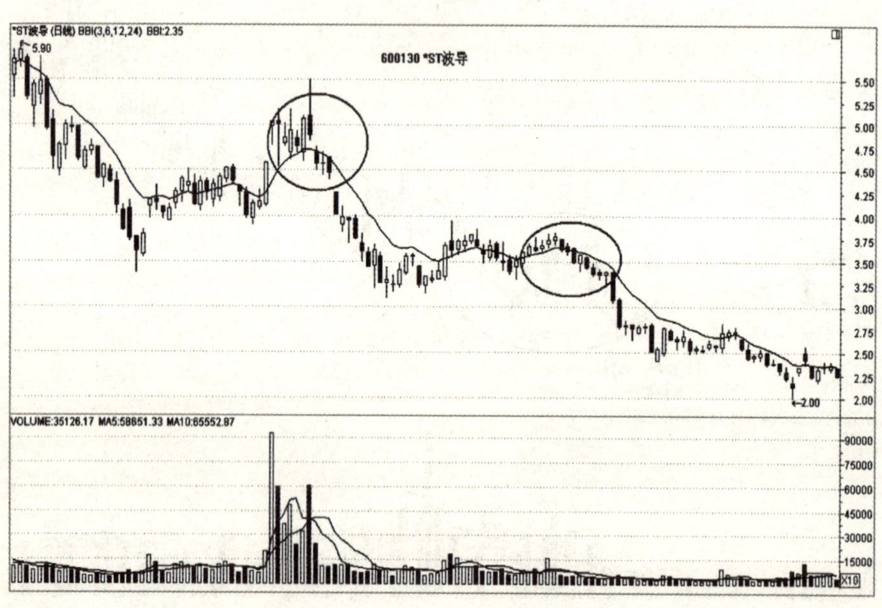

图 4–22　卖出信号

（3）多空指数由下向上递增，股价在多空线上方，表明多头势强，可以继续持股。

（4）多空指数由上向下递减，股价在多空线下方，表明空头势强，一般不宜买入。

本质上，BBI是对MA的一种改进，所以，也具有一些类似于MA的缺点。具体如下所示：

（1）指标信号的频发现象。特别在趋势不明显时，这种现象更为严重。

（2）指标信号的落后性。常常会发生股价已接近短期头部时，BBI才出现买入信号，股价已接近短期底部时，BBI才出现卖出信号。

（3）在移动平均线指标MA中，设置了多条平均线，分成长、中、短期，并且同时应用，相互比对，非常有效地弥补了单一平均线的缺陷。而BBI指标只设置了一条平均线，仅起到了短期多空分水岭的作用。

三、BBI指标的看盘技巧之实践应用

在股市中，多空的判断有很多方法，股市中不少人喜欢用移动平均线来判断，通过设定不同周期的移动平均线来寻找多空转换的迹象，但是，这种方法并不能有效解决不同周期移动平均线互相协调的问题。

BBI指标只有一条参考线，因而使用方法也很简单：当股价站在BBI指标线的上方，就说明这只股票正处于多头趋势；股价如果跌到了BBI指标的下方，就说明这只股票进入了空头趋势。由于BBI指标判断多空的特性，对一些成长性较好的股票有特殊的指导意义，如果将该指标用在周线图中会收到意想不到的效果。

第六节　探底神针——RSI

一、RSI 的原理

1. RSI 的定义

相对强弱指标 RSI 又叫力度指标，其英文全称为 Relative Strength Index，由威尔斯 · 威尔德（Welles Wilder）所创造的，是目前股市技术分析中比较常用的中短线指标。强弱指标最早被应用于期货买卖，后来人们发现在众多的图表技术分析中，强弱指标的理论和实践极其适合于股票市场的短线投资，于是被用于股票升跌的测量和分析中。RSI 图形见图 4–23。

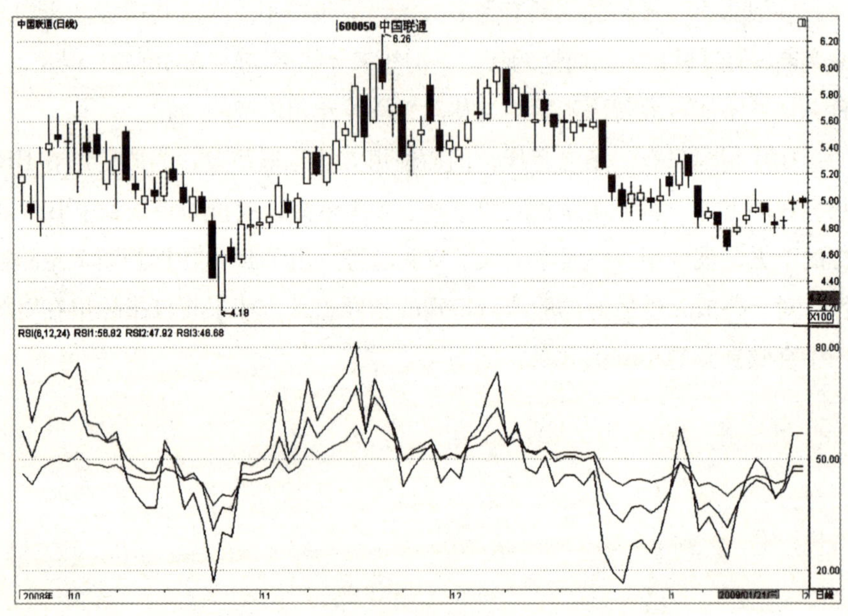

图 4–23　RSI 指标

2．RSI 指标的计算方法

相对强弱指标 RSI 的计算公式有以下两种：

(1) 假设 A 为 N 日内收盘的涨数之和，B 为 N 日内收盘的跌数之和乘以 (−1)，这样，A 和 B 均为正，将 A、B 代入 RSI 计算公式，则：

$$RSI\ (N) = A/(A+B) \times 100$$

(2) RS（相对强度）=N 日内收盘价涨数和之均值 / N 日内收盘价跌数和之均值

$$RSI\ (\text{相对强弱指标}) = 100 - 100/(1+RS)$$

这两个公式虽然有些不同，但计算的结果一样。

看盘点金

RSI 的计算公式反映了某一阶段价格上涨所产生的波动占总的波动的百分比，百分比越大，强势越明显；百分比越小，弱势越明显。RSI 的取值介于 0～100 之间。在计算出某一日的 RSI 值以后，可采用平滑运算法计算以后的 RSI 值，根据 RSI 值在坐标图上连成的曲线，即为 RSI 线。

3．RSI 指标的原理

相对强弱指标 RSI 是根据股票市场上供求关系平衡的原理，通过比较一段时期内单个股票价格的涨跌的幅度或整个市场的指数的涨跌的大小来分析判断市场上多空双方买卖力量的强弱程度，从而判断未来市场走势的一种技术指标。

从它构造的原理来看，与 MACD、TRIX 等趋向类指标相同的是，RSI 指标是对单个股票或整个市场指数的基本变化趋势做出分析；而与 MACD、TRIX 等指标不同的是，RSI 指标先求出单个股票若干时刻的收盘价或整个指数若干时刻收盘指数的强弱，而不是直接对股票的收盘价或股票市场指数进行平滑处理。

强弱指标理论认为，任何市价的大涨或大跌，均在 0～100 之间变动，根据常态分配，认为 RSI 值多在 30～70 之间变动，通常 80 甚至 90 时被认为市场已到达超买状态（Overbought），至此市场价格自然会回落调整。当价格低跌至 30 以下即被认为是超卖（Oversold），市价将出现反弹回升。

二、RSI 指标的看盘技巧之研判标准

RSI 的研判主要是围绕 RSI 的取值、长期 RSI 和短期 RSI 的交叉状况及 RSI 的曲线形状等展开的。一般分析方法主要包括 RSI 取值的范围大小、RSI 数值的超卖超买情况、长短期 RSI 线的位置及交叉等方面。

1．RSI 取值的大小

RSI 的变动范围在 0～100，强弱指标值一般分布在 20～80。表 4-1 反映了与 RSI 取值范围相对应的相对强弱。

表 4-1　RSI 取值及市场特征

RSI 值	市场特征	投资操作
80～100	极强	卖出
50～80	强	买入
20～50	弱	观望
0～20	极弱	买入

表 4-1 中的“极强”、“强”、“弱”、“极弱”只是一个相对的分析概念。图 4-24 反映了 RSI 取值大小及操作方向。

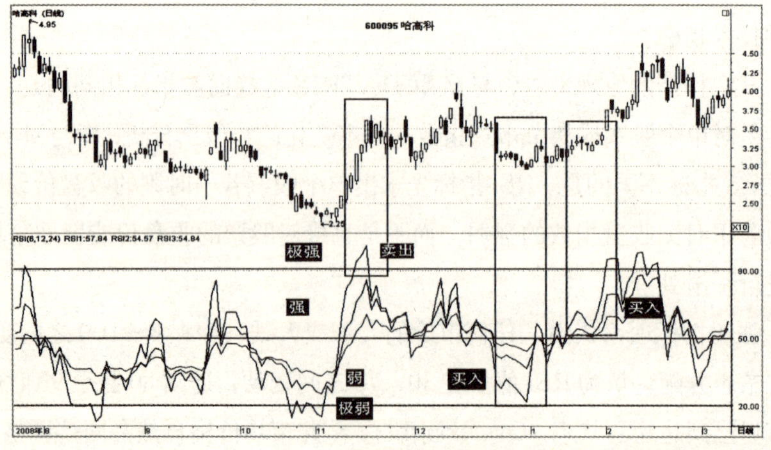

图 4-24　RSI 取值的大小图

2. RSI 数值的超买超卖

一般而言，RSI 的数值 80 和 20 为超买、超卖的分界线。在牛市时，通常蓝筹股的强弱指数若是 80，便属超买；若是 30，便属超卖。至于二三线股，强弱指数若是 85～90，便属超买；若是 20～25，便属超卖。但我们不能硬性地以上述数值，拟定蓝筹股或二三线股是否属于超买或超卖。

（1）当 RSI 值超过 80 时，多方力量远大于空方力量。双方力量对比悬殊，多方大胜，表示整个市场力度过强，市场处于超买状态，后续行情有可能出现回调或转势，此时，投资者可卖出股票。

（2）当 RSI 值低于 20 时，空方力量强于多方力量。空方大举进攻后，市场下跌的幅度过大，已处于超卖状态，则表示市场上卖盘多于买盘，股价可能出现反弹或转势，投资者可适量建仓、买入股票。

（3）当 RSI 值处于 50 左右时，说明市场处于整理状态，投资者可观望。

（4）超买及超卖范围的确定还取决于两个因素。第一是市场的特性，起伏不大的稳定的市场，一般可以规定 70 以上为超买，30 以下为超卖；变化比较剧烈的市场可以规定 80 以上为超买，20 以下为超卖。第二是计算 RSI 时所取的时间参数，比如说，对于 9 日 RSI，可以规定 80 以上为超买，20 以下为超卖；对于 24 日 RSI，可以规定 70 以上为超买，30 以下为超卖。

3. 长短期 RSI 线的交叉情况

短期 RSI 是指参数相对小的 RSI，长期 RSI 是指参数相对较长的 RSI。比如，6 日 RSI 和 12 日 RSI 中，6 日 RSI 即为短期 RSI，12 日 RSI 即为长期 RSI。长短期 RSI 线的交叉情况可以作为我们研判行情的方法。

（1）当短期 RSI 大于长期 RSI 时，市场则属于多头市场。

（2）当短期 RSI 小于长期 RSI 时，市场则属于空头市场。

（3）当短期 RSI 线在低位向上突破长期 RSI 线时，一般为 RIS 指标的“黄金交叉”，为买入信号。

（4）当短期 RSI 线在高位向下突破长期 RSI 线时，一般为 RSI 指标的“死亡交叉”，为卖出信号。

三、RSI 指标的看盘技巧之特殊分析方法

1. RSI 曲线的形态

可以利用 RSI 指标在高位盘整或低位横盘时所出现的各种形态来作为判断行情，决定买卖行动的一种分析方法。

（1）当 RSI 曲线在高位（50 以上）形成高位反转形态时（如 M 头或三重顶等），预示着股价的上升动能已经衰竭，股价有可能出现长期反转的情况，这时，股票持有者应及时地卖出股票，如果股价走势曲线也先后出现同样形态则更可确认（图 4–25）。股价下跌的幅度和过程可参照 M 头或三重顶等顶部反转形态的研判。

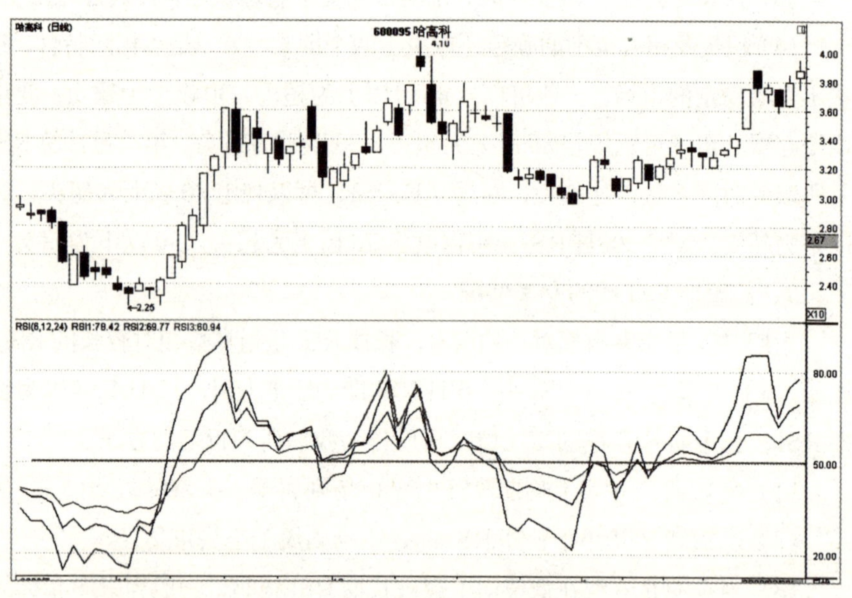

图 4–25　RSI 指标 50 以上 M 头

（2）当 RSI 曲线在低位（50 以下）形成低位反转形态时（如 W 底或三重底等），预示着股价的下跌动能已经减弱，股价有可能构筑中长期底部，股票持有者可逢低分批建仓，如果股价走势曲线也先后出现同样形态则更可确认。股价的上涨幅度及过程可参照 W 底或三重底等底部反转形态的

研判。

(3) RSI 曲线底部形态对行情判断的准确性要低于顶部反转形态。

2．RSI 曲线的背离

RSI 指标的背离是指 RSI 指标的曲线的走势正好和股价 K 线图的走势方向相反。RSI 指标的背离分为顶背离和底背离两种。

(1) 顶背离。顶背离现象一般是股价在高位即将反转的信号，表明股价短期内即将下跌，是卖出信号。所谓的顶背离是指当 RSI 处于高位，但在创出 RSI 近期新高后，反而形成一峰比一峰低的走势，而此时 K 线图上的股价却再次创出新高，形成一峰比一峰高的走势。

在实际走势中，RSI 指标出现顶背离是指股价在进入拉升过程中，先创出一个高点，RSI 指标也相应在 80 以上创出新的高点，之后，股价出现一定幅度的回落调整，RSI 也随着股价回落走势出现调整。

(2) 底背离（图 4-26）。底背离现象一般预示着股价短期内可能将反弹，是短期买入的信号。所谓的底背离是指 RSI 的底背离一般是出现在 20 以下的低位区。当 K 线图上的股价一路下跌，形成一波比一波低的走势，而 RSI 线在低位却率先止跌企稳，并形成一底比一底高的走势。

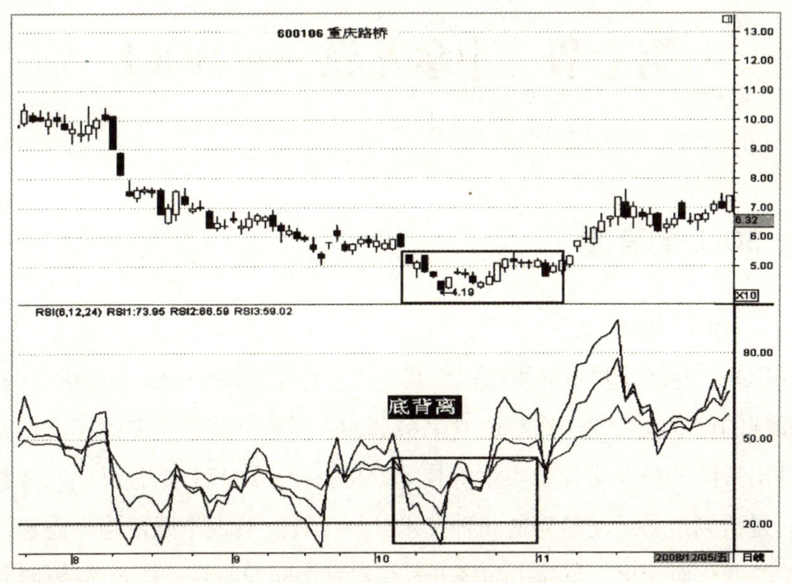

图 4-26 RSI 指标底背离

当股价在高位，RSI在80以上出现顶背离时，可以认为股价即将反转向下，投资者可以及时卖出股票；而股价在低位，RSI也在低位出现底背离时，一般要反复出现几次底背离才能确认，并且投资者只能做战略建仓或做短期投资。与MACD、RSI等指标的背离现象研判一样，RSI的背离中，顶背离的研判准确性要高于底背离。

看盘点金

(1) RSI值永远介于1与100之间。它考虑了价格变动的四个因素：上涨的天数、下跌的天数、上涨的幅度以及下跌的幅度。在价格趋势预测方面，其准确度相当高。

(2) 整理期间，RSI一底比一底低，是多头气势转弱，下跌可能性大，是卖出时机。反之，RSI一底比一底高，是多头气势强，后市再涨一段的可能性大，为买进时机。

(3) 价格创新高点，继续上涨，3日内RSI无力突破先前高点，甚至有背离现象，视为多头拉升无力，为卖出时机。

第七节　十拿九稳——BOLL

一、BOLL的原理

1. BOLL的定义

BOLL指标又叫布林线指标，其英文全称是“Bolinger Bands”，是用该指标的创立人约翰·布林的姓来命名的，是根据统计学中的标准差原理设计出来的一种非常简单实用的技术分析指标。BOLL指标又叫布林线指标，是研判市场运动趋势的一种技术分析工具。其上下限范围不固定，随股价的变化而变化。布林指标BOLL和麦克指标MIKE一样同属路径指标，股价波动在上限和下限的区间之内，这条带状区的宽窄，随着股价波动幅度的大小而变化。股价涨跌幅度加大时，带状区变宽，涨跌幅度狭小盘整时，带状区则变窄（图 4–27）。

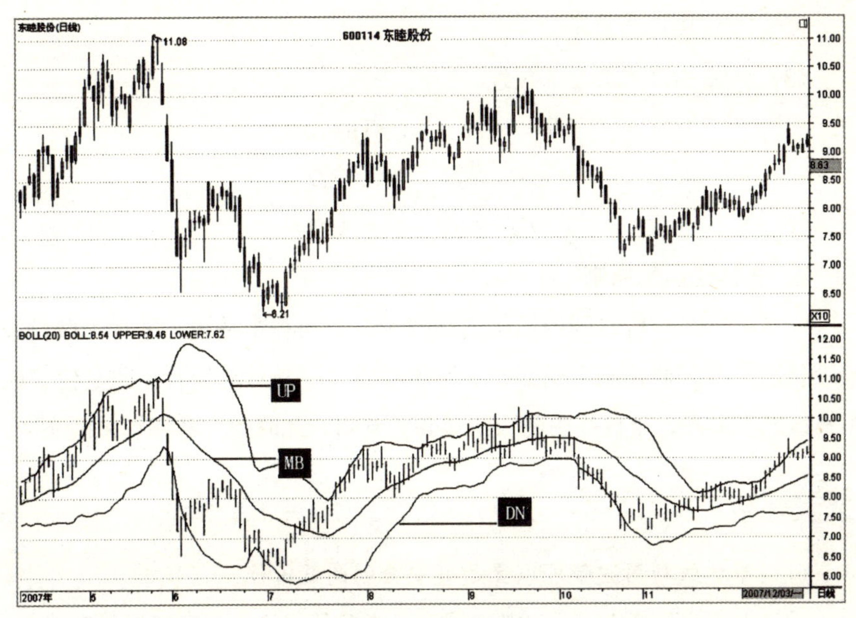

图 4–27　布林线指标

2．BOLL 指标的计算方法

和上面几种指标的计算相比，BOLL 指标的计算方法是最复杂的，因为它引进了统计学中的标准差概念，并且还涉及中轨线（MB）、上轨线（UP）和下轨线（DN）的计算。另外，和其他指标的计算一样，由于选用的计算周期的不同，BOLL 指标也包括日 BOLL 指标、周 BOLL 指标、月 BOLL 指标和年 BOLL 指标等各种类型。经常被用于股市研判的是日 BOLL 指标和周 BOLL 指标。虽然它们计算时的取值有所不同，但基本的计算方法一样。以日 BOLL 指标计算为例，其计算方法如下：

（1）计算 MA。

$$MA=N\text{日内的收盘价之和}/N$$

（2）计算标准差 MD。

$$MD=\sqrt{\frac{(C-MA)^2}{N}}$$

C为N日累计收盘价

(3) 计算MB、UP、DN线

$$MB=(N-1)\text{日的}MA$$

$$UP=MB+2\times MD$$

$$DN=MB-2\times MD$$

3．布林线运用原则

一只股票在一段时间内股价波动很小，反映在布林线上表现为股价波幅带长期收窄。而在某个交易日，股价在较大交易量的配合下收盘价突破布林线的阻力线，布林线由收口明显转为开口，此时投资者应该果断买入。

看盘点金

(1) 布林线利用波带可以显示其安全的高低价位。

(2) 当变易性变小，而波带变窄时，激烈的价格波动有可能随时产生。

(3) 高低点穿越波带边线时，立刻又回到波带内，会有回档产生。

(4) 波带开始移动后，以此方式进入另一波带，这对于找出目标值很有帮助。

二、BOLL 指标的看盘技巧之研判标准

1．BOLL 指标中的上、中、下轨线的意义

(1) BOLL 指标中的上、中、下轨线所形成的价格通道的移动范围是不确定的，通道的上下限随着股价的上下波动而变化。在正常情况下，股价应始终处于股价通道内运行。如果股价脱离股价通道运行，则意味着行情处于极端的状态下。

(2) BOLL 指标股价通道的上下轨是显示股价安全运行的最高价位和最低价位。虽然上轨线、中轨线和下轨线都可以对股价的运行起到支撑作用，然而，只有上轨线和中轨线会对股价的运行起到压力作用。

（3）一般情况下，当股价在中轨线上方运行时，说明股价处于强势状态；当股价在布林线的中轨线下方运行时，表明股价处于弱势趋势。

2．BOLL 指标中的上、中、下轨线之间的关系

（1）当布林线的三条轨线同时向上运行时，说明股价强势特征非常明显，股价短期内将继续上涨，投资者应坚决持股待涨或逢低买入。

（2）当布林线的三条轨线同时向下运行时，说明股价的弱势特征非常明显，股价短期内将继续下跌，投资者应坚决持币观望或逢高卖出。

（3）当布林线的上轨线开始向下运行，中轨线和下轨线却还在向上运行时，说明股价处于整理状态之中。如果股价处于长期上升趋势时，则说明股价是上涨途中的强势整理，投资者可以持股观望或逢低短线买入；如果股价是处于长期下跌趋势时，则表明股价是下跌。

（4）布林线的上轨线向上运行，而中轨线和下轨线同时向下运行的可能性非常小，这里就不做研判。

（5）当布林线的上、中、下轨线几乎同时处于水平方向横向运行时，则要看市场目前的走势处于什么样的情况来判断。具体判断情况如表 4–2 所示。

表 4–2　布林线运行判断

布林线运行情况	股价情况	投资策略
当市场前期一直处于长时间的下跌行情后，开始出现布林线的三条线横向移动	股价是处于构筑底部阶段	投资者可以开始分批少量建多仓。一旦三条线向上发散则可加大做多力度
当市场前期是处于小幅的上涨行情后，开始出现布林线的三条线横向移动	市场是处于上升阶段的整理行情	投资者可以持股待涨或逢低做多，一旦三条线向上发散则可短线加码做多
当市场刚刚经历一轮大跌行情时，开始出现布林线的三条线横向移动	股价是处于下跌阶段的整理行情	投资者应以空仓待跌和逢高做空为主，一旦三条线向下发散则坚决做空
布林线三条线在顶部横向运动的可能性极小，这里也不做研判	—	—

3．K线和布林线上、中、下轨之间的关系

K线和布林线上、中、下轨之间的关系如表4-3及图4-28所示。

表4-3 K线和布林线上、中、下轨之间的关系

K线和布林线上、中、下轨的运行	股市情况	投资策略
K线从布林线的中轨线以下，向上突破布林线中轨线	市场的强势特征开始出现，将上涨	投资者应以中长线做多为主
K线从布林线的中轨线以上，向上突破布林线上轨线	市场的强势特征已经确立，可能短线大涨	投资者应以持多待涨或短线做多为主
K线向上突破布林线上轨以后，其运动方向继续向上时，如果布林线的上、中、下轨线的运动方向也同时向上	市场的强势特征依旧，短期内还将上涨	投资者应坚决持股待涨，直到K线的运动方向开始有掉头向下的迹象时才密切注意行情是否转势
K线在布林线上方向上运动了一段时间后，如果K线的运动方向开始掉头向下，一旦向下突破布林线上轨时	预示着市场短期的强势行情可能结束，短期内将大跌	投资者应及时短线做空
K线从布林线的上方向下突破布林线上轨后，如果布林线的上、中、下轨线的运动方向也开始同时向下	预示着市场的短期强势行情即将结束，短期走势不容乐观	投资者应以逢高做空为主
K线从布林线中轨上方，向下突破布林线的中轨时	市场前期的强势行情已经结束，中期下跌趋势已经形成	投资者应中线及时做空。如果布林线的上、中、下线也同时向下则更能确认
K线向下跌破布林线的下轨并继续向下时	预示着市场处于极度弱势行情	投资者应坚决以做空为主，尽量不做多
K线在布林线下轨运行了一段时间后，如果K线的运动方向有掉头向上的迹象时	表明市场短期内将止跌企稳	投资者可以少量逢低建多仓
K线从布林线下轨下方，向上突破布林线下轨时	市场的短期行情可能回暖	投资者可以及时适量做多，做短线反弹行情
K线一直处于中轨线上方，并和中轨线一起向上运动时	市场处于强势上涨过程中	投资者坚决一路做多
K线一直处于中轨线下方，并和中轨线一起向下运动	市场处于弱势下跌过程中	只要K线不向上反转突破中轨线，投资者都可一路做空

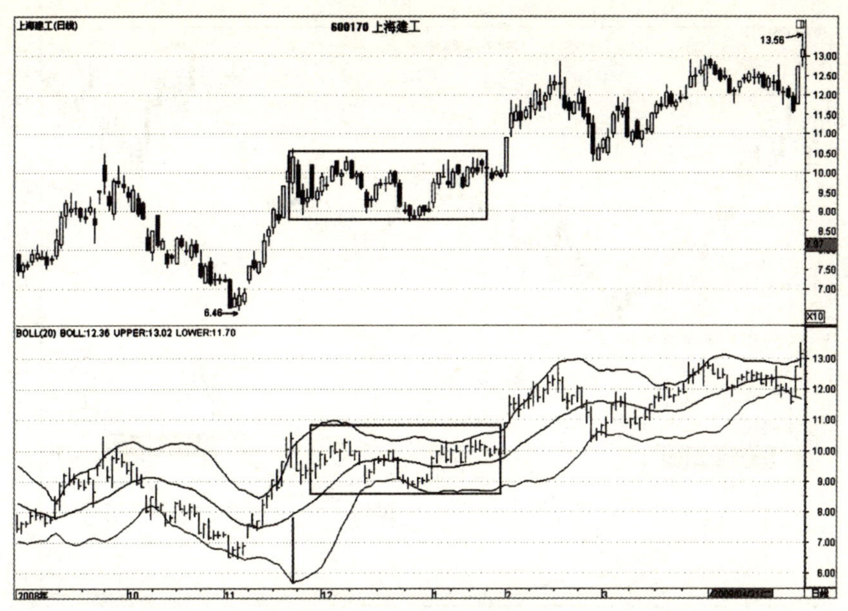

图 4–28　布林线实例图

4．布林线“喇叭口”的研判

所谓布林线“喇叭口”是指在股价运行的过程中，布林线的上轨线和下轨线分别从两个相反的方向从中轨线大幅扩张或向中轨线靠拢而形成的类似于喇叭口的特殊形状。布林线“喇叭口”的研判是BOLL指标所独有的研判手段。

根据布林线上轨线和下轨线运行方向和所处的位置的不同，我们又可以将“喇叭口”分为以下三种类型：

(1) 开口型喇叭口（图4–29）。开口型喇叭口形态常出现在股票短期内暴涨行情的初期，开口喇叭口形态的确立是以美国线（或K线）向上突破上轨线、股价带量向上突破中长期均线为准。对于开口喇叭口形态的出现，投资者如能及时短线买进定会获利丰厚。所谓的开口型喇叭口是指当股价经过长时间的底部整理后，布林线的上轨线和下轨线逐渐收缩，上下轨线之间的距离越来越小，随着成交量的逐渐放大，股价突然出现向上迅速上升的行情，此时布林线上轨线也同时急速向上扬升，而下轨线却加速向下运动，这样布林线上下轨之间的形状就形成了一个类似于大喇叭的形态。

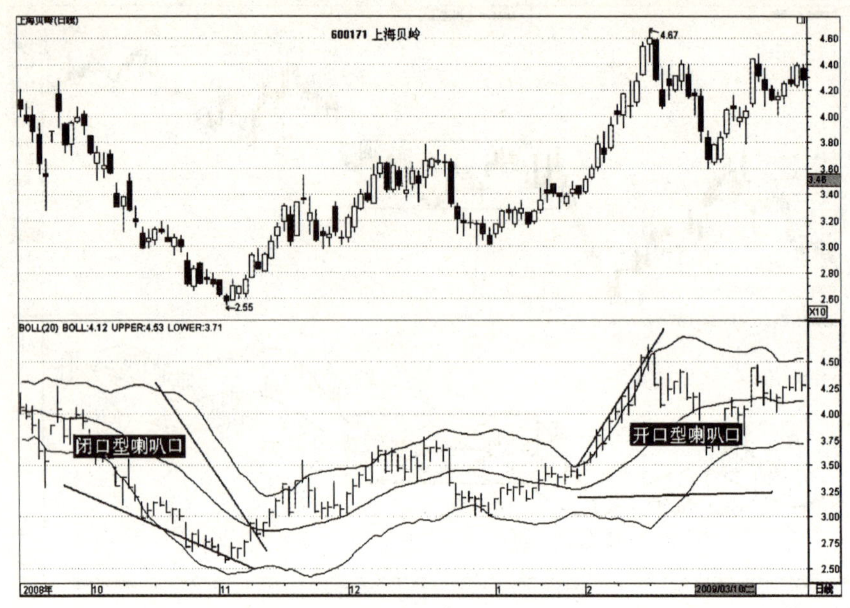

图 4-29　开口型喇叭口与闭口型喇叭

开口型喇叭口形态的形成必须具备以下两个基本条件。

①股价要经过长时间的中低位横盘整理，整理时间越长、上下轨之间的距离越小则未来涨升的幅度越大。

②布林线开始开口时要有明显的大的成交量出现。

开口型喇叭口是一种显示股价短线大幅向上突破的形态。它是形成于股价经过长时间的低位横盘筑底后，面临着向上变盘时所出现的一种走势。布林线的上、下轨线出现方向截然相反而力度却很大的走势，预示着多头力量逐渐强大而空头力量逐步衰竭，股价将处于短期大幅拉升行情之中。

（2）闭口型喇叭口。闭口型喇叭口形态常出现在股票暴跌行情的初期，闭口型喇叭口形态的确立是以股价的上轨线开始掉头向下、股价向下跌破短期均线为准。对于闭口型喇叭口形态的出现，投资者如能及时卖出则能保住收益、减少较大的下跌损失。所谓的闭口型喇叭口是指当股价经过短时间的大幅拉升后，布林线的上轨线和下轨线逐渐扩张，上下轨线之间的距离越来越大，随着成交量的逐步减少，股价在高位出现了急速下跌的行情，此时布林线的上轨线开始急速掉头向下，而下轨线还在加速上升，这样布林线上下轨之间的形状就变成一个类似于倒的大喇叭的特殊形态。

闭口型喇叭口形态的形成虽然对成交量没有要求，但它也必须具备一个条件，即股价经过前期大幅的短线拉升，拉升的幅度越大、上下轨之间的距离越大则未来下跌幅度越大。

闭口型喇叭口是一种显示股价短线大幅向下突破的形态。它是形成于股价经过短时期的大幅拉升后，面临着向下变盘时所出现的一种走势。布林线的上下轨线出现方向截然相反而力度很大的走势，预示着空头力量逐渐强大而多头力量开始衰竭，股价将处于短期大幅下跌的行情之中。

(3) 紧口型喇叭口（图4-30）。紧口型喇叭口形态则常出现在股价大幅下跌的末期。所谓的紧口型喇叭口是指当股价经过长时间的下跌后，布林线的上下轨向中轨逐渐靠拢，上下轨之间的距离越来越小，随着成交量的越来越小，股价在低位的反复振荡，此时布林线的上轨还在向下运动，而下轨线却在缓慢上升。这样布林线上下轨之间的形状就变成一个类似于倒的小喇叭的特殊形态。

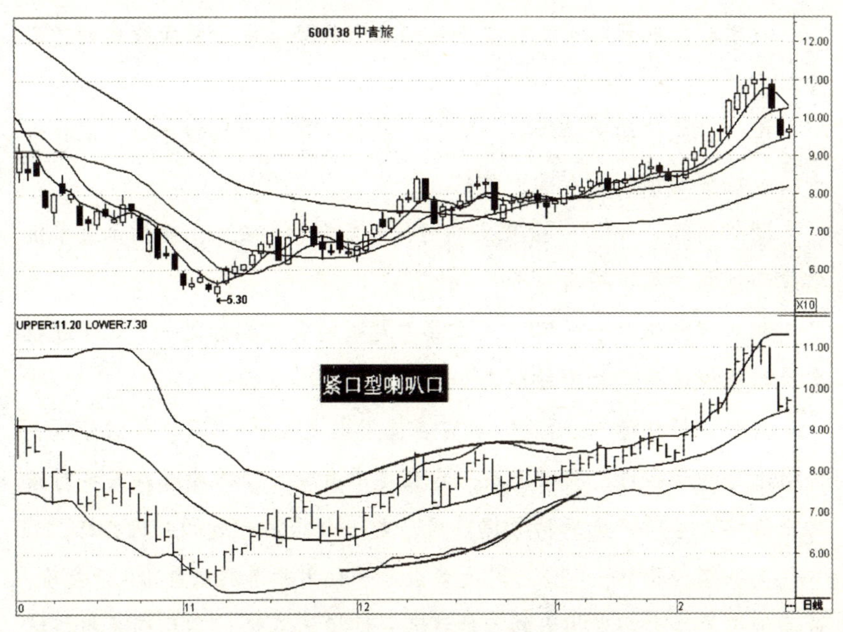

图4-30 紧口型喇叭

紧口型喇叭口形态的形成条件和确认标准比较宽松，只要股价经过较长时间的大幅下跌后，成交极度萎缩，上下轨之间的距离越来越小的时候就可认定紧口型喇叭初步形成。当紧口型喇叭口出现后，投资者既可以观望等待，也可以少量建仓。

看盘点金

紧口型喇叭口是一种显示股价将长期小幅盘整筑底的形态，形成于股价经过长期大幅下跌后，面临着长期调整的一种走势。布林线的上下轨线的逐步小幅靠拢，预示着多空双方的力量逐步趋于平衡，股价将处于长期横盘整理的行情中。

本章启示

技术指标能帮助预测股票价格的未来趋势，提示买卖股票的适当时机。

平滑异同移动平均线——MACD，能指示股票价格趋势的技术分析手段，能帮助预判买入卖出时机。

随机指标——KDJ，最重要的超买超卖型指标之一，能指示股票价格波动区间，预示买卖信号。

相对强弱指标——RSI，最重要的超买超卖型指标之一，能通过股票价格涨跌速度警示价格形态和趋势。

趋势分析指标——EXPMA，它在使用中克服了MACD指标信号对于价格走势的滞后性，同时也在一定程度中消除了DMA指标在某些时候对于价格走势所产生的信号提前性，是一个非常有效的分析指标。

商品路径指标——CCI，与大多数单一利用股票的收盘价、开盘价、最高价或最低价而发明出的各种技术分析指标不同，CCI指标是根据统计学原理，引进价格与固定期间的股价平均区间的偏离程度的概念，强调股价平均绝对偏差在股市技术分析中的重要性，是一种比较独特的技术分析指标。

布林线指标——BOLL，在众多技术分析指标中，BOLL指标属于比较特殊的一类指标。绝大多数技术分析指标都是通过数量的方法构造出来的，它们本身不依赖趋势分析和形态分析，而BOLL指标却与股价的形态和趋势有着密不可分的联系。

第五章 股市最可靠的分析手段

——均线系统看盘技巧

主流类中的股票，常能涨得惊天动地，但其他垃圾，连一丝涟漪都不会起！

——威廉·欧奈尔

第一节　移动平均线概述

一、移动平均线定义

在证券市场中，对价格趋势进行平滑处理的最有效的方法，就是计算市场价格的移动平均线（MA）。所谓“移动”的概念，指的是每天产生的新价格会被纳入后一日的平均计算法里，形成更新的价格平均值。具体说来，移动平均线是用统计处理的方式，将若干天的股价加以平均，然后连接成一条线，用以观察股价运动趋势的一种方法。

移动平均线的理论基础来源于道氏理论的“平均成本”概念，它是当今证券市场上广泛运用的技术指标，甚至一些业内人士把它作为股票价格的一部分来对待。由于它的构造方法简单，效果易于检验，且信号明确客观，所以构成了绝大部分自动顺应趋势系统的运作基础。

移动平均线是股价的生命线，是对交易成本的最直观反映。它实质上是一种追踪趋势的工具，其目的在于显示旧趋势已终结或反转、新趋势正在萌生的行情走势，因此它也可以称为弯曲的趋势线；它的另一个作用则是使价格运动变得平滑，使价格的各种扭曲现象减少到最少。

移动平均线一般有简单移动平均线、加权移动平均线（在简单移动平均线的计算基础上，将最近日期的数据增加权重，即越靠后的数据乘以的系数越大，以突出反映最近日期价格对当前股价的影响力）和指数加权移动平均线（一种简单的加权移动平均法）这三种。这里所介绍的移动平均线仅仅是简单移动平均线，在计算的时候，每日数据的权重都是相同的，取的是算术平均值。

该指标是反映价格运行趋势的重要指标，其运行趋势一旦形成，将在一段时间内继续保持，趋势运行所形成的高点或低点又分别具有阻挡或支撑作用，因此均线指标所在的点位往往是十分重要的支撑或阻力位，这就为我们提供了买进或卖出的有利时机，均线系统的价值也正在于此。均线向上是均线多头，均线向上产生的交叉是金叉，反之是死叉。

二、移动平均线的计算方法

移动平均线计算方法具体如下：

日平均价＝当日成交金额／当日成交股数。

5日平均价＝(当日平均价＋前4日平均价×4)/5。

10日平均价＝(当日平均价＋前9日平均价×9)/10。

30日、60日、13周、26周等平均价计算方法以此类推。

三、移动平均线的优点和缺点

1．移动平均线的优点

(1) 用移动平均线可观察股价总体走势，不用考虑股价偶然的变动情况，容易选择交易时机。

(2) 用移动平均线八大法则作为股票买入或卖出的信号较好，尤其是当股价趋势变得明显时。

(3) 用移动平均线进行分析比较简单，尤其适合于分析股价的中、长期趋势。

2．移动平均线的缺点

(1) 移动平均线具有滞后于股价行情的特性，不易把握股价趋势的高峰与低谷。

(2) 在价格波幅不大的牛皮市，移动平均线频繁往返于价格之间，缺少明确的交易信号。

(3) 移动平均线的最优周期需要交易者自行调试和优化，一般需要隔6个月优化一次，看所用均线是否和股价运行趋势保持良好的跟随性。

四、移动平均线的特点

移动平均线的最基本的作用是消除偶然因素的影响，另外还有平均成本价格的含义。它具有以下几个特点：

（1）追踪趋势。移动平均线能够表示价格的趋势方向，并追随这个趋势，不轻易放弃。如果从价格的图表中能够找出上升或下降趋势线，那么，移动平均线的曲线将保持与趋势线方向一致，能消除中途价格在这个过程中出现的起伏。原始数据的价格图表不具备这个保持追踪趋势的特性。

（2）滞后性。在价格原有趋势发生反转时，由于追踪趋势的特性，移动平均线的行动往往过于迟缓，调头速度落后于大趋势。这是移动平均线的一个极大的弱点。当移动平均线发出趋势反转信号时，价格调头的深度已经很大了。

（3）稳定性。由移动平均线的计算就可知道，要比较大地改变它的数值，无论是向上还是向下，都比较困难，必须是当天的价格有很大的变动。因为MA的变动不是一天的变动，而是几天的变动，一天的大变动被几天一分摊，变动就会变小而显现不出来。这种稳定性有优点，也有缺点，在应用时应多加注意，掌握好分寸。

（4）助涨助跌性。当价格突破了移动平均线时，无论是向上突破还是向下突破，价格有继续向突破方面再走一程的愿望，这就是移动平均线的助涨助跌性。

（5）支撑线和压力线的特性。由于移动平均线的上述4个特性，使得它在价格走势中起支撑线和压力线的作用。移动平均线的被突破，实际上是支撑线和压力线的被突破。

移动平均线的参数的作用就是加强移动平均线上述几方面的特性。参数选择得越大，上述的特性就越明显。比如，突破5日线和突破10日线的助涨的力度完全不同。

使用移动平均线时应选择不同的参数，构造多条MA。虽然参数的选择上有些差别，但都包括长期、中期和短期三类。长期、中期、短期是相对的，可以自己确定。

第二节　均线的分类及其意义

一、均线的分类

由于移动平均线的理论基础来源于道氏理论的“平均成本”概念，而道氏理论将股价的波动情形依照时间的长短划分为基本趋势、次级趋势和短暂趋势三种，所以移动平均线也可以分为长期移动平均线、中期移动平均线和短期移动平均线，用以研判股价的长期、中期和短期变动趋势。

不论是短期均线、中期均线还是长期均线，其本质上都是反映了股票在不同时间周期里的平均交易价格。交易者可以从不同的时间角度去观察现有的股价比过去是便宜还是贵了，过去的交易者现在是获利丰厚还是处于套牢状态，并由此决定目前股票买卖的问题。

在行情分析软件上，均线可随同1分钟K线、5分钟K线、10分钟K线、15分钟K线、30分钟K线、60分钟K线、日K线、周K线、月K线、45日K线、季K线、年K线一同出现。如同成交量一样，它们也构成了股价分析的基石。

移动平均线通常要放在以日为周期的K线图上进行分析。如果以日为周期的话，移动平均线可以分为以下三类（即使还有其他分法，也不过是时间周期不同罢了，而适合的时间周期是需要交易者自行调试的）。

（1）短期均线。短期均线包括3日、5日、7日、10日、13日、15日、17日、20日、21日、25日和30日均线等。

（2）中期均线。中期均线包括34日、40日、45日、50日、55日、60日、65日、70日、75日、80日、85日、89日和90日均线等。

（3）长期均线。长期均线包括100日、110日、115日、120日、125日、144日、150日、180日、200日、233日、250日和255日均线等。

二、单条均线的意义

1．短期均线

在各类短期均线中，比较常用的有3日、5日、10日、20日和30日均线。

（1）3日均线。3日均线一般是行情分析软件中最短时间周期的均线。由于计算的时间周期短，3日均线常随股价出现敏感的波动状况，不能很好地起到价格平滑的作用。

（2）5日均线。股票每周正常的交易日为5日，即5日均线对应着1周交易的平均价格。而在实际生活和工作中，人们的计划往往也是以周为时间单位的，所以，不少交易者将5日均线作为短期移动平均线的研判周期线。只要股价不跌破5日均线，就说明该股处于强势状态。

（3）10日均线。10日均线又称半月线，它是股票连续两周交易的平均价格，是考察股价在半个月内走势变化的重要参考线。相比于3日均线和5日均线，10日均线少了随股价频繁起伏的缺点，又能及时和准确地反映短期平均股价的变动情况，因此常被交易者用做短线进出的依据。只要股价不跌破10日均线，就说明该股还处于强势状态。

（4）20日均线。20日均线又称月线，标志着股价在过去一个月中的平均交易价格达到了怎样的水平，在这一个月中，市场交易者是处于获利状态还是被套状态。20日均线是考察股价短期走势向中期走势演变的中继线，很多交易者将20日均线和10日均线组合使用，以研判股价的短期运动趋势。

（5）30日均线。30日均线具有特殊的重要性，它是股价短期均线和中期均线的分界线，日常使用的频率非常高，常被用来与其他均线组合使用，作为中短期买卖股票的重要依据。有一种说法得到了业内的普遍认同，即30日均线是短线主力的护盘线。这意味着当股价向上突破30日均线时，是市场短线主力进场的表现，只要股价一直运行在30日均线之上，就说明短线主力仍在其中，短期上升行情没有结束；而当股票经过一段较长时间的上涨后，一旦30日均线被股价向下突破，则可能预示着短线主力已经出局，但这不意味着该股从此走弱，还要看有无其他中长线主力在此运作（有些短线主力也会以25日均线或34日均线作为短期的护盘线）。

2．中期均线

在各类中期均线中，较常用的有45日、60日、90日均线。

（1）45日均线。一般而言，一个月的交易时间是22天，那么45日均线基本上等于两月线。这条均线位于中期均线的前端，是一条承接短期均线和中期均线的中继线。它对于研判股价的中期行情，常常起到先知先觉的作用，在中期均线的组合中使用得较多，混合使用的概率小。

（2）60日均线。60日均线是三个月的市场平均交易价格线，也被称为季度线。这条均线是各类中期均线的分界线，对于判断股价中期走势起到重要的作用。在多数情况下，它用于中期均线的组合中，混合使用的概率较小。

（3）90日均线。90日均线是中期均线和长期均线的前端信号线，其特点是走势平滑、有规律，比各类短期均线滤噪性强、平稳性高，又比各类长期均线敏感度高、转折点清晰。因此，90日均线常被交易者用做判断股价中期运行趋势的重要依据。90日均线也常常被主力相中，当作其中期的护盘线，即当股价向上突破90日均线时，意味着中线主力开始进场，只要股价一直运行在90日均线之上，就说明中线主力仍在其中，中期上升行情没有结束；而当股价经过一段较长时间的上涨后，一旦90日均线被股价向下突破，则可能预示着中线主力已经出局。但这不意味着该股从此走弱，还要看有无其他长线主力在此运作（有些中线主力也会以75日均线或100日均线作为中期的护盘线）。

3．长期均线

在各类长期均线中，比较常用的有120日、200日、250日均线。

（1）120日均线。120日均线又称半年线，是股价中期均线和长期均线的主要分界线。它的使用频率不仅在长期均线组合中比较高，而且也常被用来混合使用，以观察股价长期运行趋势的状况。一般而言，在下降趋势中，它是年线的最后一道护身符；而在上升趋势中，它又是年线的前一个挡箭牌。半年线被股价突破的市场震撼力比较大，它意味着股价将进入长期上升趋势或长期下降趋势的状态。

（2）200日均线。200日均线通常是西方技术分析中股价长期趋势的看门线，如同国内股市中的年线。200日均线最早由美国股市分析专家葛兰碧提出，他同时也提出了著名的葛兰碧移动平均线八大法则，该法则在证券市场上具有普遍的研判意义。因此，西方交易者多数将200日均线作为其长期投资的决策依据。不过在我国，200日均线的拥护者并不普遍，它的重要性被年线所代替。

(3) 250日均线。250日均线又称为年线，是股价运行一年后的市场平均交易价格的反映。它是股市长期走势的生命线，也是“牛熊分界线”，是判断牛市是否形成或熊市是否来临的主要依据。即当股价有效跌破250均线时，说明熊市来临；当股价有效上穿250均线时，说明牛市来临。250日均线常被主力相中作为长线交易的护盘线。当股价始终运行在250日均线以上时，说明市场有长线主力在该股中运作；而当股价有效跌破250日均线时，通常意味着该股中的长线主力已经离场（有些长线主力也会以225日均线或255日均线作为长期的护盘线）。

三、均线组合的意义

均线的预测意义往往是通过各种均线组合来实现的。代表不同时间周期的平均交易价格放在一起参考时，可以更好地分析出市场多空双方的士气和意图。

1．专项均线组合

专项均线组合是将周期相差相近的几根均线放在一起进行专项判断的方法。专项判断的对象是股价的短期趋势、中期趋势和长期趋势，不同交易风格的操作者往往只盯住一个专项来研究。专项均线组合可以分为短期均线组合、中期均线组合和长期均线组合这三种。

(1) 短期均线组合。常见的短期日均线组合为：5日、10日、20日、30日均线。短期日均线组合主要是用来研究股价的短期变动趋势的，它的时间跨度视股价趋势是否会反转而可能是半个月，也可能是3个月。这些均线组合具有对股价变化敏感和反应迅速的优点，是短线交易者重要的均线参考依据。

(2) 中期均线组合。常见的中期日均线组合为：45日、60日、75日、90日均线。中期日均线组合主要是用来研究股价的中期变动趋势的，它的时间跨度视股价趋势是否会反转而可能是1个月，也可能是6个月。这些均线组合对股价变化不会太敏感，具有平稳起落的优势，是中线交易者重要的均线参考依据。此时，股价短期波动将被交易者视为“波动噪声”而不予以重视。

（3）长期均线组合。常见的长期日均线组合为：120日、150日、180日、250日均线。长期日均线组合主要是用来研究股价的长期变动趋势的，它的时间跨度视股价趋势是否会反转而可能是3个月，也可能是24个月。这些均线组合对股价变化比较迟钝，且过于稳重，但却是长线交易者的均线参考依据。通常而言，长期均线组合不是用来指导交易的，而是用来判断某个长期趋势是否开始发生反转的论据。

2．混合均线组合

混合均线组合是将周期相差比较远的几根均线放在一起进行参考的方法，即从短期、中期、长期均线中各取几根均线一起放置，以察看当前股价处于哪根关键的均线位置，并由此判断股价趋势的走向。混合均线组合可分为日均线混合、周均线混合和月均线混合这三种。

（1）日均线混合。软件系统默认的日均线混合为：5日、10日、20日、60日均线。一般常用的日均线混合为：5日、30日、90日、250日。该方法结合了超短线主力、短线主力、中线主力、长线主力的护盘重心，行使起来比较稳妥，是较为中庸的应用方案。

（2）周均线混合。软件系统默认的周均线混合为：5周、10周、20周、60周均线。系统默认的均线参数往往也是最大众化的应用方案，获得了市场的高度认同，得到了普遍的推广应用，可以作为参考条件。

（3）月均线混合。软件系统默认的月均线混合为：5月、10月、20月、60月均线。由于国内股票交易数据的提供时间比较短（就目前来说尚不足20年），且股票投机性强，股价易频繁变动，因此用月均线混合来判断股价趋势并不适合。

以上各类均线组合或均线混合都是比较常见的类型，交易者最好是根据自己的短线、中线、长线的交易风格进行具体的时间周期设置，但应以符合常理为主，因为主力操盘手也是根据常规日期来捉摸和影响大众交易者的。

第三节 均线如水，股价如船

——运用均线看盘判研股价选股技巧

一、移动平均线图形的识别

1. 多头排列

图 5-1 为工商银行（601398）5 日线、10 日线、20 日线多头排列走势图。

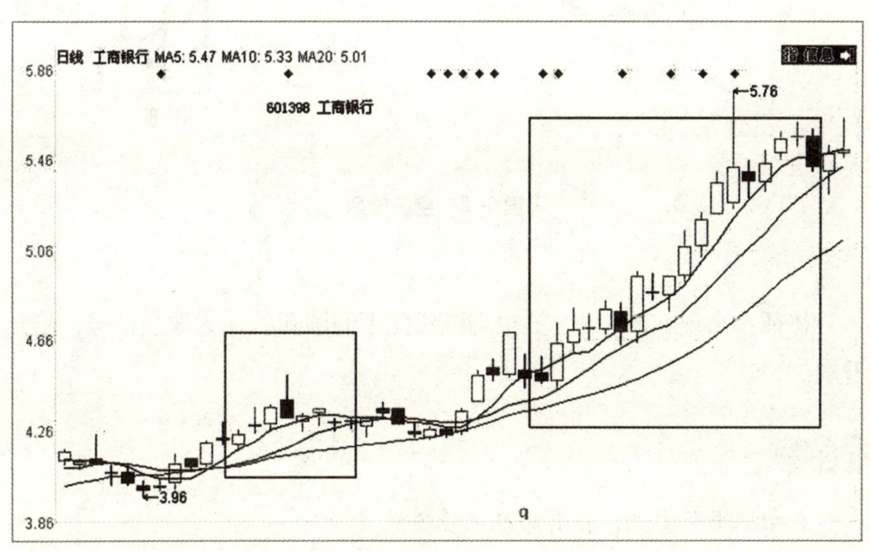

图 5-1 多头排列

特征：出现在涨势中，3 根均线呈向上的圆弧状。为做多信号，继续看涨。

看盘点金

在多头排列初期和中期可积极做多，在其后期应谨慎做多。

2．空头排列

图 5–2 为中国铁建（601186）5 日线、10 日线、20 日线空头排列走势图。

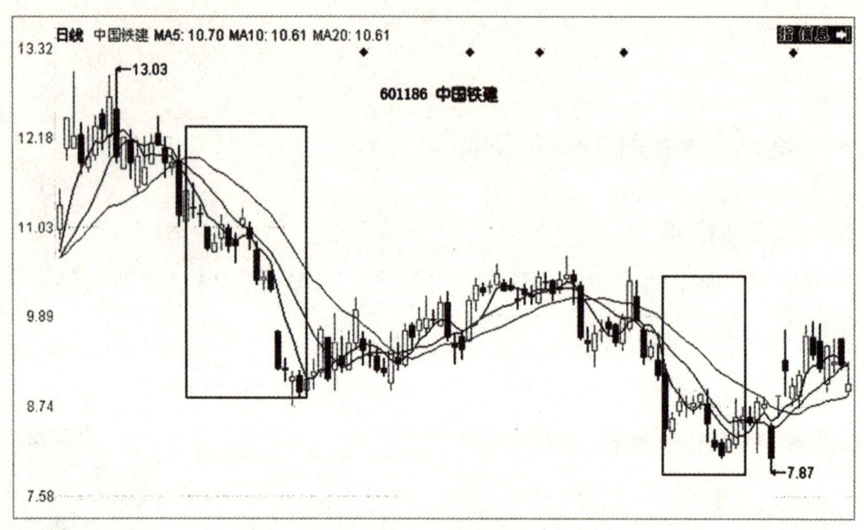

图 5–2　空头排列

特征：出现在跌势中，3 根均线成向下的圆弧状。为做空信号，继续看跌。

看盘点金

在初期观望为主，在其后期应谨慎做空。

3．黄金交叉

图 5–3 为深发展 A（000001）5 日线金叉 10 日线、5 日线金叉 20 日线、10 日线金叉 20 日线走势图。

特征：出现在涨势初期，短期均线从下往上交叉中长期均线，如果中长期均线也弯头向上发出的信号意义更大。为见底信号，后市看涨。

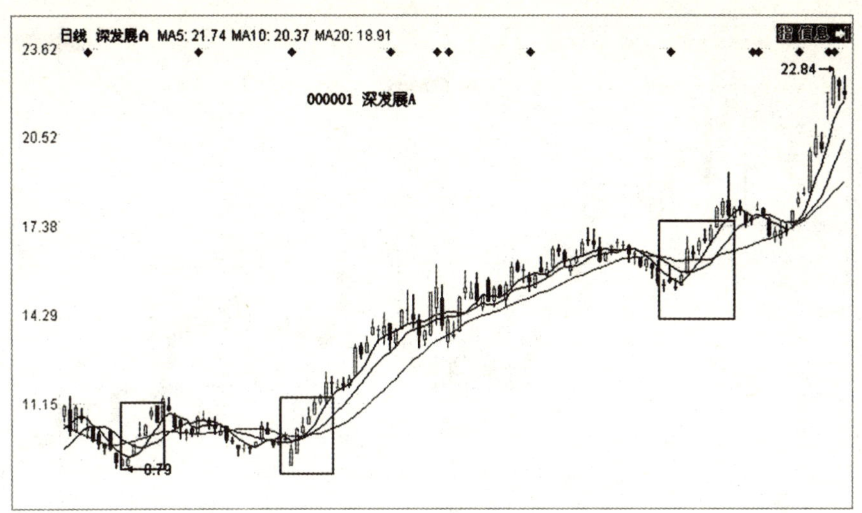

图5-3 黄金交叉

看盘点金

(1) 股价大幅下跌后期出现“黄金交叉”可积极做多，中长线投资者可在周K线或月K线中出现该信号时买进。

(2) 两者交叉的角度（交叉点和水平面的成的角度）越大，短期上升信号越强烈。长期均线的“黄金交叉”又比短期均线的“黄金交叉”发的买进信号强。

4. 死亡交叉

图5-4为风帆股份（600482）5日线死叉10日线、5日线死叉20日线、10日线死叉20日线走势图。

特征：出现在下跌初期，短期均线从上而下交叉中长期均线，如果中长期均线也弯头向下，发出的信号更有意义。为见顶信号，后市看跌。

看盘点金

(1) 股价大幅上涨后，出现“死亡交叉”，可积极做空；中长线投资者可在周K线出现该信号时卖空。

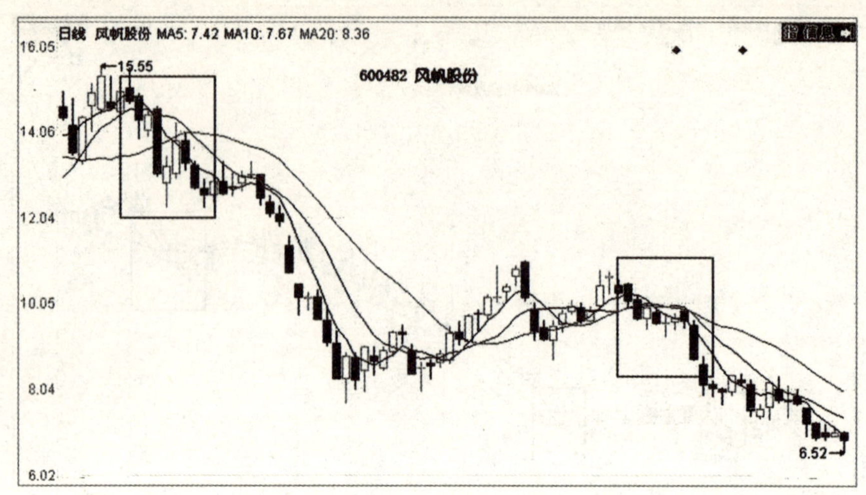

图 5-4 死亡交叉

(2) 时间越长的均线形成的“死亡交叉”意义也越强。

5. 银山谷

图 5-5 为风帆股份（600482）在 2009 年 1 月 6 日~2009 年 1 月 15 日走出银山谷走势图。

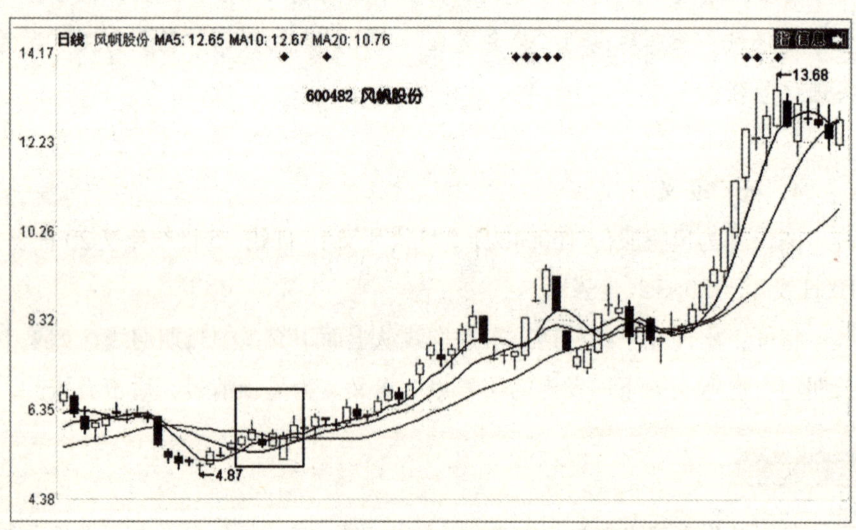

图 5-5 银山谷

特征：出现在上涨初期，由3根移动平均线交叉组成，形成一个尖头向上的不规则三角形。为见底信号，后市看涨。

看盘点金

银山谷一般可作为激进型投资者的买点。

6．金山谷

图5–6为大盘在2008年11月～2009年2月期间走势图。图5–6其中前面是银山谷、后面是金山谷。

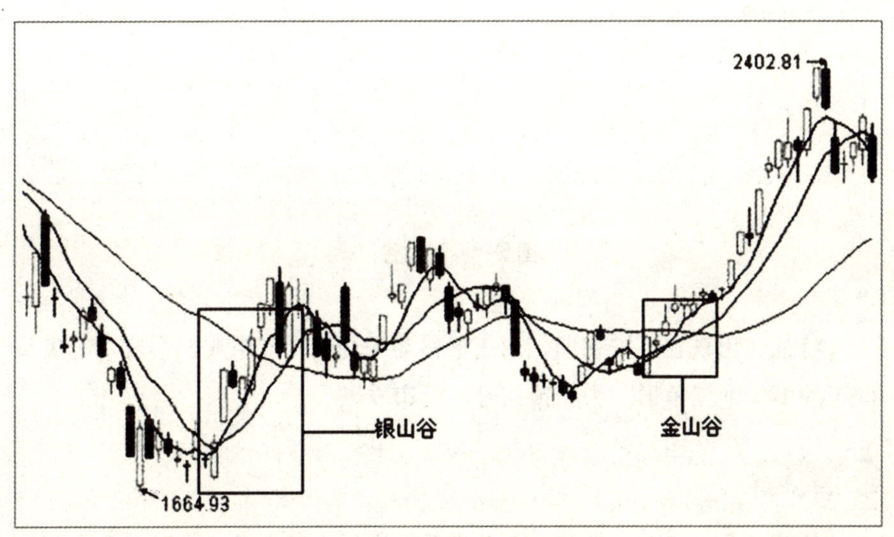

图5–6　金山谷

特征：出现在“银山谷”之后，“金山谷”不规则三角形构成方式和“银山谷”不规则三角形构成方式相同。“金山谷”既可处于“银山谷”相近的位置，也可高于“银山谷”。为买进信号，后市看涨。

看盘点金

“金山谷”一般可作为稳健型投资者的买进点，“金山谷”和“银山谷”相隔时间越长，所处的位置越高，日后股价的上升潜力就越大。

7. 死亡谷

图 5-7 为风帆股份（600482）在 2009 年 5 月 22 日走出的死亡谷图形。

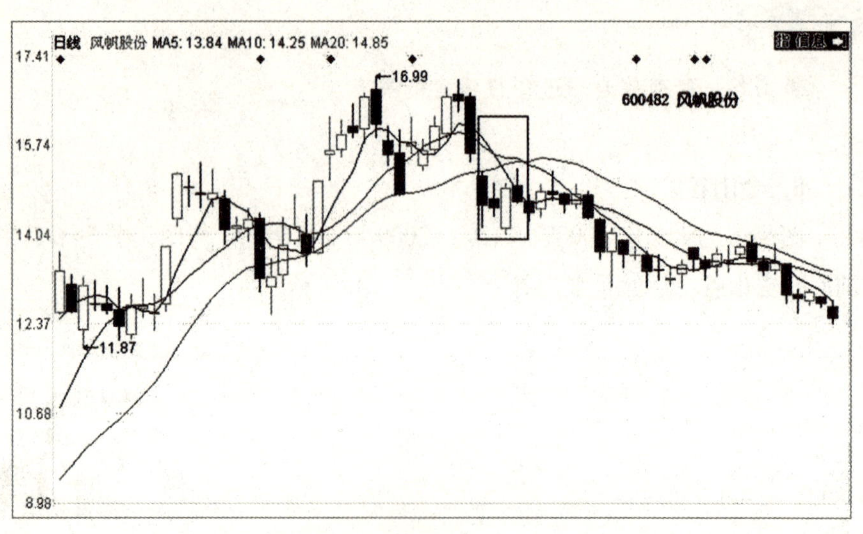

图 5-7 死亡谷

特征：出现在下跌初期，由 3 根移动平均线交叉组成，形成一个尖头向下的不规则三角形。为见顶信号，后市看跌。

看盘点金

见此信号，应积极做空。尤其在股价大幅上扬出现该图形，更要及时止损离场。卖出信号要强于死亡交叉。

8. 首次黏合向上发散形

图 5-8 为华光股份（600475）在 2009 年 4 月 9 日走出的首次黏合向上发散图形。

特征：既可出现在下跌后横盘末期，又可出现在上涨后横盘末期。为买进信号，后市看涨。

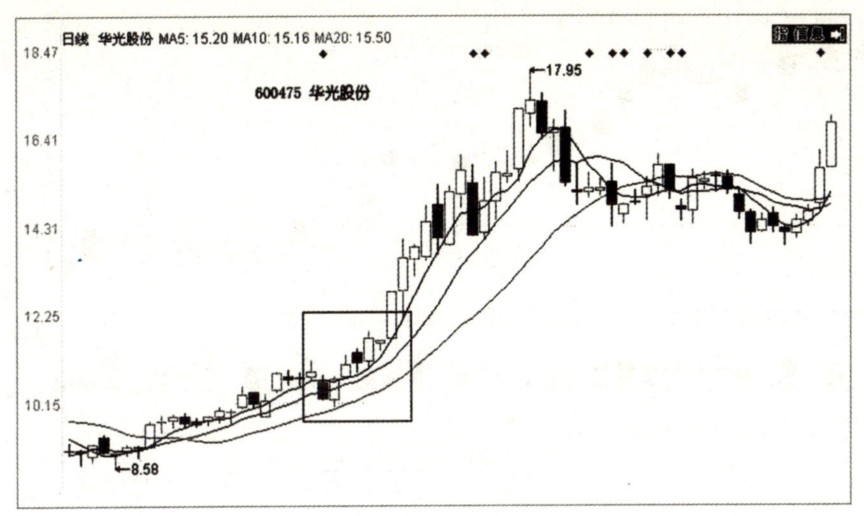

图 5–8　首次黏合向上发散形

看盘点金

激进型投资者可在向上发散的初始点买进；黏合时间越长，向上发散的力度越大；向上发散时，如果成交量同步放大，信号可靠性较强。

9．首次黏合向下发散形

图 5–9 为澄星股份（600078）在 2010 年 4 月 26 日走出的首次粘合向下发散图形。

特征：既可出现在上涨后横盘末期，又可出现在下跌后横盘末期。为卖出信号，后市看跌。

看盘点金

（1）无论激进型投资者还是稳健型投资者见此信号应及时止损离场。

（2）黏合时间越长，向下发散力度越大；向下发散时如成交量同步放大，则后市更加不妙。

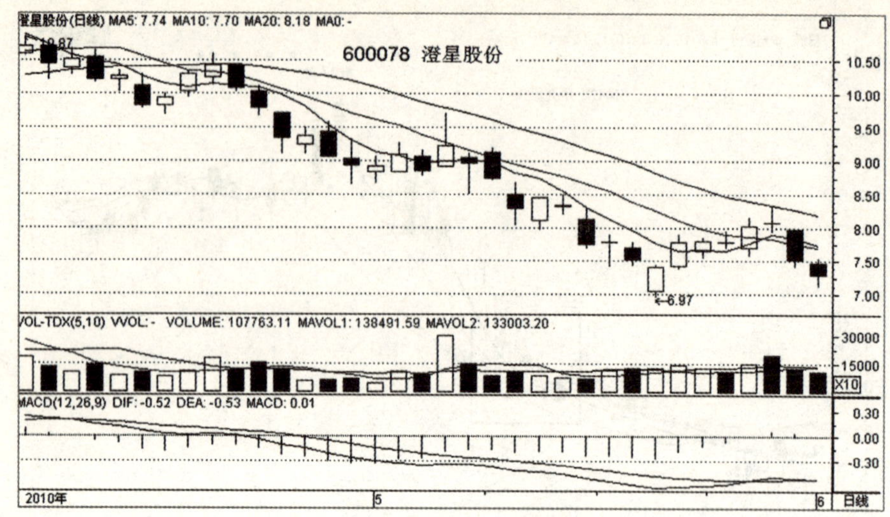

图 5-9 首次粘合向下发散形

10．首次交叉向上发散形

图 5-10 为浦发银行（600000）在 2009 年 4 月 30 日走出的首次交叉向上发散图形。

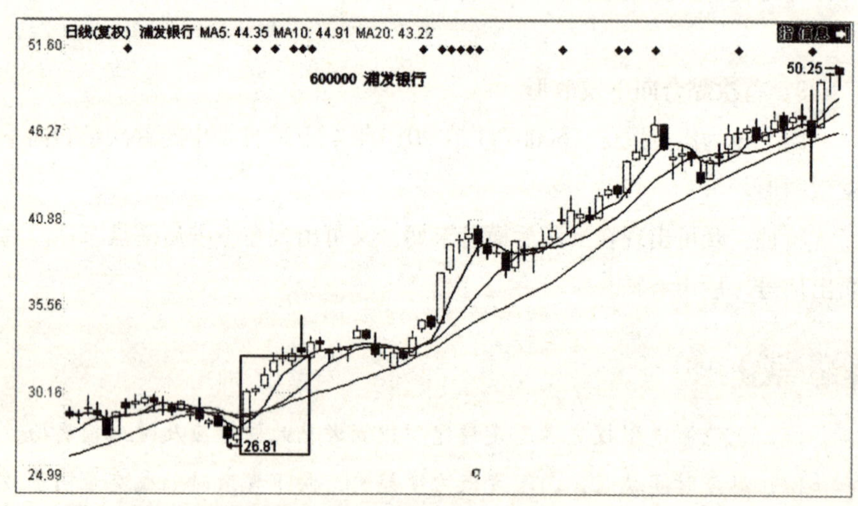

图 5-10 首次交叉向上发散形

特征：出现在下跌后期，短期、中期、长期均线逐渐收敛又再向上发散。为买进信号，后市看涨。

看盘点金

激进型的投资者可在向上发散的初始点买进。向上发散的角度越大，后市上涨的潜力就越大；向上发散时如果有成交量得支持，则信号可靠性较强。

11．首次交叉向下发散形

图5–11为云天化（600096）在2010年11月15日走出的首次交叉向下发散图形。

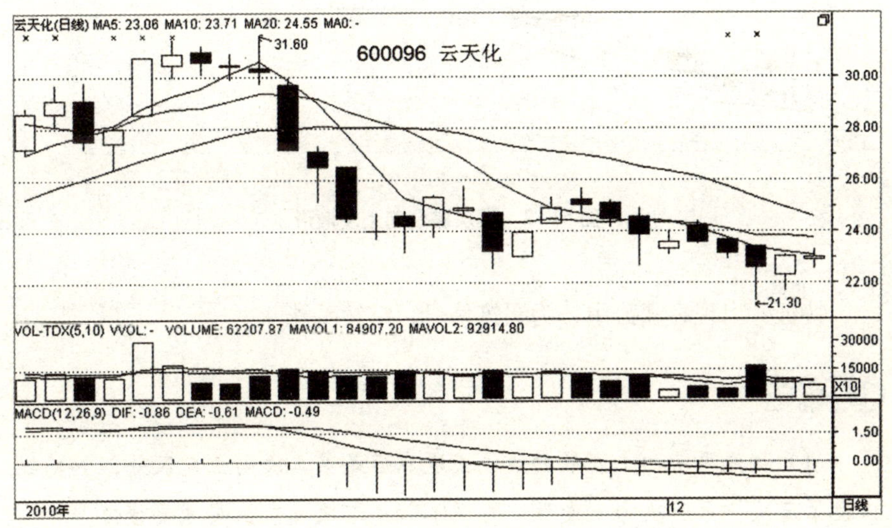

图5–11 首次交叉向下发散形

特征：出现在涨势后期，短期、中期、长期均线从向上发散状逐渐收敛后再向下发散。为卖出信号，后市看跌。

看盘点金

投资者见此信号，应及时做空，退出观望。一旦形成向下发散，常会出现较大跌幅。

12．再次黏合向上发散形

图 5–12 为中粮地产（000031）在 2009 年 6 月 30 日走出的再次黏合向上发散图形。

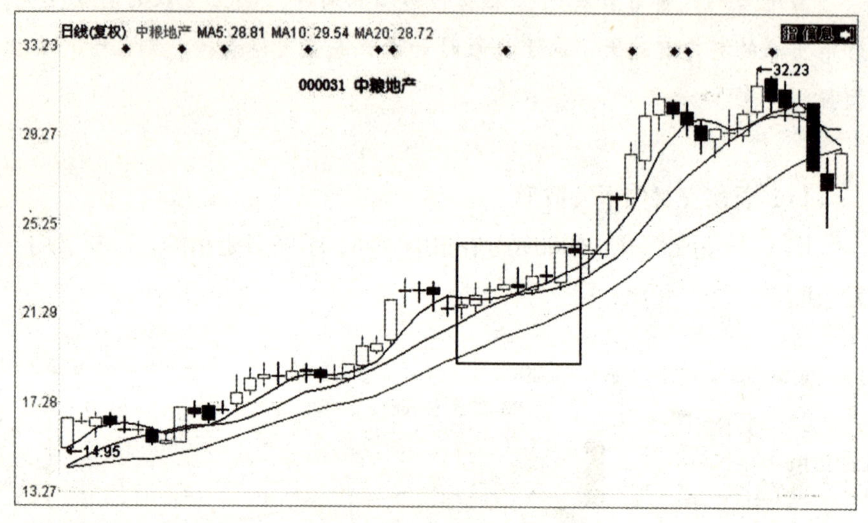

图 5–12　再次黏合向上发散形

特征：出现在涨势中，为买进信号，继续看涨。

看盘点金

(1) 均线再次向上发散的最佳买进点应是第二次向上发散处，如均线出现第三次、第四次向上发散，力度不如第二次发散，买进要谨慎。

(2) 黏合时间越长，续涨的潜力就越大，“再次黏合向上发散”所指的“再次”一般是第二次，少数是第三次，第四次，它们的特征和技术含义相同。

13．再次黏合向下发散形

图 5–13 为金风科技（002202）在 2008 年 8 月 25 日走出的再次黏合向下发散图形。

特征：出现在跌势中，为卖出信号，继续看跌。

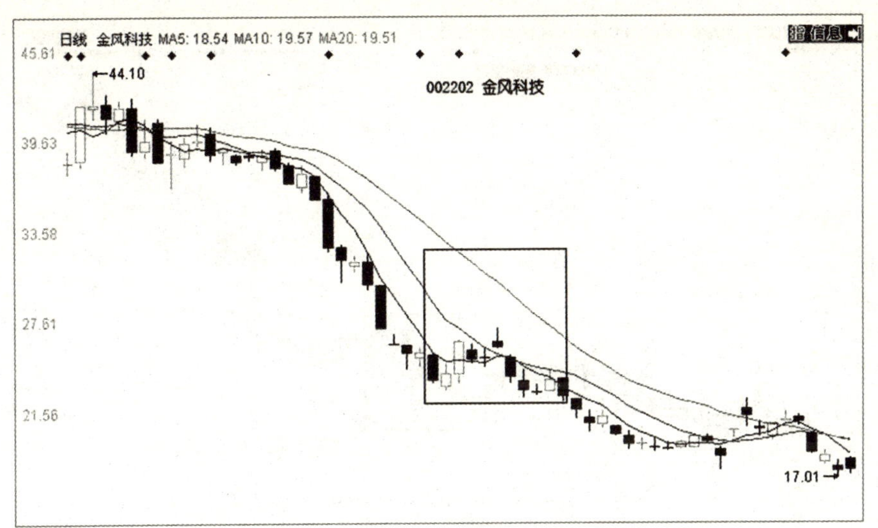

图 5–13 再次黏合向下发散形

看盘点金

(1) 股价大幅下跌后，均线再次黏合向下发散，只可适度做空，以防空头陷阱。

(2)“再次黏合向下发散”所指的“再次”一般是第二次，少数是第三次，第四次。它们的技术含义和特征是一样的。

14．再次交叉向上发散形

图 5–14 为招商银行（600036）在 2009 年 5 月 4 日走出的再次交叉向上发散图形。

特征：出现在涨势中。为买进信号，后市看涨。

看盘点金

(1) 均线再次向上发散，无论是对激进型投资者还是对稳健型的投资者都是一个较好的买点。投资者可在向上发散的第一时间买进，风险较少。

(2) 离上一次向上发散时间越长，继续上涨的潜力就越大。

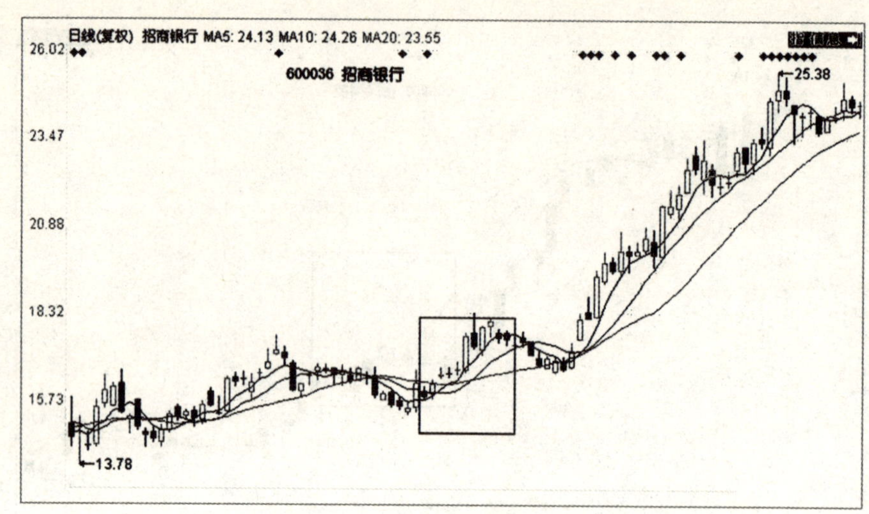

图 5-14 再次交叉向上发散形

15．再次交叉向下发散形

图 5-15 为中化国际（600500）在 2009 年 8 月 4 日走出的再次交叉向下发散图形。

特征：出现在跌势中。为卖出信号，继续看跌。

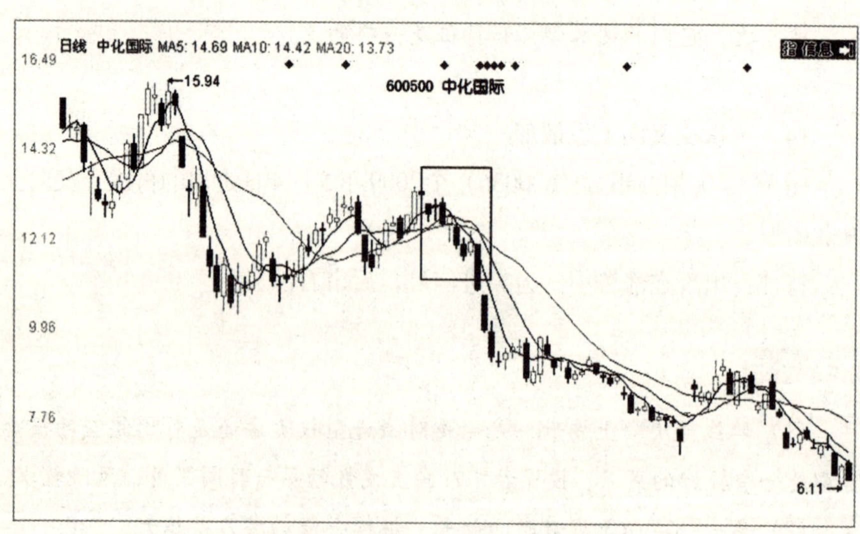

图 5-15 再次交叉向下发散形

看盘点金

(1) 股价在大幅下跌后，均线出现再次交叉向下发散，可适度做空，以防空头陷阱。

(2) 一般来说，第一次向下发散时卖出成功概率最高，越到后面成功概率越小。

16．上山爬坡形（图 5-16）

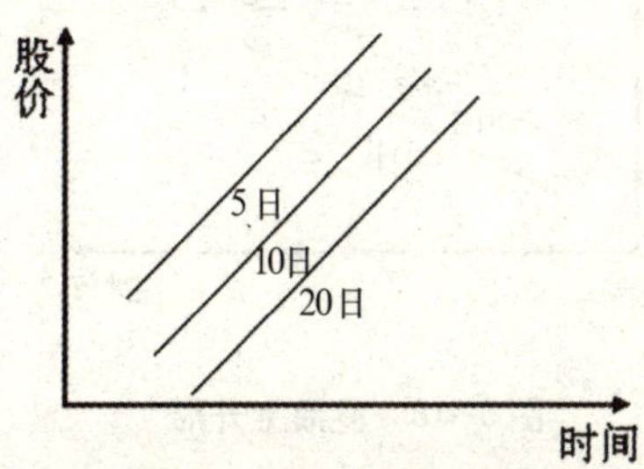

图 5-16 上山爬坡形

特征：出现在涨势中。为做多信号，后市看涨。

看盘点金

积极做多，只要股价没有过分上涨，有筹码者可持股待涨；持币者可逢低吸纳。坡度越小，上升势头越有后劲。

17．下山滑坡形（图 5-17）

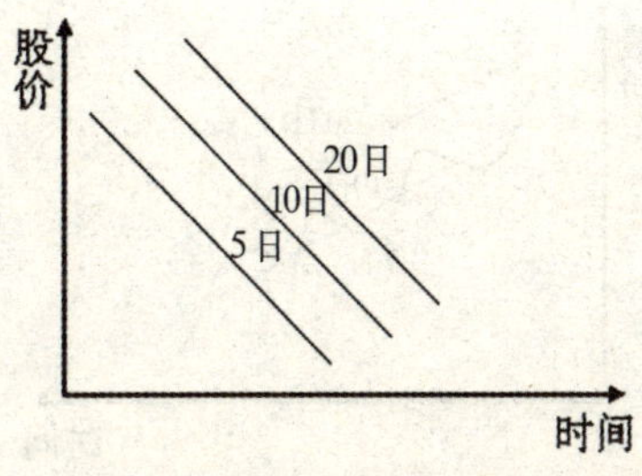

图 5-17 下山滑坡形

特征：出现在跌势中，为做空信号，后市看跌。

看盘点金

及时做空，只要股价没有过分下跌均应退出观望。

18．逐浪上升形（图5-18）

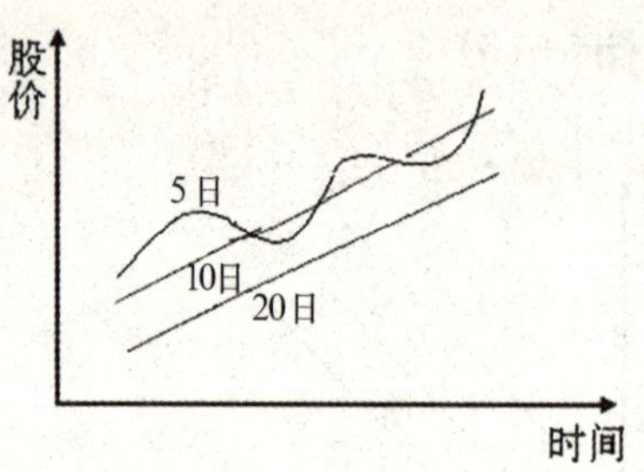

图5-18　逐浪上升形

特征：出现在涨势中。为做多信号，后市看涨。

看盘点金

（1）只要股价不过分上涨，有筹码者可持股待涨；持币者可在股价回落长期均线处买进。

（2）上升时浪形越有规则，信号越可靠。

19．逐浪下降形（图5-19）

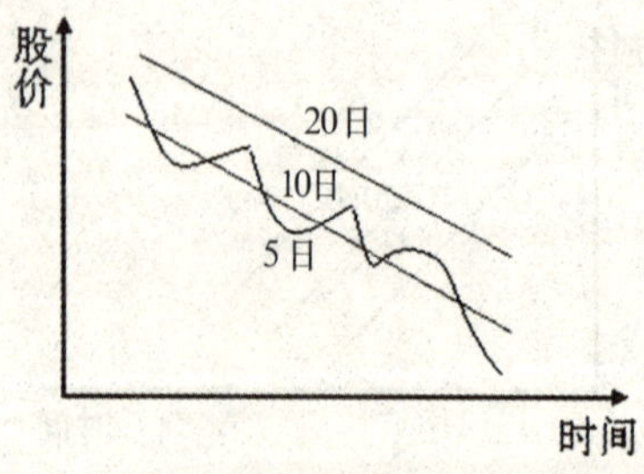

图5-19　逐浪下降形

特征：出现在跌势中。为做空信号，后市看跌。

看盘点金

只要股价不过分下跌，均可在股价触及长期均线处卖出。

20. 加速上涨形

图 5–20 为高淳陶瓷（600562）在 2009 年 4 月 20 日走出的加速上涨图形。

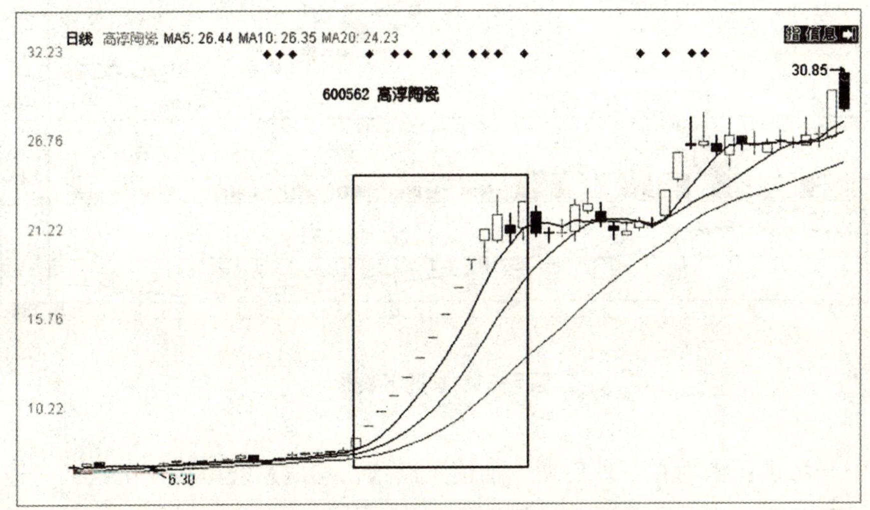

图 5–20 加速上涨形

特征：出现在上涨后期，加速上扬前，均线系统呈缓慢或匀速上升状态；在加速上升时，短期均线与长期、中期均线距离越拉越大。为见顶信号，后市看跌。

看盘点金

(1) 持筹者可分批逢高卖出，如发现短期中期均线弯头，应及时抛空出局；持币者不要盲目追涨。

(2) 出现加速上涨前，股价或指数上涨幅度越大，后市下跌的信号越可靠。

21. 加速下跌形

图5-21为ST筑信（600515）在2010年4月初走出的加速下跌图形。

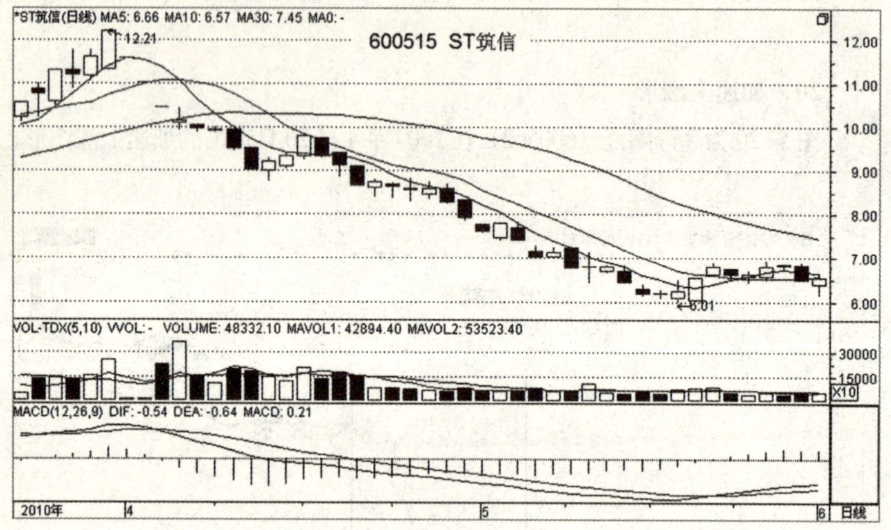

图5-21　加速下跌形

特征：出现在下跌后期，加速下跌前，均线系统呈缓慢下跌或匀速下跌状态。在加速下跌时，短期均线和中长期均线距离越拉越大。为见底信号。

看盘点金

（1）持筹者不宜再卖出股票，持币者可先趁股价加速下跌时买进一些股票，待日后股价见底回升时，再加码跟进。

（2）出现加速下跌之前，股价或指数下跌幅度越大，信号越可靠。

22. 快速上涨形

图5-22为上港集团（600018）在2009年3月19日走出的快速上涨图形。

特征：出现在涨势中，短期均线快速上升，并与中长期均线距离迅速

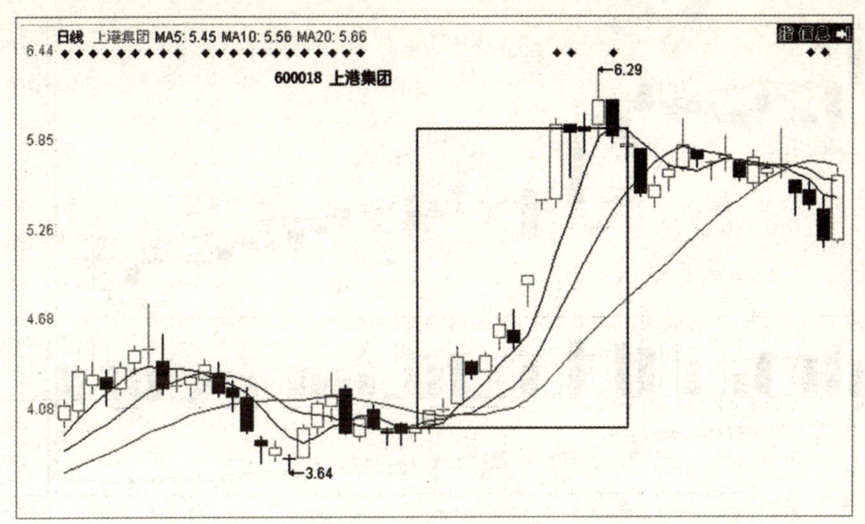

图 5–22 快速上涨形

拉大。为转势信号。

看盘点金

(1) 有股票者可持筹待变，在短期均线没有弯头前可先不做卖出，可做一些减磅操作；短期均线一旦弯头向下，应及时退出。持币者不要盲目追涨。

(2) 上升速度越快，转向的可能性越大。5 日均线一出现弯头，股价常会迅速回落。

23．快速下跌形

图 5–23 为上海汽车（600104）在 2010 年 11 月走出的快速下跌图形。

特征：可出现在跌势初期，也可出现在跌势后期。为暂时止跌或转势信号。

看盘点金

(1) 快速下跌为短线操作提供了一个机会，激进型投资者可趁低买进做一轮短差。持股者在股价快速下跌时不宜卖出，可等股价反弹时退出。

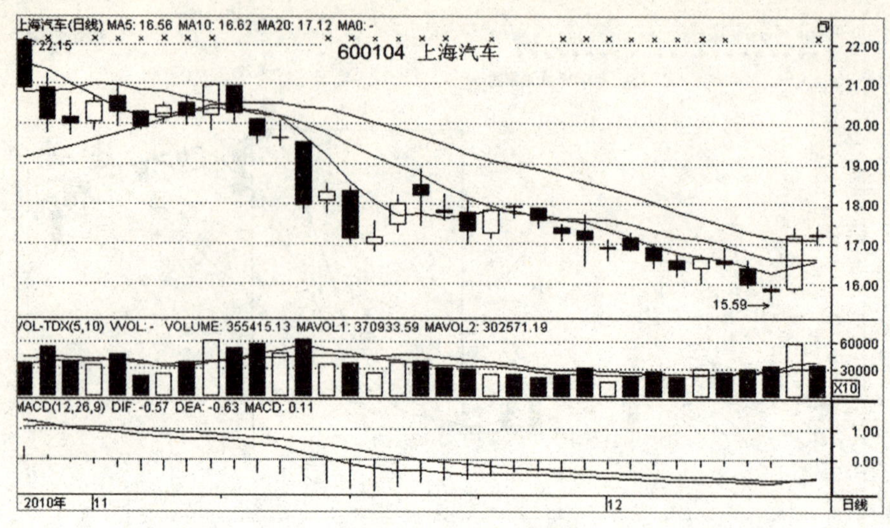

图 5–23　快速下跌形

（2）一般情况下出现该图形会有两种结果：短线止跌回升，反弹后继续下跌；形成“V 形”反转。其中前者情况多见，后者情况很少见。

24．蛟龙出海形

图 5–24 为一汽轿车（000800）在 2009 年 3 月 16 日走出的蛟龙出海图形。

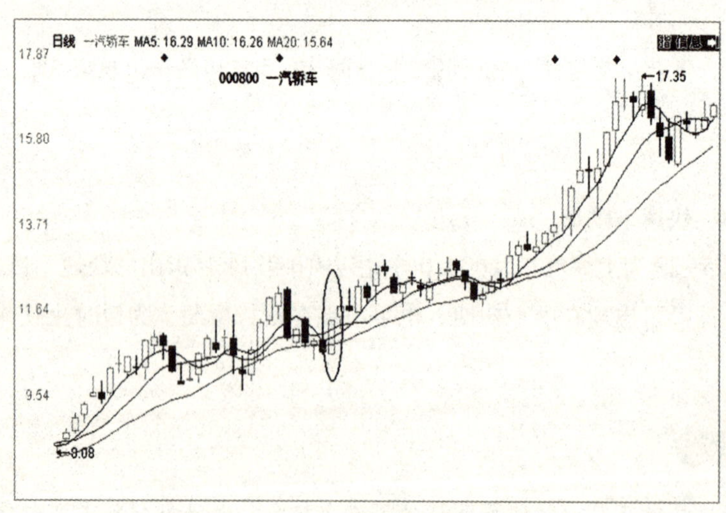

图 5–24　蛟龙出海形

特征：出现在下跌后期或盘整后期，一根阳线拔地而起，一下子把短期、中期、长期均线吞吃干净，收盘价已收在几根均线之上，为反转信号，后市看好。

看盘点金

(1) 激进型的投资者可大胆跟进，稳健型的投资者可观察一段时间，等日后股价站稳后再买进。

(2) 阳线实体越长，发出的买进信号越可靠；一般需要大成交量支撑，如没有大量同步，可信度较差。

25. 断头铡刀形

图5-25为包钢稀土（600111）在2010年11月3日走出的断头铡刀图形。

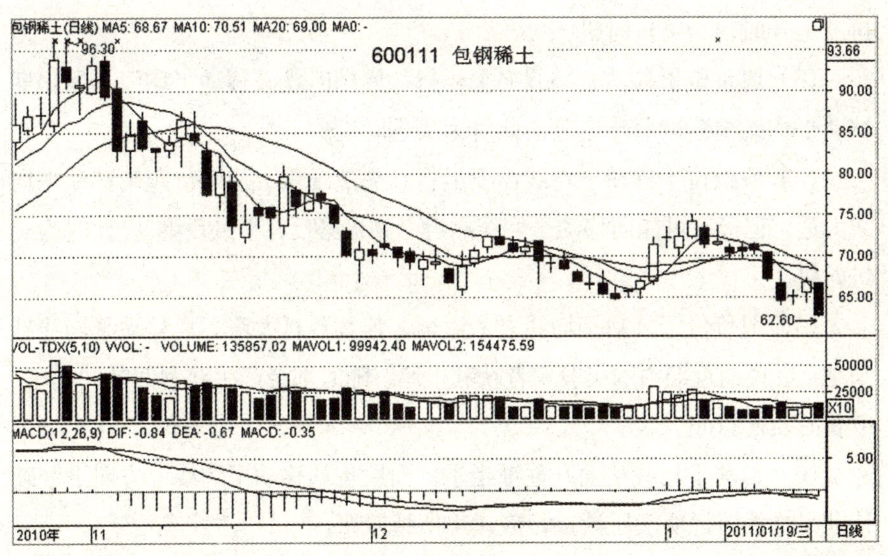

图5-25 断头铡刀形

特征：出现在上涨后期或高位盘整后期，一根阴线一下子把短期、中期、长期均线切断，收盘价收在这几根均线之下。为反转信号，后市看跌。

看盘点金

(1) 无论激进型的投资者抑或稳健型的投资者见此图形后，不能再继续做多，要设法尽快退出观望。

(2) 如果下跌时成交量放大，日后下跌空间较大。

二、葛兰碧移动平均线八大法则

美国人葛兰碧教授所创的移动平均线八项法则，历来被平均线使用者视为至宝。而移动平均线也因为它，淋漓尽致地发挥了道氏理论的精髓。八项法则其中四条是用来研判买进时机，四条是研判卖出时机。

(1) 移动平均线从下降逐渐走平且略向上方抬头，而股价从移动平均线下方向上方突破，为买进信号。

(2) 股价位于移动平均线之上运行，回档时未跌破移动平均线，后又再度上升时，为买进时机。

(3) 股价位于移动平均线之上运行，回档时跌破移动平均线，但短期移动平均线继续呈上升趋势，此时为买进时机。

(4) 股价位于移动平均线以下运行，突然暴跌，使股价距离移动平均线太远，但极有可能向移动平均线靠近（物极必反，下跌反弹），此时为买进时机。

(5) 股价位于移动平均线之上运行，连续数日大涨，离移动平均线越来越远，说明近期内购买股票者获利丰厚，随时都会产生获利回吐的卖压，应暂时卖出持股。

(6) 移动平均线从上升逐渐走平，而股价从移动平均线上方向下跌破移动平均线时说明卖压渐重，应卖出所持股票。

(7) 股价位于移动平均线下方运行，反弹时未突破移动平均线，且移动平均线跌势减缓，趋于水平后又出现下跌趋势，此时为卖出时机。

(8) 股价反弹后在移动平均线上方徘徊，而移动平均线却继续下跌，宜卖出所持股票。

以上八大法则中第（3）条和第（8）条不易掌握，具体运用时风险较大，在未熟练掌握移动平均线的使用法则前可以考虑放弃使用。

第（4）条和第（5）条没有明确股价距离移动平均线多远时才是买卖时机，可以参照乖离率来解决。

三、运用均线看盘判研股价趋势的技巧

大家知道，船在水中航行有两种状态：逆水行舟和顺水行舟。

逆水行舟时需要克服水流的冲击，此时船走得很吃力，需要发动机提供足够的动能来克服水流的阻力，在这样的情况下，船一般都很难快速行驶。而且发动机的动力稍有不足的话，船就会被水冲到下游。而与此相反，当顺水行舟时，船在水流的冲击下，行驶得就会很轻松。

在实战中，股票的股价相当于船，而均线相当于水。当中长期均线的方向与股价的方向相同的时候，市场会出现两种情况，即均线的多头排列和空头排列。无论上涨时的多头排列还是下跌时的空头排列，都属于顺水行舟，因为此时股价的运动方向与均线的方向一致，通常所谓的趋势的意义就在于此。由于此时是顺水行舟，因此多头排列时股价上涨得很火爆，空头排列时，股价下跌得很厉害。这是因为船在顺流而下的时候行使得轻松自如。

当均线的方向与股价的方向相反时，则属于逆水行舟。例如：股价在上涨时出现的正常回档，以及股价在下跌途中所出现的反弹抵抗都属于逆水行舟。当股价处于上升趋势里，由于均线的方向向上，在下面托着股价向上走，此时如果出现股价回调的话，则向下的股价方向与向上的均线方向相反。此时，当回调到位后股价自然在均线的推动下重新向上。同样道理，当股价处于下跌趋势时，如果出现反弹的话，一旦股价反弹后遇到向下压的均线时，自然会遇到阻力而重新下跌。

均线的这个道理其实是很简单的，但是能够真正理解它却不太容易，而且实战中能够得心应手地运用它就更难了，这需要我们对技术分析有深刻的理解并同时掌握技术分析的本质才行。

四、运用单一均线看盘选股技巧

当一只股票上涨时，股价总是会沿着某条均线（MA）向右上方运动。当股价在冲高回落时，下调至某条均线附近就止跌企稳，发起另一轮行情。股价突破某些重要的移动平均线之后，如果没有太大的外力改变，将在该均线上方运行一段时间。由于均线（MA）对股价具有助涨助跌、追踪趋势等作用，所以在实际操作中，可以根据均线的这些特点来进行选股。

1．5日均线选股

5日均线反映了股票近5天以来的基本走势。股价向上突破5日均线是重要的买入时机，这个时候，可考虑在下一个交易日的低位买入。否则就要等到在下一个低点出现时再买入。多年的股市经验表明，当股价刚在底部启动的时候，升幅往往不会太大，其开盘价、收盘价都会在5日均线附近运行。如果股价在5日均线上方稳定运行，一旦与5日均线距离太远时，必然会出现回档整理，以便与5日均线重新汇合，稍作整理后再上攻。所以当股价处于高位时，不要心急，投资者应耐心等待其后回落后再买入。

2．10日均线选股

10日均线反映了股票近10天以来的基本走势。在实际的股市操作中，当股价在10日均线的上方运行时，股价的趋势向上，这表示股价还会继续上涨。而当股价在10日均线的下方运行时，股价的趋势向下，这表示股价还会继续下跌。在下跌行情的后期，股价从下向上突破并站上10日均线时，则说明下降趋势结束，上涨行情开始，是投资者非常重要的选股买入时机。

10日均线是多空双方力量强弱的分界线。当多方力量强于空方力量时，股市就属于强势，股价就在10日均线之上运行，而且将有更多的买入者愿意以高于最近10日平均成本的价格买入股票，股价自然会上涨。当股价位于10日均线时买入，虽然离底部或与最低价有一定的差距，但这时上升趋势已明确，股价涨势刚刚开始，这个时候也是买入的良机。

3．20日均线选股

20日均线反映了股票价格近20天以来的基本走势，如果某一天股票价格K线图从20日平均线的下方移动到20日平均线的上方时，表明市场买方力量强于近20天以来的平均市场卖方力量，此时投资者就可以买入股票。即当20日平均线从上向下穿过股票价格K线图时，股票投资者可考虑买入股票。

4．30日均线选股

30日均线同样反映了股票价格近30天以来的基本走势。在下跌行情中，均线往往都呈空头排列。当股价有反弹站上10日均线时，30日均线又成为多方上涨的障碍。如果股价再向上有效突破30日均线且30日均线下行速度减缓，有走平甚至上翘的迹象时，往往是中期下跌趋势结束、新一轮中期上升行情开始的标志，这个时候就是中长线的选股最好的买入时机。

看盘点金

单一均线选股的优点在于简单、直观和实用性强，适用于单一的短线、中线或长线操作，缺点是不能兼顾短期与中期趋势。在波段交易和长线交易中，至少用两根平均线来组合使用。在研究两根均线与股价的相互关系时，主要是看均线的收敛、交叉、粘连、发散、平行、斜率、间隔、背离等要素。多条均线的组合（一般为三条均线）正相反，其优点是短期、中期或长期兼顾，但有时由于三条均线来回交叉不能给出明确的信号，甚至有时是互相矛盾的买卖信号，使投资者无所适从。因此，它们两者各有优缺点，股民可根据自己的使用习惯和要求，选择不同的均线和均线组合。

五、运用均线组合看盘选股技巧

1．5日均线和10日均线组合选股

5日均线和10日均线组合选股技巧有以下几个方面：

（1）如果股价在空头市场中向上突破5日、10日移动平均线形成金叉后并企稳，则预示着短线市场空翻多，买方力量增强，后市上升的可能性大，这时就是买入时机（图5–26）。

下图5–26为三峡水利（600116）在2010年7月9日走出5日、10日均线金叉走势，其后走出一波翻番的上涨行情。

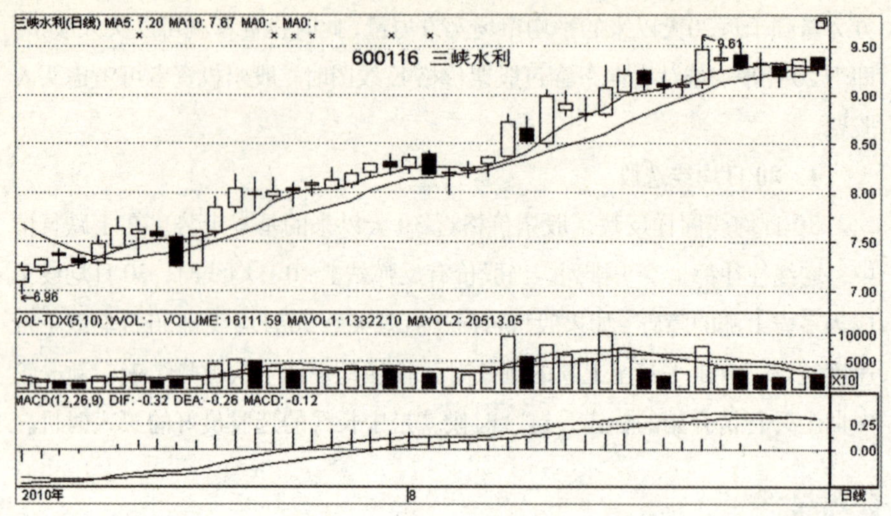

图5–26　5日和10日均线组合选股

(2) 在空头市场中的反弹也是买入时机，特别是当股价从高位暴跌而下，股价在5日、10日移动平均线之下运行，距离10日移动平均线很远，10日线乖离率达到15%～20%，甚至更大时，表明人气散淡，恐慌性抛盘纷纷杀出，此时正是黎明前的黑暗，一波强力反弹即将来临，正是绝佳的买入时机。

(3) 在盘整时期，如果5日、10日移动平均线向右上方突破上升，则后市必然振荡走高；如果5日、10日移动平均线向右下方继续下行，则后市必然振荡走低。如果10日移动平均线与5日移动平均线黏合在一起，即使有利好消息也不可轻易跟进，应等10日移动平均线与5日移动平均线分离并上行时，才可视为买入时机，因为这时多方力量才真正增强，后市上升可能性较大。而当10日移动平均线脱离缠绕区向下突破时，则后市还有相当跌幅，是短线卖出时机。

(4) 从均线的角度看，如果5日线和10日线都向上，且5日线在10日线上时应考虑买进。股价一般只要不击穿10日线就可以继续持股，如果10日线被有效击穿且5日线调头向下则应卖出。因为10日线对于庄家来说非常重要，因此庄家一般不会让股价轻易跌破10日线。

(5) 如5日平均线从下向上突破股票价格K线图而达K线图上方，但

10日平均线仍居于股票K线图的下方并仍向上方运动时，则表示是多头市场的回档，股票回调幅度不会太深，投资者可以持股观望。

(6) 如10日平均线在5日平均线之后也从上向下交叉突破股价K线图并向右下方移动，表明股价日后跌幅会较深，投资者应立即卖出股票。

2．10日均线和20日均线组合选股

10日均线和20日均线组合选股主要技巧可以参照以下几条：

(1) 当10日均线由下向上穿过20日均线时，表明市场近10天的平均买方力量强于前20天买方的力量，日后个股上涨机会较大，投资者可短线介入。

图5-27为工商银行（601398）在2009年3月25日走出10均线金叉20日均线走势，其后走出一波涨幅为50%的上涨行情。

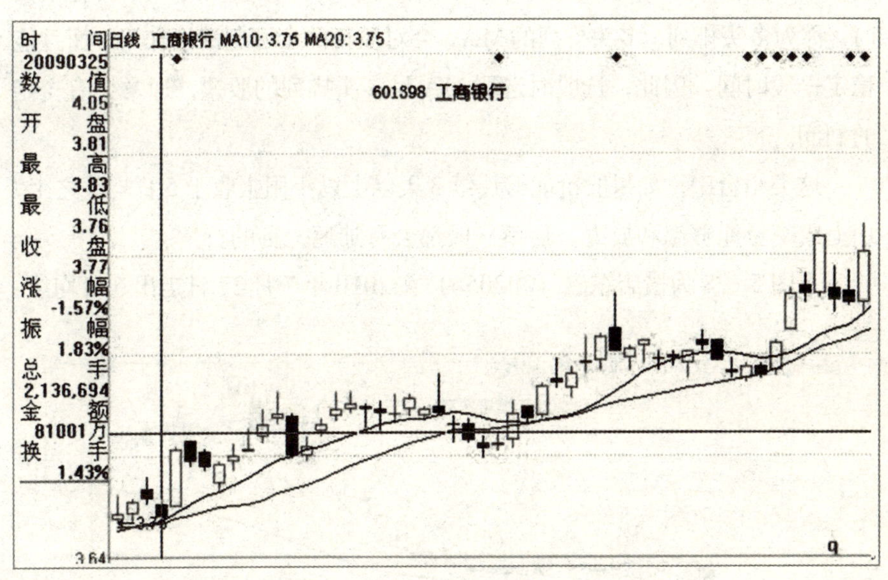

图5-27 10日均线和20日均线组合选股

(2) 在空头市场中，如20日均线也随10日均线从上向下穿过K线，则后市上涨空间会更为强劲，如果还有利多的基本面配合，投资者可脱离空头思维，反手做多。

短线投资者如何确定10日均线与20日均线组合发出的卖点呢？当个股

向下穿越的10日均线与20日均线形成死叉，发出卖出信号，短线投资者可按均线组合指引的卖点卖出股票。在空头市场中，如10日均线单独从上向下穿过K线，则股价有所反弹，因为这时只是10日均线单独向下穿过K线，表明反弹力度较弱，反弹时间也无法持久，如把握及时的短线高手可以赚取差价。但如果是10日均线和20日均线相继从上向下穿过K线，则反弹的力度加强，买方力量大大强于卖方力量，股价也会有较大的上涨空间，一般投资者也可短线介入股票。

3．5日、10日、30日三条均线组合选股

5日、10日、30日三条均线组合也是股民选股分析判断最常用的均线组合，具有极强的实用性和可靠性。

（1）5日、10日和30日三条均线呈多头排列是选股买入时机。在MA组合中，当参数小（时间短）的MA排在上面，参数较大的MA排在下面时，称为多头排列。多头排列的MA，会对股价的上涨起助涨作用，而且能稳定一段时间。因此，选股时选取MA呈多头排列的股票，通常会有一定的利润。

这类组合中，如果股价能够连续3天以上以小阳报收于5日均线之上，加上成交量能够温和放大，后市一般都会有加速上扬的行情。

下图5–28为横店东磁（002056）在2010年7月27日走出5日均线、

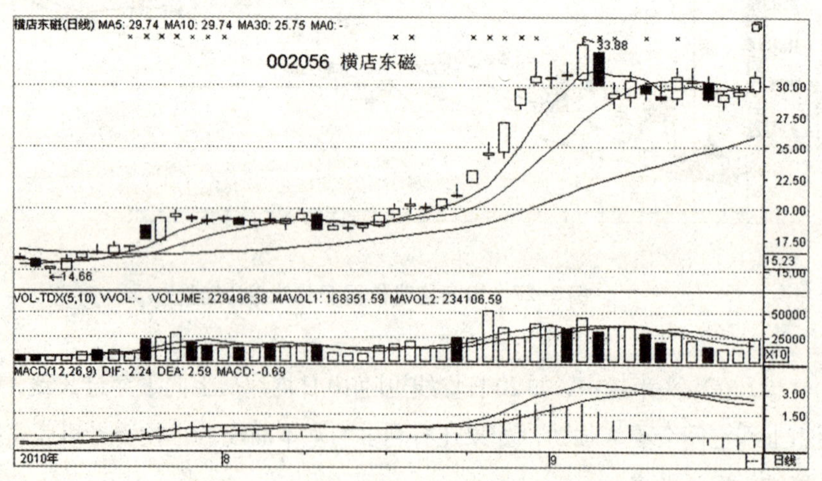

图5–28　5日、10日、30日三条均线组合选股

10日均线和30日均线的多头排列，其后走出一波翻番的上涨行情。

(2) 股价向上突破5日、10日和30日三条均线是最佳买入时机。在中期下跌趋势中，5日均线、10日均线和30日均线一般呈空头排列。但是，在中期下跌趋势的末期，空方抛压减轻，股价下跌速度明显减缓，甚至开始横盘或稍有反弹，5日均线、10日均线先是走平，然后5日均线上穿10日均线形成黄金交叉并呈多头排列。三条均线成为股价回调时的强有力支撑线，从而确认中期下跌行情结束，上涨行情正式启动。

因此，当股价向上突破5日、10日和30日三条均线，特别是三条均线呈多头排列时是最佳买入时机。

(3) 横向盘整时，5日均线、10日均线和30日均线由黏合状发散并上行是最佳买入时机。在横向盘整时，由于移动平均线多呈黏合状互相缠绕，难以判断它以后的突破方向。而且，横向盘整既可出现在下跌趋势中途和底部，也可出现在上升趋势中途和顶部，这更增强了判断的难度。但在上升趋势中途和长期下跌后的低价区形成的横向盘整一旦向上突破，5日均线、10日均线和30日均线也由黏合状发散并上行时是中短线买入时机。

在盘整时，多空力量在较长时间里达成平衡，横向趋势运行中的时间往往较长，少则1~2个月，多则半年以上。因此，横向趋势需要投资者具有十足的耐心，一旦向上突破，行情会相当可观。

看盘点金

炒股其实很简单，把握均线走势就可以，即使不能让你抛在最高点，也可以让你在次高点顺利脱身，虽然不能说所有的5日均线下穿10日均线都是见顶的征兆（如盘整行情在相对低位出现时），但所有的顶部形成必定有5日均线下穿10日均线的现象，此后即使还有一波升势，但还是以短线出局为好。因为后市可能出现较大的跌幅。出局毕竟能让你保存下大部分胜利果实。

5日、10日和30日三条均线组合是股民最常用的均线组合，具有极强的实用性和可靠性。当然，仅仅凭借均线（MA）来选股具有一定的局限性。在实际选股中，最好能同时参考成交量、形态、技术指标等因素，以提高选股的准确性。

本章启示

在本章中，我们重点介绍了使用移动平均线进行技术分析、单一均线看盘选股技巧、均线组合看盘选股技巧。单一均线选股技巧分为5日均线、10日均线、20日均线、30日均线选股技巧；均线组合选股技巧则综合了4种主要均线的情况。既然最好的盈利方式是根据市场的具体情况，通过优化过程选出移动平均线的最佳组合，那么交易者就应该在每个股票走势图上通过改变移动平均线的周期，以观察现有的股价走势节奏是否和被改变的移动平均线曲度保持一致。即：找到一根平均线，它尾随着股价走势并和股价走势保持适当的距离，只要股价不跌破这根平均线就可以一直持有。这根平均线应该较为灵活，能够及时发出应有的信号；同时它又适当的迟钝，以避开价格上蹿下跳所带来的错误信号。然后把时间周期放宽，以同种方式再找到另一根具有更大包容性的移动平均线，并在交易中对比这两根平均线的聚合程度和离散程度，以此进行股价趋势的判断。这些选股技巧的指导原则都比较宽泛，在实践中应结合股票市场的实际情况来体察和把握。

第六章 股市最稳妥的分析方法

——判研趋势看盘技巧

每个笨蛋都会从自己的教训中吸取经验，聪明人则从别人的经验中获益！

——俾斯麦

第一节　看盘技巧之转势形态的技术图形

所谓的转势形态的技术图形是指出现这些图形之后，行情往往就要发生逆转，或由原来的升势转为跌势，或由原来的跌势转为升势。下面我们所列出的图形均为转势形态图形。

一、头肩顶

在各种各样的股票价格走势图形中，最常见的图形就是头肩形股价走势，几乎任何一幅长期走势图都有头肩走势，因此头肩走势是转势图形中最重要的一种。图 6-1 为头肩顶走势图。

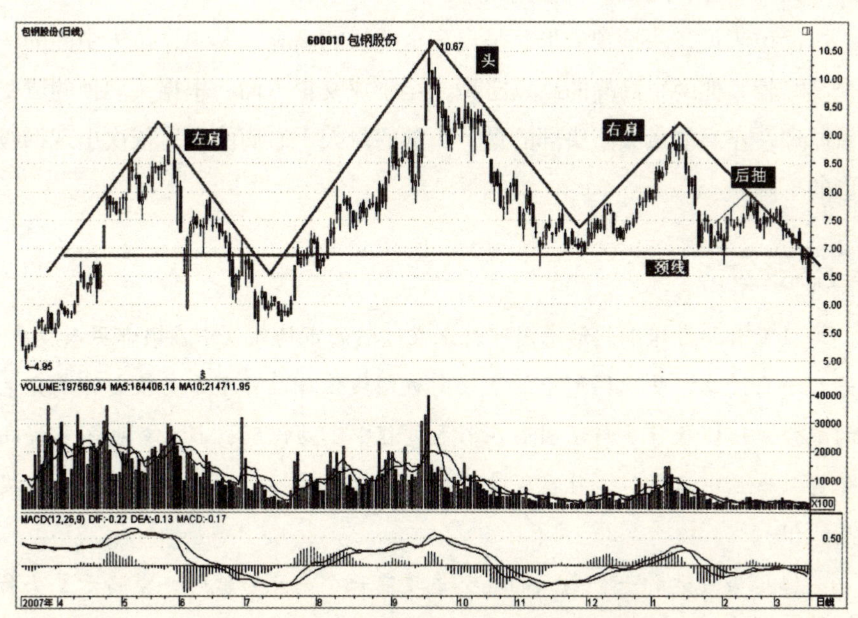

图 6-1　头肩顶走势及成交量变化量图

（1）左肩。当股票价格从低点开始上升，此时成交量显著增加，而回落时往往成交量萎缩并不十分明显，此阶段在整个股价形态中属于高成交区域。

（2）头。随后多方又掌握局面，股价经过短暂的回落后，又有一次强力的上升，成交亦随之增加。不过，成交量的最高点较之于左肩部分明显减少。股价突破上次的高点后再一次回落，成交量在这回落期间亦同样减少。

（3）右肩。股票价格大幅上涨后，累积的空方力量开始占据上方，形成了股票价格走势的头部，但多方的力量并没有枯竭。股价下跌到接近上次的回落低点又再获得支持回升。可是，市场投资的情绪显著减弱，成交较左肩和头部明显减少，股价没法抵达头部的高点便告回落，于是形成右肩部分。

（4）在实践中的颈线可以是水平的，但大多数有一定的斜度。股票价格跌破颈线，就确认了头肩顶形被突破，股票价格随后往往有大幅下跌。

（5）后抽是投资者最后的卖出机会，随后股价大幅下挫的可能性极大，但在实践中股票价格向下跌破颈线位时，若成交量相对放大，则股票价格出现回升走势，后抽的机会则较小。

简单来说，头肩顶的形状呈现三个明显的高峰，其中，位于中间的一个高峰较其他两个高峰的高点略高。至于成交量方面，根据头肩顶的成交量原理，左肩的量大于头部的量，头部的量大于右肩的量，依次出现梯级形的下降。

看盘点金

投资者学习识别此形态图可防止在过热的市场气氛中在顶部买入股票。另外还需注意，头肩图形中的下跌突破颈线位往往并不需要较大的成交量的配合。所以往往头肩顶图形在形成过程中不易识别，投资者也不易提高警惕。一旦看清楚时，往往股票价格已有较大跌幅，所以投资者对此应提高认识。

（1）当最近的一个高点的成交量较前一个高点为低时，就暗示了头肩顶出现的可能性；当第三次回升股价没法升抵上次的高点，成交继续下降时，有经验的投资者就会把握机会沽出。

(2) 当头肩顶颈线击破时，就是一个真正的沽出讯号，虽然股价和最高点比较，已回落了相当的幅度，但跌势只是刚刚开始，未出货的投资者继续沽出。

(3) 这是一个长期性趋势的转向形态，通常会在牛市的尽头出现。

(4) 当颈线跌破后，我们可根据这种形态的最少跌幅量度方法预测股价会跌至哪一水平。这种量度的方法是：从头部的最高点画一条垂直线到颈线，然后在完成右肩突破颈线的一点开始，向下量出同样的长度，由此量出的价格就是该股将下跌的最小幅度。

二、头肩底

头肩底正好是反过来看的头肩顶的形态，所以有许多与头肩顶类似的法则，只不过是相反的。具体图形如图 6-2 所示。

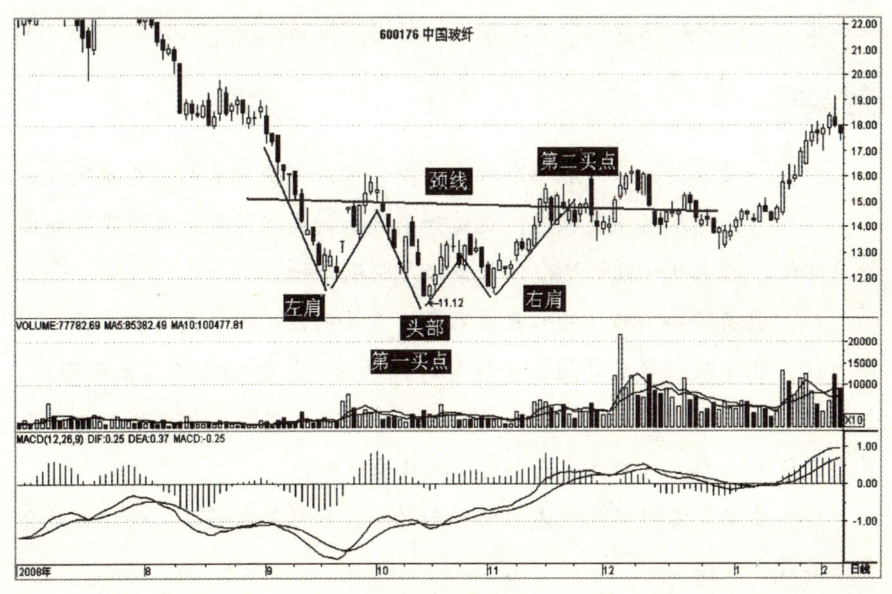

图 6-2 头肩底

(1) 形成左肩时，股价下跌，成交量相对增加，接着为一次成交量较小的次级上升。

(2) 股价下跌且跌破上次的最低点，成交量随着下跌而增加，较左肩反弹阶段时的交投为多——形成头部。

(3) 从头部最低点回升时，成交量有可能增加。整个头部的成交量来说，较左肩为多。当股价回升至多到上次的反弹高点时，出现第三次的回落，这时的成交量很明显小于左肩和头部。

(4) 股价跌至左肩的水平，跌势便稳定下来，形成右肩。

(5) 股价正式策动一次升势，伴随成交量大增。当其颈线阻力冲破时，成交量显著上升，整个形态便告成立。

头肩底的分析意义和头肩顶没有两样，它告诉我们过去的长期性趋势已扭转过来，股价一次再一次的下跌，第二次的低点（头部）显然较先前的一个低点为低，但很快掉头弹升。接下来的一次下跌，股价未跌到上次的低点水平已获得支持而回升，反映出看好的力量正逐步改变市场过去向淡的形势。当两次反弹的高点阻力线（颈线）打破后，显示看好的一方已完全把空方击倒，买方代替卖方完全控制整个市场。

看盘点金

(1) 一般来说，头肩底形态较为平坦，因此需要较长的时间来完成。

(2) 当头肩底颈线突破时，就是一个真正的买入信号，虽然股价和最低点比较，已上升一段幅度，但升势只是刚刚开始。

(3) 头肩顶和头肩底的形状差不多，主要的区别在于成交量方面。

(4) 在突破颈线后可能会出现暂时性的回跌，但回跌不应低于颈线。如果回跌低于颈线，又或是股价在颈线水平回落，没法突破颈线阻力，而且还跌低于头部，这可能是一个失败的头肩底形态。

(5) 头肩底是极具预测威力的形态之一，一旦获得确认，升幅大多会多于其最少升幅。

三、双底（W底）

一只股票持续下跌到某一点后出现技术性反弹，但回升幅度不大，时间亦不长，股价再次下跌，当跌至上次低点时获得支持，再一次回升。这次回升时成交量要大于前次反弹时成交量，股价在这段时间的移动轨迹就像W字，这就是双重底，又称W走势。双底转势图如图6-3所示。

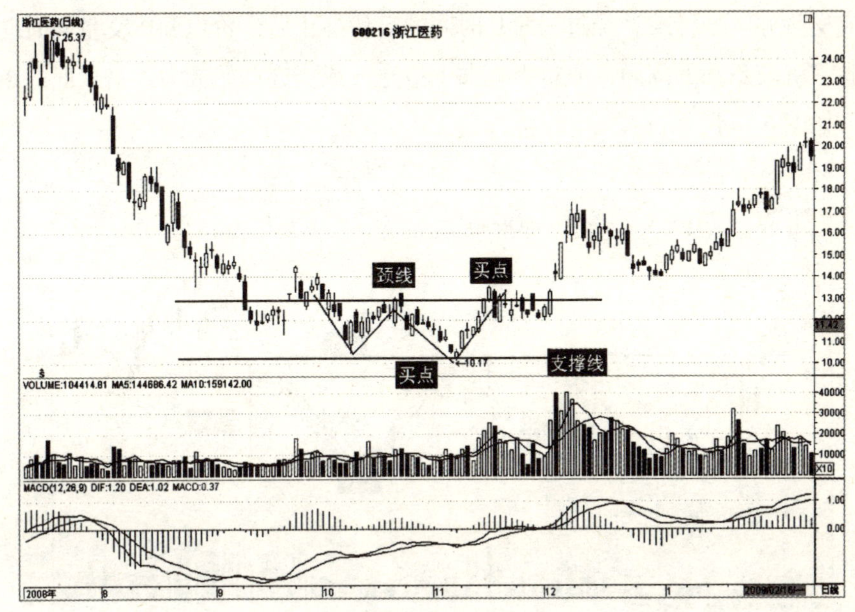

图6–3 双底（W底）

该图形具有如下特征：

（1）在跌势中出现。

（2）有两个低谷，最低点基本相同。

（3）第二个最低点形成时，成交量极度萎缩，但向上突破颈线时成交量迅速放大。

（4）在突破之后，常常有回抽，在颈线附近止跌回升，从而确认向上突破有效。

看盘点金

（1）投资者可以试探性地跟进做多，买进方法同头肩底买进方法相同。

（2）筑底时间小于1个月其信号较弱。

四、潜伏底

股价在一个极狭窄的范围内横向移动，每日股价的高低波幅极小，且成交量亦十分稀疏。经过一段长时间的潜伏静止后，价位和成交量同时摆脱了沉寂不动的闷局，股价大幅向上拉升，成交亦开始放大。潜伏底的图形如图 6–4 所示。

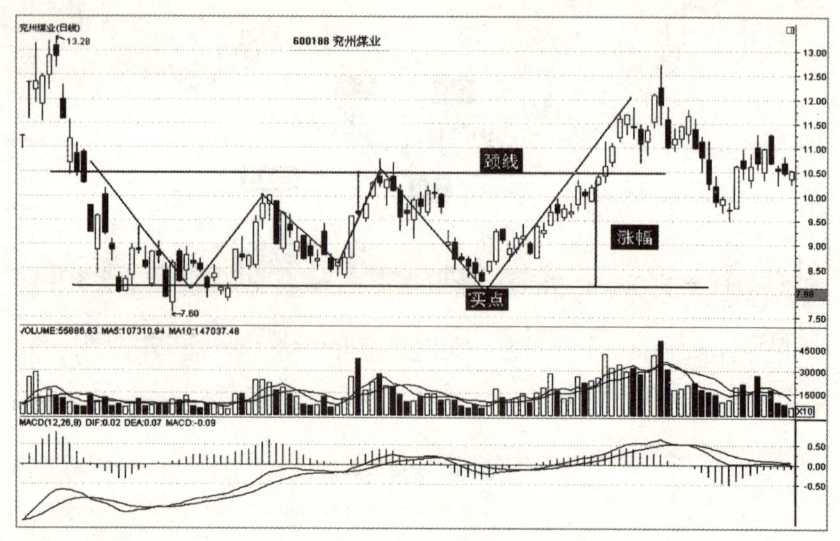

图 6–4 潜伏底

潜伏底的特征如下：

（1）在一轮大的跌势后出现，长期作狭窄的小幅波动，交易十分清淡。

（2）放量向上突破压力线后，股价一路上蹿，很少出现回调现象。往往出现大阳线后再拉大阳线，大胆市价追涨是一个比较好的选择。真可谓：不鸣则已，一鸣惊人。

（3）“横过来多长，竖起来多高”，指的就是潜伏底。

潜伏底大多出现在股票市场冷淡时期，及一些股本少的冷门股上。由于这些股票流通量少，而且公司不注重宣传，前景不确定，往往会受到股民们的忽视，稀少的买卖使股票的供求十分平衡。持有股票的股民找不到出售的理由，有意买进的也找不到买入的原因。于是，股价就在一个狭窄的区域里一天天地波动，既没有上升的趋势，也没有下跌的信号。最后，该股突然出现不寻常的大量成交，原因可能是受到某些突如其来的消息，例如公司盈利大增、分红前景好等的刺激，股价亦脱离潜伏底，大幅上扬。在潜伏底中，先知先觉的投资者在潜伏底形成期间不断在做收集性买入。当形态突破后，未来的上升趋势将会强而有力，而且股价的升幅甚大。所以，当潜伏底明显向上突破时，值得投资者马上跟进，跟进这些股票利润十分可观，但风险却是很低。

看盘点金

（1）在放巨量向上突破压力线时，大胆跟进。

（2）潜伏底形成时间一般都比较长，多数发生在被市场冷落的个股上。

（3）潜伏底是股价上升潜力最大的一种底部形态。

五、V形底

V形底的图形如图6-5所示。

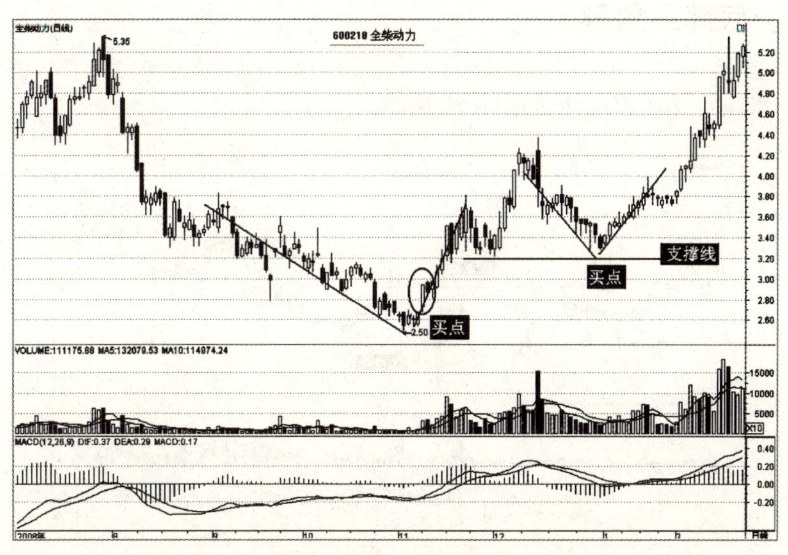

图6-5 V形底

从图 6–5 我们可以看出，V 形走势，可分为三个部分：

(1) 下跌阶段。通常 V 形的左方跌势十分陡峭，而且持续时间较短。

(2) 转折点。V 形的底部十分尖锐，一般来说形成这种转势点的时间仅两三个交易日，而且成交在低点明显增多。有时候转势点就在恐慌交易日中出现。

(3) 回升阶段。接着股价从低点回升，成交量亦随之而增加。

该图形具有如下特征：

(1) 下跌呈加速状态。

(2) 突然出现戏剧性变化，拉出了一根大阳线。

(3) 转势时成交量特别大。

(4) 一旦形成，应快速追进，但要控制好止损位。

看盘点金

(1) V 形走势在转势点必须有明显成交量配合，在图形上形成倒 V 形。

(2) 股价在突破伸延 V 形的徘徊区顶部时，必须有成交量增加的配合，在跌破倒转伸延 V 形的徘徊底部时，则不必要成交量增加。

六、底部三角形

底部三角形的图形如图 6–6 所示。

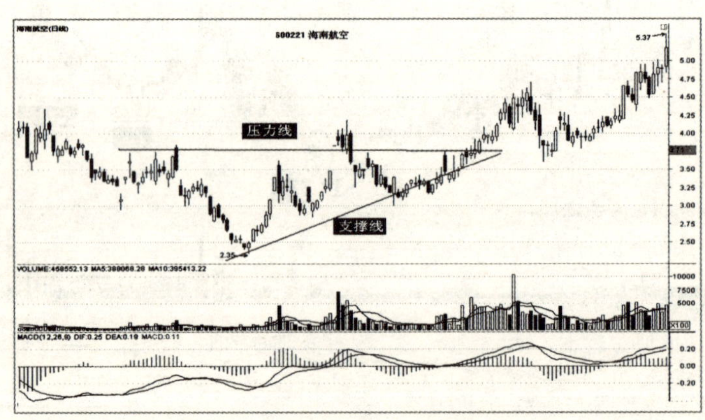

图6–6　底部三角形

该图形具有如下特征：

（1）三次探底几乎在相同价位上获得支撑，每次都从反弹的高点逐渐下降。

（2）形态形成过程中成交量逐步萎缩，到三角形尖端附近缩至最小。

（3）向上突破成交量放大，并且上升空间较大，给投资者一个“抄底”的良机。

（4）底部三角形形成时间较长。

七、底部岛形反转

底部岛形反转的图形如图 6–7 所示。

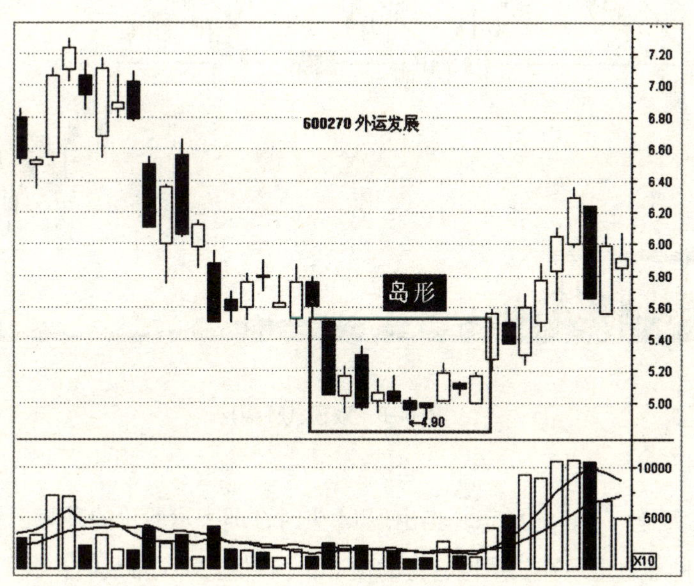

图 6–7　底部岛形反转

从图 6–7 中我们可以看出：

（1）股价下跌和上升时出现两个跳空缺口，其位置基本处于同一区域，底部就像一座远离海岸的孤岛。

（2）反转时，常会伴随很大的成交量。

八、双顶（M 头）

一只股票上升到某一价格水平时，出现大成交量，股价随之下跌，成交量减少。接着股价又升至与前一个价格几乎相等之顶点，成交量再随之增加却不能达到上一个高峰的成交量，随后第二次下跌，股价的移动轨迹就像字母 M，这就是双重顶，又称 M 头走势。具体图形如图 6–8 所示。

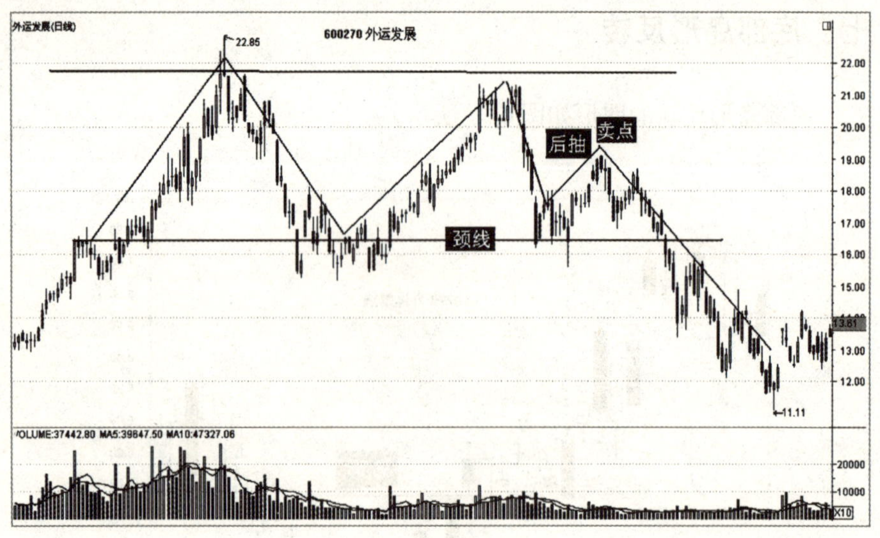

图 6–8　双顶（M 头）

M 头是一个转向形态，当出现 M 头时，即表示股价的升势已经终结。通常这种形态出现在长期性趋势的顶部，所以当 M 头形成时，我们可以肯定 M 头的最高点就是该股的顶点。

看盘点金

（1）两个峰顶价位大致相同，但有时第二峰头略微比第一头高一些。

（2）第二次反弹上冲时成交量比第一次上冲时要小。

（3）破颈线常有反弹，但反弹成交量明显萎缩。

九、倒置V形

倒置V形通常表现为股价快速上扬随后快速下跌，头部为尖顶，转势点有较大的成交量（图6-9）。

倒置V形的技术含义是触顶暴跌，卖出信号。当倒置V形出现时，投资者应及时停损离场。

倒置V形走势一旦形成，股价回落速度很快，仅几天或1~2个星期股价跌去大半是常有的事，对此投资者一定要警觉。

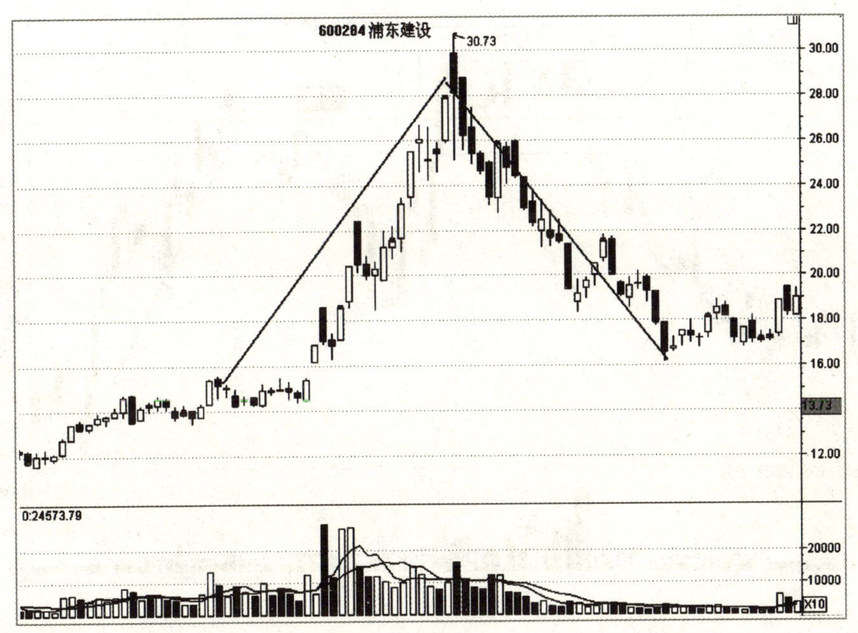

图6-9 倒置V形

从图6-9我们可以看出倒置V形有以下三大特征：

（1）一般出现在行情高位。

（2）先是股价快速上扬随后快速下跌，成交量上的变化为随着股价的上涨而减少，表现为多头力量减弱，获利抛压加大，随后形成头部为尖顶。

（3）在转势点有较大的成交量，并且换手率也很高，主力出逃迹象已经很明显，空头力量占据上风，随后形势急转直下。

看盘点金

倒置V形走势一旦形成，股价迅速回落让人措手不及，对此投资者一定要警觉，不要犹豫应及时止损离场。

十、顶部岛形反转

顶部岛形反转的图形如图6-10所示。

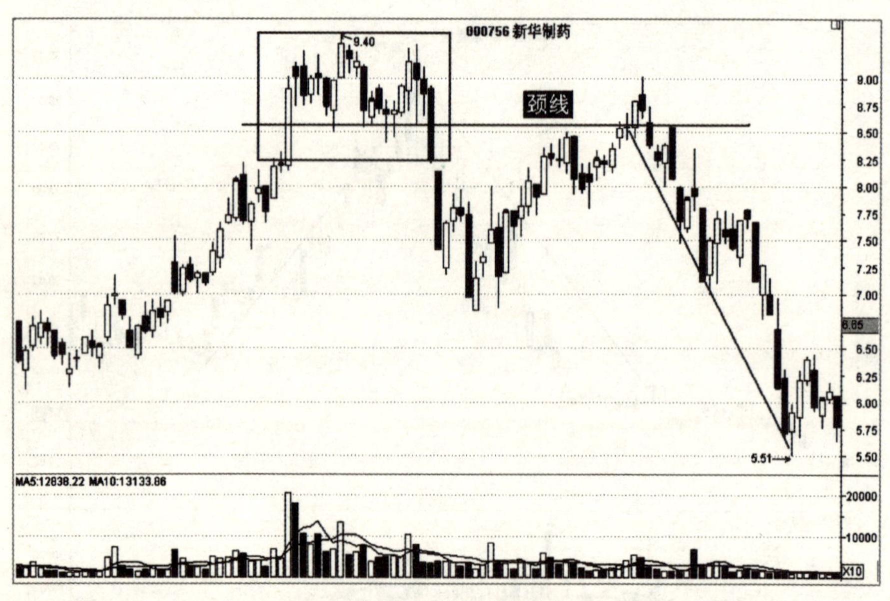

图6-10　顶部岛形反转

看盘点金

(1) 股价上升和下跌时出现两个跳空缺口，其位置基本处于同一区域，顶部就像一座孤岛。

(2) 其信号比底部岛形反转信号要可靠。

(3) 在顶部岛形反转之后，还有个后抽的机会，但是股价已经不能逾越顶部岛形的价位。

第二节 看盘技巧之整理形态的技术图形

整理形态通常表示价格的盘整动作，是当前趋势的暂时停止，接下来价格还是会循原来的走势进行。

整理形态和反转形态另一个不同处在形成的时间上，反转形态需要较长的形成时间，整理形态则较短。形态虽分门别类，但也会有例外，比如三角形通常属于整理形态，有时也具有反转的作用。

一、旗形与尖旗形图形

1. 图形分析

顾名思义，旗形走势的形态就像一面挂在旗杆顶上的旗帜。这种形态通常在急速而又大幅波动的市场中出现。股价经过一连串紧密的短期波动后，形成一个稍微与原来趋势呈相反方向倾斜的长方形，这就是旗形走势。旗形走势又可分为上升旗形和下降旗形。

股价经过陡峭的飙升后，接着形成一个紧密、狭窄和稍向下倾斜的价

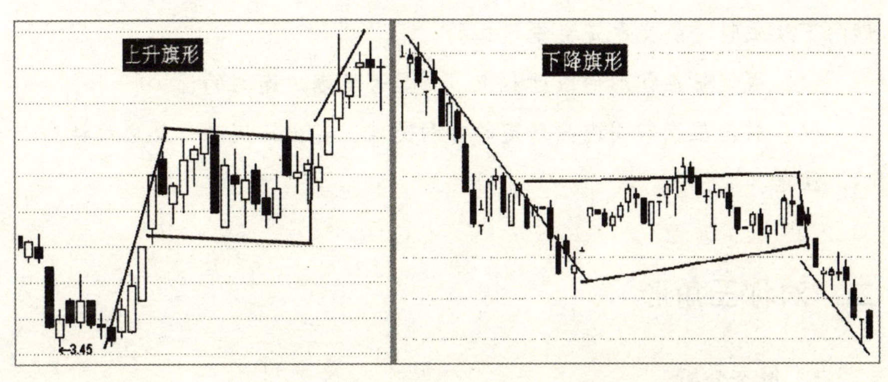

图6-11 上升旗形和下降旗形

格密集区域，把这密集区域的高点和低点分别连接起来，就可以划出两条平行而又下倾的直线，这就是上升旗形（图6-11）。

下降旗形则相反，当股价出现急速或垂直的下跌后，接着形成一个波动狭窄而又紧密，稍微上倾的价格密集区域，像是一条上升通道，这就是下降旗形（图6-11）。

2. 市场含义

旗形是个整理形态，即形态完成后股价将继续沿原来的趋势方向移动。上升旗形将会向上突破，而下降旗形则是往下跌破。上升旗形大部分在牛市第三阶段出现，因此暗示升市可能进入尾声阶段。

下降旗形大多在熊市第一阶段出现，这种形态显示大市可能做垂直式的下跌。因此，这个阶段中形成的旗形十分细小，可能在三四个交易日内完成，如果在熊市第三阶段中出现，旗形形成的时间较长，而且跌破后只是有限的下跌。

旗形形态可测量出其最少升（跌）幅，测量的方法是突破旗形（上升旗形和下降旗形相同）后最少升（跌）幅度等于整支旗杆的长度。旗杆的长度是形成旗杆的突破点开始，直到旗形的顶点为止。

看盘点金

（1）这种形态必须在急速上升或下跌之后出现，成交量则必须在形成形态期间不断地显著减少。

（2）当上升旗形向上突破时，必须要有成交量激增的配合；当下降旗形向下跌破时，成交也是大量增加的。

（3）成交量在旗形形成过程中，是显著地渐次递减的。

（4）股价应在四周内向预定的方向突破，超出三周时，就应该特别小心，注意其变化。

二、对称三角形

1. 形态分析

对称三角形由一系列的价格变动所组成，其变动幅度逐渐缩小，也就是说每次变动的最高价低于前次的最高价，而最低价比前次最低价高，呈一压缩图形。如从横的方向看股价变动区域，其上限为向下斜线，下限为向上倾线，把短期高点和低点分别以直线连接起来，就可以形成一对称三角形。对称三角形成交量，随着股价变动幅度的减小而递减。当股价突然跳出三角形时，成交量随之放大。当股价运行到对称三角形的尾端或接近顶点时，多空双方处于一种暂时的平衡状态，双方都无力打破僵局。这时，如有一种力量加入到多方或者空方，“天平”马上产生倾斜。经常是一种外力，如明显的利多或利空消息引发三角形向上或向下突破，突破方向产生后，宣告对称三角形态结束。

2．市场含义

一般情形之下，对称三角形属于整理形态，即股价会继续原来的趋势移动。只有在股价向其中一方明显突破后，才可以采取相应的买卖行动。如果股价往上冲破阻力（必须得到大成交量的配合），就是一个短期买入信号；反之若是向下跌破（在低成交量之下跌破），便是一个短期沽出信号。判断对称三角形是否有效突破，要注意三点：

（1）价位发生明显的变化，有明确的突破方向。

（2）向上突破时，必须有较大成交量的支持，成交量增加幅度越大，突破的可信性就越高。向下突破时，可以有较大成交量增量，也可以没有成交量增量。没有成交量增量的突破可以成立，如有大成交量的配合，向下突破就更为有力。

（3）突破后3日内，股价如果没有重新走回对称三角形之内，就可以确信股价已走出对称三角形，形成了向上或是向下的突破。

看盘点金

对称三角形大部分是属于整理形态，不过亦有可能在升市的顶部或跌市的底部中出现。根据统计，对称三角形中大约3/4属整理形态，而余下的1/4则属转势形态，所以应遵循等待、观望、休息的策略，直至产生突破方向时，才可进入市场。

三、上升三角形和下降三角形

1. 形态分析

股价在某水平位置，呈现出强大的卖压，价格从低点回升到水平位置便告回落。但市场的购买力十分强大，股价未回至上次低点即告弹升。这情形的持续使股价随着一条水平阻力线波动日渐收窄。我们若把每一个短期波动高点连接起来，可画出一条水平阻力线；而每一个短期波动低点则可相连出另一条向上倾斜的线，这就是上升三角形（图6–12）。

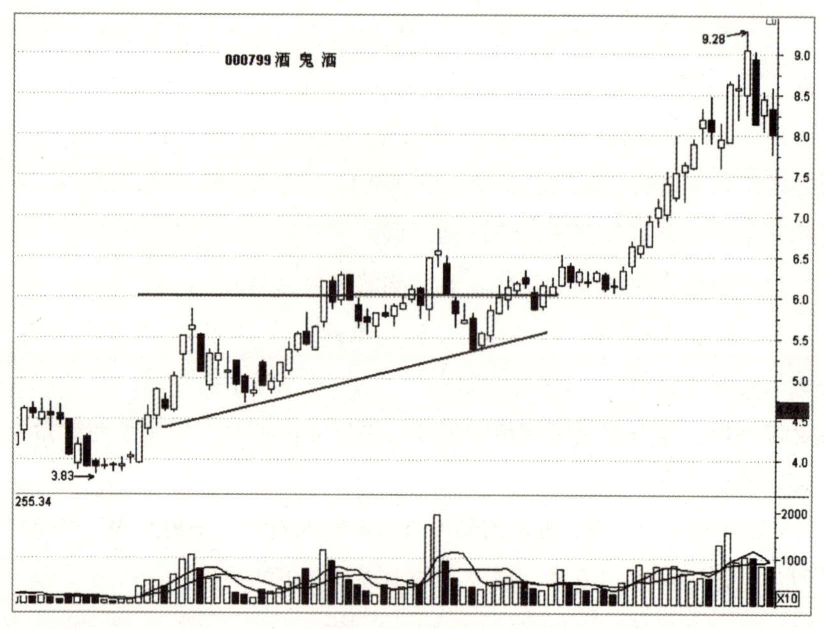

图6–12 上升三角形

下降三角形（图6–13）的形状的上升三角形恰好相反，股价在某特定的水平出现稳定的购买力，因此股价每回落至该水平便告回升，形成一条水平的需求线。可是市场的沽售力量却不断加强，股价每一次波动的高点都较前次为低，于是形成一条下倾斜的供给线。成交量在完成整个形态的过程中，一直是十分低沉。

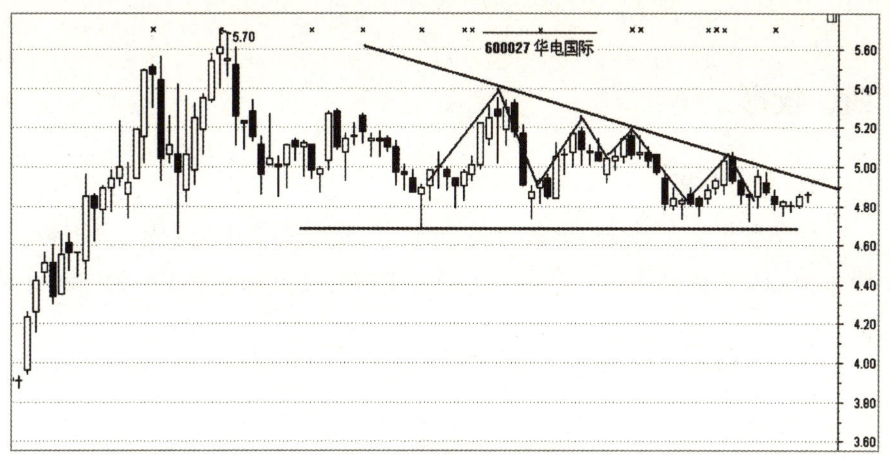

图6–13　下降三角形

2．市场含义

上升三角形显示买卖双方在该范围内的较量，但买方的力量在争持中已稍占上风。卖方在其特定的股价水平不断沽售，虽不急于出货，但却不看好后市，于是股价每升到理想的沽售水平便即刻沽出，这样在同一价格的沽售形成了一条水平的供给线。不过，市场的购买力量很强，他们不待股价回落到上次的低点，便急不可待地购进，因此形成一条向右上方倾斜的需求线。另外，也可能是有计划的市场行为，部分人士有意把股价暂时压低，以达到逢低大量吸纳之目的。

上升三角形和下降三角形都属于整理形态。上升三角形在上升过程中出现，暗示有向上突破的可能，下降三角形正相反。上升三角形在突破顶部水平的阻力线时，有一个短期买入信号，下降三角形在突破下部水平阻力线时有一个短期沽出信号。此两种形态虽属于整理形态，但亦有可能朝相反方向发展。上升三角形可能下跌，投资者在向下跌破3%（收市价计）时，宜暂时沽出，以待形势明朗。而在向上突破时，没有大成交量配合，也不宜贸然投入。相反下降三角形也有可能向上突破，这里若有大成交量则可证实。另外在向下跌破时，若出现回升，则观察其是否阻于底线水平之下，在底线之下是假性回升，若突破底线3%，则图形失败。

四、楔形

1. 形态分析

所谓楔形，一般是由两条同向倾斜、相互收敛的直线组成，分别构成股价变动的上限和下限。其中，上限与下限的交点称为端点。如图 6–14 所示。

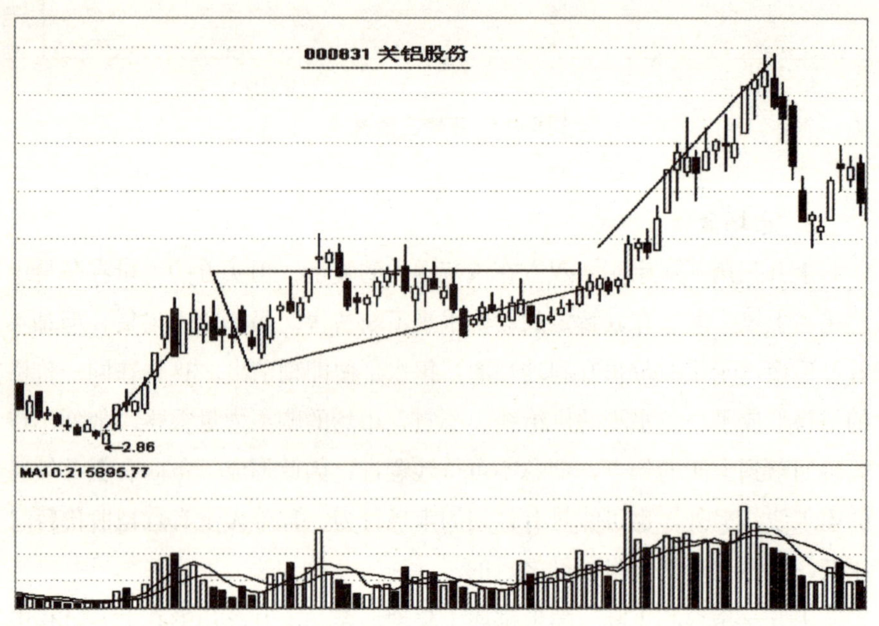

图 6–14　楔形图形

楔形系股价介于二条收敛的直线中变动。与三角线不同处在于二条界线同时上倾或下斜。成交量变化和三角形一样向顶端递减。楔形又分为上升楔形和下降楔形。通常，楔形如同旗形一样与当前趋势反向倾斜。因此，下降楔形看涨，而上升楔形看跌。图 6–15 为上升与下降楔形示意图。

上升楔形指股价经过一段时间大幅下跌之后，出现强烈的技术性反弹，当股价弹升到某个高点时，就掉头回落。不过这种回落较为轻微而缓和，因而股价在未跌到上次低点之前已得到支撑而上升，并且越过上次高点，形

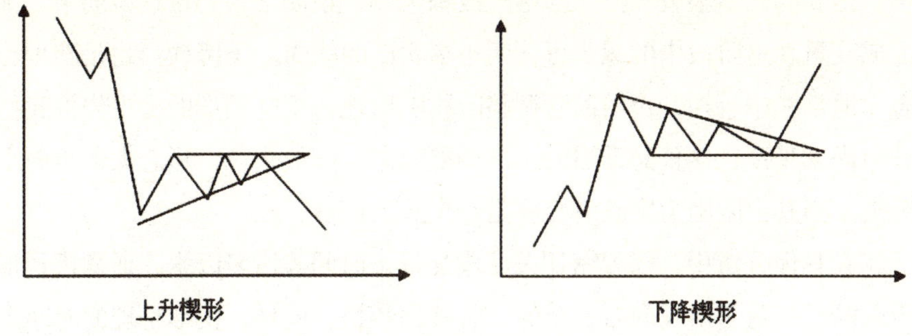

图6-15　上升楔形和下降楔形示意图

成一浪高于一浪的趋势。第二次的上升止于另一高点之后，股价再度回落。我们把两个高点和两个低点分别用直线连起来，就形成了一个上倾的楔形。

下降楔形则相反，高点一个比一个低，低点亦一个比一个低，形成两条同时下倾的斜线。

2．市场含义

表面上，你也许会以为，既然有一条水平线和一条上倾线的上升三角形为上升图形，那么有两条上倾线的上升楔形将更加牛性。但实际上并非如此。上升三角形的顶线代表股价在一定价格才卖出，当供给被吸收后（上升界线代表吸收），上档压力解除，股价便会向上跳。而上升楔形中没有明显的将被吞吃的抛卖障碍，而是投资兴趣的渐渐衰竭。价格上升，但每个新的上升波动比上一个要弱。最后，需求彻底失败，趋势反转。因此，上升楔形表示一个渐次减弱的技术性意义。上升楔形是一个整理形态，常在跌市回升阶段出现。上升楔形显示尚未跌见底，只是一次跌后技术性反弹而已。当其下限跌破后，就是沽出信号。上升楔形的下跌幅度，至少将新上升的价格跌掉，而且要跌得更多，因为尚未见底。上升楔形是熊市反弹相当典型的形态。事实上，它是如此典型，以至于有时，在大规模下跌之后，楔形的频繁出现使人怀疑新的牛市是否在生成，这些还可作为主要趋势仍在下降的证据。

下跌楔形（与上升楔形的含义相反），股价经过一段时间上升后，出现了获利回吐，虽然下降楔形的底线往下倾斜，似乎说明市场的承接力量不强，但新的回落浪较上一个回落浪波幅为小，说明沽售力量正减弱中，加上成交量在这阶段中的减少可证明市场卖压的减弱。下降楔形也是整理形态，通常在中长期升市的回落调整阶段中出现。下降楔形的出现告诉我们升市尚未见顶，这仅是升后的正常调整现象。一般来说，形态大多是向上突破，当其上限阻力突破时，就是一个买入信号。

在具体分析中，需要密切关注成交量、时间等诸多因素。通常楔形形态内的成交量是由左向右递减的，且萎缩较快。同样，楔形整理的时间不宜太长，一般在8～15日内。时间太久的话，形态力道将消失，也可能造成股价反转的格局。究其具体操作而言，上升楔形在跌破下限支撑后，经常会出现急跌，因此当其下限跌破后，就发出沽出信号。而下降楔形向上突破阻力后，可能会演变成横向发展，形成徘徊状态，成交依然非常低沉，然后再慢慢爬升，成交亦随之增加。这种情形的出现，我们则可等股价打破徘徊局面后适当跟进。

看盘点金

(1) 楔形（无论是上升楔形抑或是下降楔形）上下两条线必须明显地收敛于一点，如果形态太过宽松，形成的可能性就该怀疑。一般来说楔形需要两个星期以上的时间完成。

(2) 虽然跌市中出现的上升楔形大部分都是向下跌破，但相反地若是向上突破，而且成交亦有明显的增加，形态可能出现变异，发展成一个上升通道，这时我们应该改变原来偏淡的看法，认为市道（或股价）可能会沿着新的上升通道开始一次新的升势了。同样，倘若下降楔形不升反跌，跌破下限支持，形态可能改变为一个下降通道，这时候后市的看法就应该随着市场的变化而做出修正了。

(3) 上升楔形上下两条线收敛于一点，股价在形态内移动只可以做有限底的上升，最终会跌破。而股价理想的跌破点是由第一个低点开始，直到上升楔形尖端之间距离的2/3处。

(4) 下降楔形和上升楔形有一点明显不同之处，上升楔形在跌破下限支持后经常会出现急跌，但下降楔形往上突破阻力后，可能会向横向发展，形成徘徊状态，成交仍然十分低沉，然后才慢慢开始上升，成交亦随之而增加。这情形的出现，我们可待股价打破徘徊闷局后才考虑跟进。

(5) 从实战的经验统计，下降楔形向上突破与向下突破的比例为 7∶3 左右；从时间上看如果下降楔形超过三四个星期，那么向下突破的可能性就会增大一些。

第三节 看盘技巧之稳赚技术图形

一、突破上升三角形

股价的上升有涨有落，但它总的趋势是向上的。但是，它就像长途跑步一样需要休息，股价整理的意义就在于休整。如果不整理，股价就不可能有能力再往上冲。对于短线炒手来讲，股价休整的时候可以暂时退出观望，或者抽出资金来买入那些休整结束的股票。如今市场的一个很大特点就是，每天都有很多股票正在盘整，也有些股票已经完成盘整开始新的上升，这样给股票持有者以很大的选择余地。

在各种盘整走势中，上升三角形是最常见的走势，也是标准的整理形态（图 6–16）。抓住刚刚突破上升三角形的股票，足以令你大赚特赚。

从图 6–16 我们可以看出，上升三角形具有以下特征：

（1）两次冲顶连线呈一水平线，两次探底连线呈上升趋势线。

（2）成交量逐渐萎缩，在整理的尾端才又逐渐放大并以巨量冲破顶与顶的连线。

（3）突破要干净利落。

（4）整理至尾端时，股价波动幅度越来越小。

识别上升三角形形成过程是很困难的，然而通过盘面第二次回档时盘面情况来观察，可以有助于判断股市形势发展的方向，特别是对于个股走势判断。因为现在的公开信息中包括三个买卖盘口的情况和即时成交的情况，只要仔细跟踪每笔成交，便可以了解该股回档时的抛压及下方支撑的

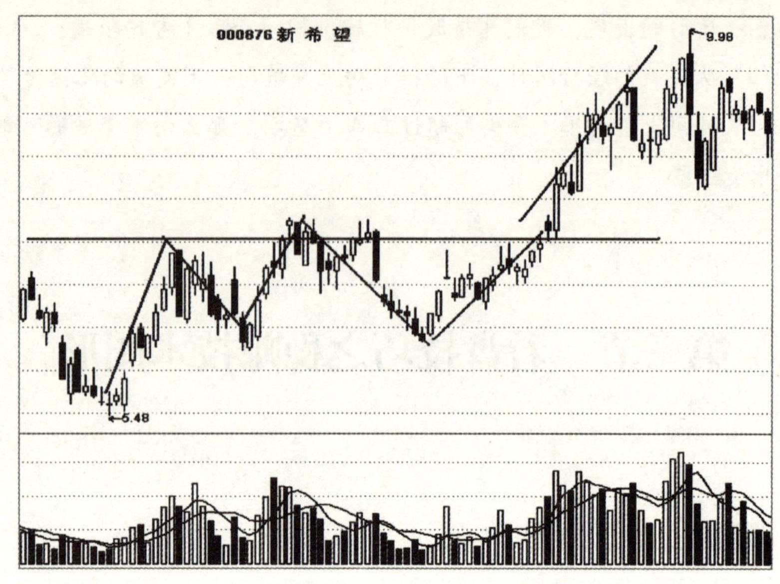

图 6–16　上升三角形

力度，并分析是否属于自然止跌，如果属于主力刻意制造图形，则支撑显得生硬勉强，抛压无法减轻。

看盘点金

上升三角形的上边线表示一种压力，在这水平上存在某种抛压，而这一抛压并不是固定不变的。一般来说，某一水平的抛压经过一次冲击之后应该有所减弱；再次冲击时进一步减弱；到第三次冲击时，实质性抛盘已经很少了，剩下的只是心理上的压力而已。这种现象的出现，说明市场上看淡后市的人并没有增加，倒是看好后市的人越来越多。由此可以预见，股价向上突破上升三角形的时候，其实不应该拖泥带水，不应该有多大的阻力，这是判断一个真实突破的关键。

二、矩形

矩形整理的分析意义和上升三角形完全相同，只是股价每次探底时都在同一水平获得支撑，而不是像三角形那样低点逐步上移。矩形形态如图

6–17所示。

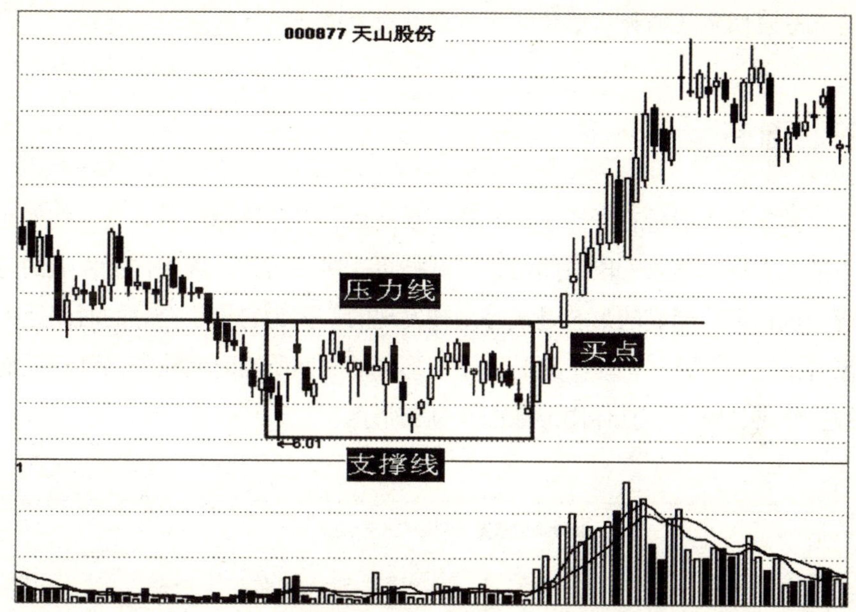

图6–17 突破矩形

股票箱是人们对矩形的比喻，意思是股价好像被关在一个箱子里，上面有盖，下面有底，而股价在两层夹板之间来回运动。如果这种来回运动具有一定的规律性，即上升时成交量放大，下降时成交量缩小，并且随着时间推移，成交量整体呈现缩小的趋势，那么这个矩形是比较可靠的。矩形的特征如下：

（1）矩形上升的压力线平行于支撑线。

（2）矩形盘整的时间比较长。

（3）突破阻力线时必须伴随着大的成交量。

（4）盘整期越久，将来突破之后的行情越大。

看盘点金

矩形常常是在主力机构强行洗盘下形成的，上方水平的阻力线是主力预定的洗盘位置，下方的水平支撑线是护盘底线。在盘面上我们有时可以看到股价偶尔会跌破支撑线，但迅速回到支撑线之上，这可能是主力试探市场心态的方法。如果一个重要的支撑位跌破之后，市场并不进一步下挫，这充分说明市场的抛压已经穷尽，没有能力进一步下跌。

三、圆底

圆底是指股价在经历了漫长的下跌之后，跌势逐渐趋缓，并最终停止下跌，在底部横盘一段时间后，又开始再次缓慢回升，终于向上发展的过程。应该说，圆底的形态是最容易被发现的，因为它给了充分的时间让大家看出它的存在。但是，正是由于它形成的时间所需时间较长，往往反而被投资者忽略了。具体图形如图 6-18 所示。

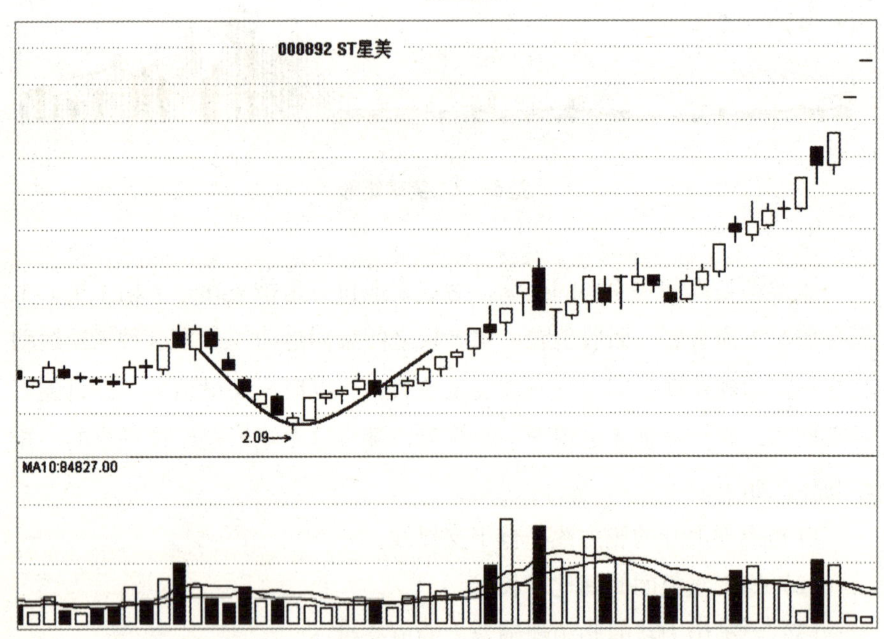

图 6-18　圆底

圆底的主要特征如下所示：

（1）圆底打底的时间较长。

（2）股价日 K 线与平均线叠合得很近。

（3）圆底底部的波动幅度很小，成交量极度萎缩。

（4）盘至尾端时，成交量缓慢递增，之后就是巨量向上突破阻力线。

（5）在经历了大幅下跌之后形成。

看盘点金

当股价从高位开始回落之初，人们对股价的反弹充满信心，市场气氛依然热烈，因此股价的波动幅度在人们的踊跃参与之下依然较大。事实上，股价在振荡中正在逐渐走低，不用多久，人们就发现，这时的市场很难挣钱，甚至还常常亏钱，因此参与市场的兴趣在逐渐降低，而参与的人越来越少。

四、双底或多重底

双底或多重底也是一个可靠的底部形态。在选股实战中运用最多的也就是这种图形。双底形成的时间比圆底短一些，但它常常具有相当强的攻击性（图6–19）。

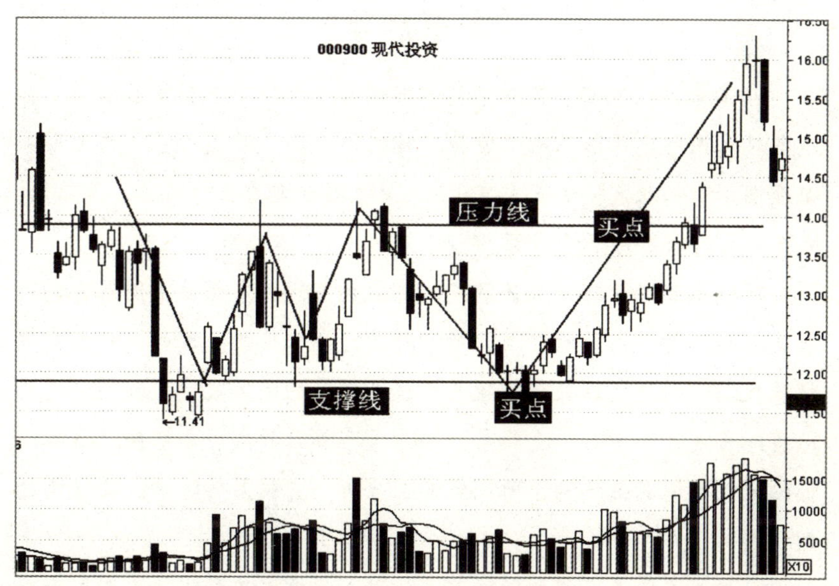

图6–19　双底或多重底

双底的重要特征如下所示：

(1) 股价两次探底，第二次低位不低于第一次的低位，常常是第二次低位要稍高些。

(2) 第一次探底的成交量已经大幅萎缩，反弹自然发生。

(3) 第二次下跌时成交量更小。

(4) 第二次上升时有不少主动性买盘的。

(5) 以大阳线突破。

一个完整的双底包括两次探底的全过程，反映出买卖双方力量的变化。在市场实际走势中，形成圆底的情况较少，而形成双底的情况较多。因为市场参与者往往难以忍耐股价多次探底，当股价第二次回落时而无法再创新低的时候，投资者大多开始补仓介入了。每次股价从高水平回落，到某个位置自然而然地发生反弹之后，这个低点就成为一个有用的参考点。

多重底的特征与双底的特征类似，这里不再赘述。

本章启示

在本章中，我们结合股市具体实例重点介绍了一些技术图形，在这些技术图形中从形态上主要分三种图形，即上升图形、下跌图形和整理图形。如双底、W底、潜伏底、V字形等都为上升图形，而双顶、M头、头肩顶等为下降图形。

通过本章的介绍，股民朋友们可能会发现，各个技术图形有的时候是很相似的，但是所提示的行情却是完全相反的。因此，特别要提醒股民朋友的是，在熟练掌握各种技术图形的定义之后，我们一定要从实际出发，分析每一支股票，因为没有哪只股票会严格按照技术图形的定义来形成价格的，所以我们在分析一支股票的时候，要注意达到“形似”即可。

分析一支股票走势的时候，我们也要注意主力利用技术图形进行骗线的情况，在一支股票的整个形态没有走出来的时候，切勿妄下结论。例如一个下跌图形倒V形很有可能会走出一个反转行情（图6-20）。

图6-20　倒V走出一个反转行情

第七章 看盘细节

——顶部和底部的确认

我们只是要在别人贪婪时恐惧，而在别人恐惧时贪婪。

——沃伦·巴菲特

第一节　确认顶部之看盘技巧

股市的获利是在低买高卖之上形成的。在低位买进的投资者要能抓住高卖的大好时机，才能使账面利润实际化，因此卖点的把握就显得十分重要。卖得早了就会踏空一段行情，卖得晚了就会遭受套牢之苦。只有在股价到达顶部之前或在顶部位置时及时果断地卖出，才是真正的赢家。有资金在手，才能争取下一步操作的主动权。市场上有“底部百日，顶部三天”的说法，说明逃顶的难度。市场的高手往往也是逃顶的高手。投资者如想在投机性非常强的股票市场上生存和获利，必须学会一些逃顶的技巧和方法。

一、长期顶部的形成

1．股民纷纷涌入

越来越多的新股民不断涌入市场，每个月的开户数量持续上升，同时银行存款不断下滑，各个交易大厅早就人声鼎沸，人满为患。

2．交易持续疯狂

在大盘即将达到顶部的时候，绝大多数股民处于盈利状态，人们进入股市的意愿空前高涨，大量资金前赴后继地涌入股市，造成股价不断翻番、人们争相竞价购买的现状。

3．垃圾股也翻番

当绩优股、蓝筹股、中低价股已经翻番后，连一直被市场不看好的ST类股票也普遍出现了持续涨停的现象。所有的股票都已经“鸡犬升天”，市场已无低价股，市盈率高居不下。

4．形成头肩形态

随着机构的减仓行为，市场顶部开始渐行渐现。但长期顶部的形成不是几天的事情，即使近期有暴跌，由于上涨的惯性作用，也往往会出现反复，导致M头或头肩顶形态的出现。此时大盘要么开始迅速回落并偶尔反弹，要么出现明显的滞涨现象。

5．成交量递减

相对于前期巨大的成交量而言，此时的成交量开始减少。原因是：前期多、空双方意见发生分歧后，主力抛售而散户抢入，导致成交量激增；而后期成交量的减少，则说明市场购买力已经开始下降，仅仅只是散户的购买行为是难以承接机构减仓的。

6．舆论一片看涨

80%的舆论继续看涨股市，但也有20%的舆论开始唱反调。只是此时的利空消息和反对舆论早已被市场疯狂的热情淹没，只有少数职业选手和机构开始减仓离场。

7．融资功能强大

由于市场资金的日益庞大和投机氛围的日趋热烈，监管机构不断提高上市公司融资的规模与速度，期望市场降温并扩大市场容量。于是，原来不敢想象的“超级航母”也开始“招摇”入市。

二、中期顶部的形成

1．主流热点开始退潮

曾经对大盘起到主导作用的龙头板块开始出现了整理状态，非主流热点则处于散乱的活跃状态，一些冷门板块则开始出现补涨行情。这些都意味着主流资金开始减仓或调整。

2．部分庄股大肆减仓

一些前期涨幅很高的庄股开始大肆减仓，以套取现金，缓解资金供应的压力，同时为高抛低吸、滚动获利做好准备。但有些庄股也会错误地估计形式。

3．市场气氛依然热烈

由于大势向好，市场不敢轻易看空，人气依然旺盛，即使舆论认为阶段性调整应该来临，人们也无所畏惧，反而逢低建仓。

4．政策面依旧偏暖

此时的大盘能不断消化利空的消息，同时积极追捧利多的消息，而宏观经济面和政策面依然偏暖，能够支撑股市继续向前发展。

5．股价回调到45日均线和90日均线附近。

当出现中期顶部的时候，股指往往会在回落到45日均线附近时获得支撑；如果打压过狠，也往往会在90日均线附近获得支撑，然后开始反身向上。

三、短期顶部的形成

（1）股价常出现长上影线、倒锤子线等带有触顶回落的K线以及单日反转K线。

（2）出现乌云盖顶、顶部孕线、平顶、黄昏星、顶部岛型反转、三只乌鸦等看跌形态。

（3）此前，股价已经远离5日均线，且角度呈75°以上势态向上快速运行了一段时间，而现在则开始回落。

（4）在顶部形成前，成交量会放大；在回调时，成交量萎缩。

（5）由于市场人气比较旺盛，热点持续不断，人们仍然积极看多。

四、别把上涨中的腰部当顶部

很多交易者在行情上涨时会匆匆自动出局，而后又在一片“踏空”的揪心中重新入市，究其原因，就是常常把行情的腰部当做了行情的顶部。所以，这应是一个识别的重点。一般来说，形成“顶部”的原因是这样的：

（1）在股价从底部上涨到一定的程度时，大量短线获利盘急于出手，而主力则就势打压，吃掉获利回吐的筹码，促使成交量激增。等浮动筹码消灭后，股价即开始大幅上扬。于是，过去的头部就成为现在的腰部。

（2）在股价从底部上涨到一定的程度时，由于筹码太多，主力开始减仓，同时促使跟风者与其他持股者交换筹码，以提高市场持有者的平均成本。一旦整个过程完成，个股就会继续上涨。于是，过去的头部就成为现在的腰部。

（3）主力在第一波拉升过程完成后即开始做暂时的休整，或者察看大盘的动态，或者等待该股利好消息的出台，或者等待交易者跟上自己的节奏。一旦题材、时间、人气跟上，主力就会紧跟着发动第二波主升浪。大部分基金控制的品种即是如此的走势。于是，过去的头部就成为现在的腰部。

那么怎样才能区分腰部和头部？一般来说，有三种判断的标准：

（1）从大盘和个股基本面来分析，若该股价格不应该就到这里结束，则此处不应是头部。

（2）从成交量来分析，如果上涨有量而下跌无量，能量形态较好，则此处不应是头部。

（3）从下跌中的K线图来看，如果刻意打压的痕迹较重，则此处不应是头部。

五、在实战中如何寻顶

1．根据换手率找顶

一只股票从吸货到拉升再到出货，进出都会伴有大的换手率。当股价一路拉升到一定的高度，市场会利好频传，然而，倘某个股的日换手率超过其流通盘的20%时，就要引起警惕，当日换手率连续三天超过20%，股价又在某一区间滞涨，那么就可以基本断定是顶部了（图7–1）。

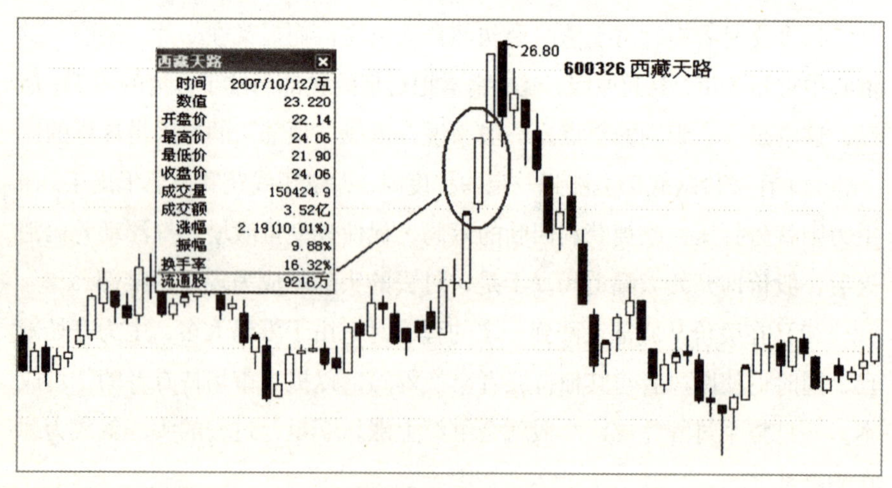

图7–1　高换手率

2．根据技术特征找顶

当一个顶部出现时，技术分析方法可以给出明确的头部信号或卖点信号。如果我们学好技术分析，将可以在图形上提前发现顶部。

（1）形态法：当K线图在高位出现M头形态、头肩顶形态、圆弧顶形态和倒V字形态时，都是非常明显的顶部形态。

（2）在K线图上，如在高位日K线出现穿头破脚、乌云盖顶、高位垂死十字都是股价见顶的信号。

（3）当股价已经过数浪上升，涨幅已大时，如5日移动平均线从上向下穿10日移动平均线，形成死亡交叉时，将显示头部已经形成。

（4）周KDJ指标在80以上，形成死亡交叉。通常是见中期顶部和大顶的信号。

（5）10周RSI指标如运行到80以上，预示着股指和股价进入极度超买状态，头部即将出现。

（6）宝塔线经过数浪上涨，在高位两平头、三平头或四平头翻绿时，是见顶信号。

（7）MACD指标在高位形成死亡交叉或M头时，红色柱状不能继续放大，并逐渐缩短时，头部已经形成。

3．根据上升趋势线找顶

股市上每一次行情，虽然其上升的斜率不同，却都有一条上升趋势线在支持股价向上运行。然而，即使再牛的股，总有物极必反的时候，一旦这条上升趋势线被跌破，且在跌破之前伴有大量涌出，说明这极有可能是个头部（图7–2）。

4．根据均线系统找顶

某个股处于上升后期时，短线投资者应时刻注意5日均线的变化，如果5日均线连续下穿10日线、20日线和30日线，那么这时就可以逃顶了（图7–3）。

5．顶部的成交量特征

当大盘或者个股出现顶部时，成交量有什么样的特征是很多投资者都特别关注的话题，顶部出现时成交量呈现如下一些特征：

（1）巨量出现是即将到顶的信号。成交量是推动股价上涨的原动力，这

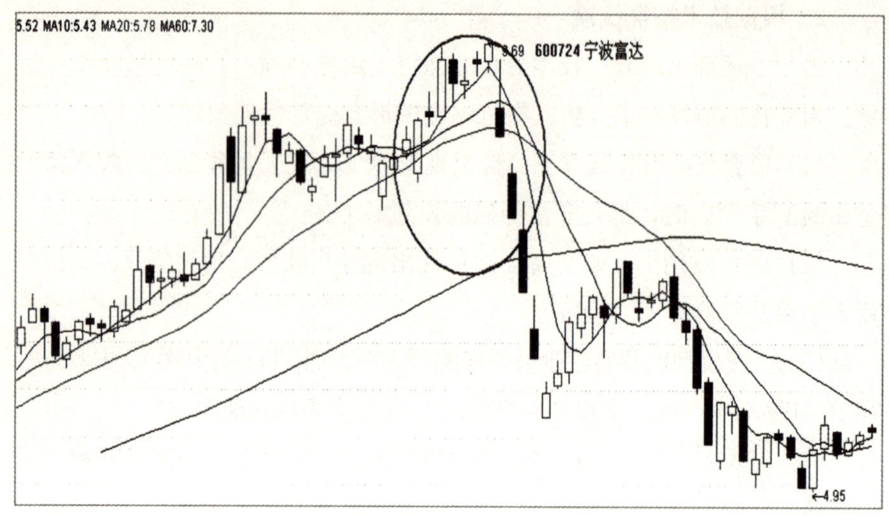

图 7-2　根据上升趋势线找顶

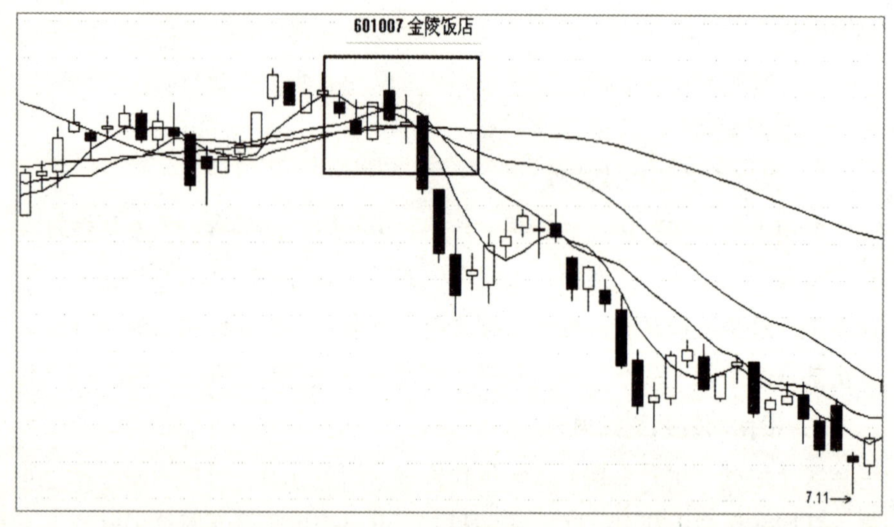

图 7-3　高位死叉图

是股市中的铁律。当个股或大盘放出异乎寻常的巨大成交量时，是即将见顶的重要特征。其中小盘股的换手如果达到 30%以上，大盘股的换手如果达到15%以上，同时股价已有一定涨幅的，则在放出巨量的当天，就要当机立断地迅速卖出该股，无论其股价是涨是跌。

（2）量之后见天价。当大盘或个股放出非同寻常的巨大成交量时，就是即将见顶的重要特征。其中小盘股的换手如果达到30%以上，大盘股的换手如果达到15%以上，同时股价已有一定涨幅的，则在放出巨量的当天，无论其股价是涨是跌，要当机立断地卖出该股。

有时个股的成交换手虽然没有达到上述标准，但是，成交量仍是最近一轮行情以来最大成交量的，也要将其视为天量水平。比如有的个股在一轮行情中，换手从未超5%，如果当股价涨升到一定高度后，突然连续多次地出现超过5%的换手时，投资者也要加以警惕，从技术分析历史上看，量与价之间有必然的联系，“天量之后见天价”的规律已经屡次被市场所验证。

（3）量比急剧放大特征。部分个股经过大幅拉升后，会出现量比急剧放大的情况，这也是重要的顶部特征。与前两种放巨量不同，这种放量的换手率并不大，但是，量比却大得惊人，有时能达到数十倍之多。恰恰是因为换手率不大，所以容易使投资者产生放松心理，从而错失逃顶的机会。

（4）量价失衡的顶部特征（图7-4）。在上涨的行情中，如果某一天股票突然出现空前大的成交量，但与前几天相比，股价反而小幅上扬，甚至迟滞不动，或当日最高价与最低价差距过大，但当日的收盘价未必会高于前一日的收盘价时，这些都是庄家有可能在出货的征兆。此时可认为顶部已现，这些征兆一旦表现出来，就有极大可能是头部之征兆。

因为庄家机构趁着人气旺盛时已在大量抛售股票，通常短则两三天，长则五六天、六七天，他们就可以出脱手中80%以上筹码。股价之所以振幅加大，是因为庄家大户卖出股票后，出现真空状态，因此第二天股价下跌，成交量立即萎缩，这时不明真相的股民还认为回档买入，继续持股待涨。然而股价持续下跌，而后从头部下跌三五天后会出现反弹，则可能是辨认头部的最后逃命机会。如出现以下迹象，则可辨明头部已经形成：

①反弹幅度不到跌幅时的一半。

②成交量在反弹中不能增加，甚至低于前几天。

③股价涨势不强，涨时无量，跌时放量。

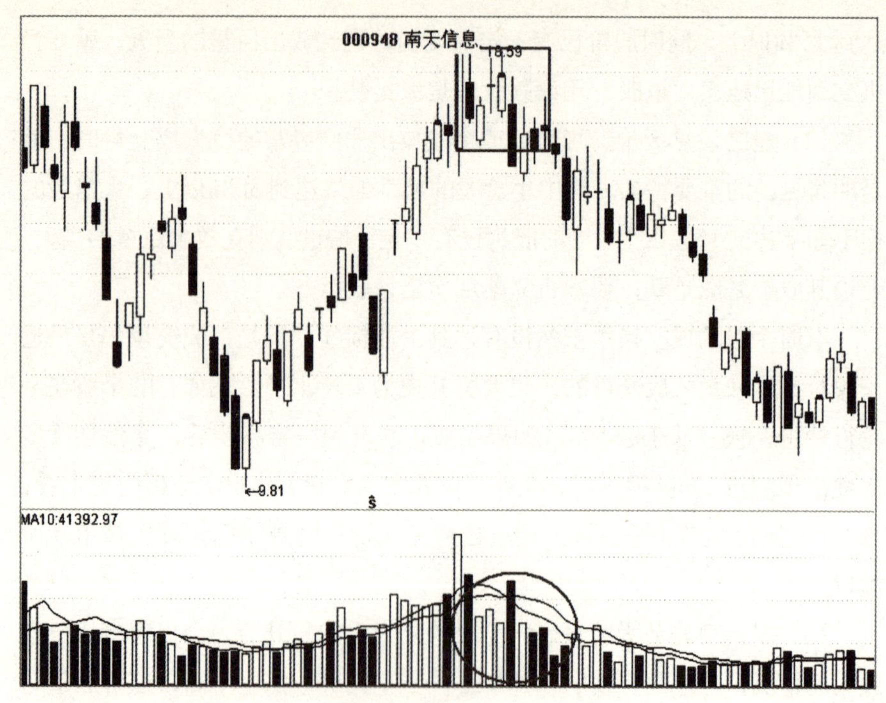

图 7-4 量价失衡的顶部特征

此时可判明反弹力度不够，必不能持久，头部已经形成了。而后再过数天，当大家都已认清头部形成时，成交量又会放出而形成大跌，但此时多数人的行动为时已晚，损失已不可避免。

（5）不放量的顶部特征。股价涨幅惊人、庄家获利极为丰厚的时候，这种情况就会出现。如果庄家将某只个股从 5 元拉升到 25 元，如果庄家在 5 元附近建仓了 25%的仓位，那么，庄家只需要在 25 元的高位换手 5%，就可以收回全部成本，其余的筹码庄家在任何价位抛出都是获利的。这就是说庄家在高位徘徊的一段时间内，每天只要保持和平时一样的成交量，当累计清空 5%的流通股，就已经完成出货了，这对庄家来说实在是轻而易举的。

当然，这仅仅是我们一种简单的算法，实际上庄家的成本结构是异常复杂的。不过，由此我们可以看出，个股涨幅过于巨大其中所隐藏的风险也很大，令人难以预测庄家的意图，这类个股庄家即使不放量，也能在投资者不知不觉中顺利出货。

除此之外，还有一种庄家不放量的出货模式。因为庄家在高位放量出货时，容易引起一些有经验投资者的警觉，而且散户船小好掉头，往往能跑得比庄家快。庄家为了避免出现这种被动局面，有时会采用边拉边出的隐蔽出货手法，在股价拉升过程中就完成了大部分的出货任务。这样，在股价形成顶部时就不会有放量迹象。

“只要个股不放量，庄家就一定没出货”的思维是错误的，当庄家有较大的获利空间，或在某种特定条件及需要的情况下，即使个股不放量，庄家也一样可以出货，股价也一样会形成顶部。

看盘点金

股价的顶峰和谷底是股价升降的“转折点”。如果在上涨的行情中，股票某一天突然出现空前大的成交量，但与前几天相比，股价反而迟滞不动，或只有小幅上扬，或当日最高价与最低价差距过大，但当日的收盘价未必会高于前一日的收盘价时，这些迹象表明庄家有可能在出货。此时可认为顶部已现，接下来需要做的就是如何逃顶了。

庄家在股价攀高阶段做第一次的大量卖出之后，就会随即出现真空凝固状态，因此成交量极可能萎缩，之后股价会连续下跌。而再次也是最后一次辨识顶部的时机，则应该是在出现第一次反弹的时候，它通常在顶部过后几天内出现。

第二节　确认底部之看盘技巧

买股票的都希望能够准确地判断出个股的阶段性底部，以便选择到一个比较好的参与机会。但在实际操作中又存在着较大的困难，往往由于判断失误导致被套。在弱市中，不同的阶段有不同的底部，而且我国股市经常会因政策因素而构成底部，所以投资者不能简单地从盘面去研究底部，而应该通过综合分析，分阶段寻找底部。对于进行短线操作的中小散户而言，应以判断股票的投机价值的底部，即阶段性底部为主。

一、长期底部的形成

1．普遍亏损

绝大部分交易者出现亏损，且亏损幅度在50%以上，甚至出现股民跳楼的现象。即使是主力机构也未能幸免，往往出现资金链断裂的“崩盘”现象。

2．快速暴跌

当顶部形成后，一旦熊市的概念出现，股市即使下跌20%也几乎不会出现反弹。同时，在后期阶段有加速暴跌的趋势，连日的巨幅阴线使股指快速下挫。

3．大面积跌停

在市场需要释放空头的卖压时，由于无人肯进场承接，往往会出现大面积跌停的现象，有时跌停的个股会达到上百支。

4．抗跌股补跌

当绝大多数股票都已经深幅下调以后，前期一些较为抗跌的强势股也开始出现补跌行情，不管是大盘蓝筹股还是绩优股或是基金重仓扎堆股，纷纷开始破位下行。

5．彻底的破位

一些具有历史意义的、曾经被舆论称为牢不可破的重要支撑位被轻易击穿，一些整数关口也接连丢失，市场形成了“熊市不言底”的状态。

6．股民纷纷离场

在新股民开户数量不断下降的同时，旧股民开始不断离场，同时部分股民发誓再不进入股市。在交易大厅里，已经很久看不到什么股民了。

7．融资功能衰竭

由于市场日益萎缩，交易日趋低迷，导致新股上市和增发融资被迫减少或停止，使证券市场的融资功能出现衰竭或停滞。此时，往往会有重大政策性利好出现，但交易者却逢高减磅。

8．舆论反思不断

“熊市思维”畅行无阻，股民往往对各种利好消息长期麻木，同时怨声载道。而新闻舆论则不断对股市现象进行反思或抨击，促使政策改良。

9．成交量增加

在股市持续下跌时间超过一年且下跌幅度超过 50% 以后，如果市场上的成交量开始持续增加，说明有新资金开始进场，等原来想卖的终于都卖光后，市场底部就会出现，即：只有等到中长线筹码和严重套牢筹码不计成本地抛售，且市场有巨大承接力量时，才说明市场已经临近长期的重要底部。之后，市场通常会在地量下跌的过程中结束整理，并开始回暖。

二、中期底部的形成

（1）股价通过半个月至两个月的周期，形成了诸如头肩底、W 底、V 形底、圆弧底等形态。

（2）股价往往运行在 45 日均线之上，最多也不会有效跌破 90 日均线。

（3）股价的回调往往会比较深，但通常不超过前面上涨波幅的 50%。

（4）股价回调的时间往往不会太长，通常不超过 2 个月。

（5）股票往往呈出上涨有量而回调无量的现象，说明抛压轻，主力没有出局。

（6）市场人气比较旺盛，热点持续不断，人们一致看多。

三、短期底部的形成

短期底部是指股价经过短时间的连续下跌之后，因导致短期技术指标超卖，从而出现股价反弹的转折点。股指每次加速下跌都会探及一个短期底部，这一反弹的时间跨度多则几周，少则几天，反弹的高度在多数情况下，很难超过加速下跌开始时的起点；股价经过长期下跌之后，借助于利好题材所产生的升幅可观的反弹行情，这一反弹的时间跨度多则几个月，少则几周。

短期底部以 V 形居多，V 形底俗称“尖底”形态，形态走势像“V”形。

其形成时间最短，是研判最困难，参与风险最大的一种形态。但是这种形态的暴发力最强，把握得好，可以在短期内赢取暴利。它的形成原因是由于市场受利空打击或其他意外情况影响造成的恐慌性抛售，引起股价超跌，从而产生报复性反转行情。

在短期底部出现前几日急速下跌中，大多数个股都会有一定的跌幅。短期见底之后，将有一个时间很短的反弹，反弹的时间多则三天，少则一天，反弹的高度一般情况不会超过急速下跌时的起点。在反弹行情中，一般低价位的三线股表现较好，而一线绩优股的反弹幅度不大。

相对于短期底部来说，中期底部一般是在跌势持续时间较长，跌幅在20%以上，之后才会出现中级反弹。中期底部的出现，一般不需要宏观基本面因素的改变，但却往往需要消息面的配合。最典型的情况是先由重大利空消息促成见底之前的加速下跌，然后再由利好消息的出现，配合市场形成触底回升走势。

四、别把下跌中的腰部当底部

很多交易者在“抄底”上的失误往往出现在股价的中部，即往往把股价下跌中的腰部当作了底部。由此可见，如何理解并识别“腰部”，已成为交易者必须具备的能力。一般来说，“腰部”的形成是由以下原因造成的：

（1）由于基金掌控的品种无法形成真正的“联合坐庄”，在大盘不好时就无法控制住股价的跌势，而一些基金一旦认为大盘仍无法扭转熊市状态，就会出现调整品种和减仓的动作。如此，曾经的股价底部就成为如今的股价腰部。

（2）当主力不愿在顶部继续支撑时，就会暗中派发筹码并控制交易节奏，导致股价缓慢降到某一低位后好像会止跌回升。而事实上，如果大盘有向好的趋势，主力会借反弹出货；如果大盘继续下跌，则主力会快速出局。如此，现在股价的底部就会成为股价的腰部。

（3）由于主力急于出局，就会先快速打压股价，把其他交易者套在高位而无法与之竞争出货。而后在低位制造一波反弹行情，使交易者认为股价开始止跌回升，等交易者大量抢反弹的时候，主力则乘机完成了派发工作。如此，现在的底部也会成为将来的腰部。

那么怎样才能区分腰部和底部？一般来说，有三种判断的标准：

（1）如果能判断出熊市来临或熊市正在进行中，则“底部”一说不成立，可能遥遥无期。

（2）如果没有经过放量下跌的过程，要想出现底部也是不现实的，因为卖压还没有释放。

（3）如果个股从顶部急跌，若连续跌幅没有达到40%，则真正的反弹难以出现；但即使反弹出现，也仅仅只是反弹而不是反转，股价底部尚在下面。

五、在实战中如何找底

股票的大幅上扬都是从底部开始的，所谓底部当有一个筑底过程，筑底的目的是调整均线或者叫清洗筹码，只有当市场上对该股的抛盘达到了极微的程度，或者因为消息导致市场人士对股市绝望逃命，而又有新生力量介入的时候底部才有可能形成，因此从图表看，一种形态为窄幅缩量，另一种形态则是巨量下跌，底部形成可产生强大的上升行情。形成底部时，主要有以下几个特征。

1．利用成交量找底

首先是成交量，根据“量先于价行”的原则，股价从低档反弹后又回到低档，若成交量少于前次低档时，表明股价已跌到底部，后市多会出现一波上升行情。第二次低点后的涨势，一般比第一次低点形成后的涨势要强劲得多，升幅也会高得多，所以第二低点出现时，特别是第二低点的成交量低于第一低点的成交量时，可以放心的购买，股价上升也较稳健和可靠（图7–5）。

图7–5为金风科技（002202）走势图，金风科技在2008年9月18日出现第一次低点，成交量为：5164.6万手，于2008年10月28日出现第二次低点，成交量为：2578.3万手。其后走出一波涨幅为300%的上涨行情。

当大盘已处于底部区域，而某日出现成交量突然放大，股价上涨或股

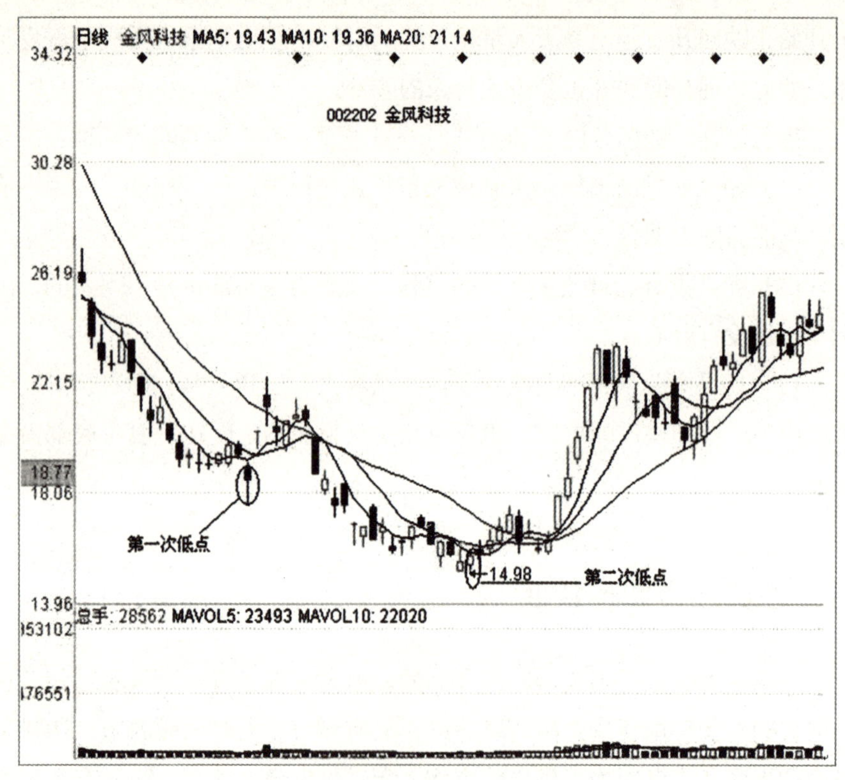

图 7–5 利用成交量找底

价缓涨，则表明已有机构大户在抄底，可适量跟进；当股价已突破颈线而上涨，成交量大增时，表明反转上升行情已成定局，可全线进仓。

2．利用技术指标确认底部

当股价处于底部时，技术指标也会出现底部特征。首先，各种技术指标必须向上突破下降趋势线的压力，因为下降趋势线各不相同，所以以 30 日平均线为衡量的标准，其次，从 K 线形态上看，以前的低位底部都可作为参考点位。如果在一年内有几次都是在触及这一低位时反弹回升的，那么该点位可认为是一中期底部，最后，当各项技术指标如 KDJ、RSI 的周线形成多头排列，6 日均量线连续三日放大时，表明大盘已探底回升（图 7–6）。

图 7–6 为海螺水泥（600585）周线走势图，在 2008 年 10 月 31 日 KDJ、RSI 形成多头排列，6 日均线连续量能放大，表明底部形成。其后走出一波

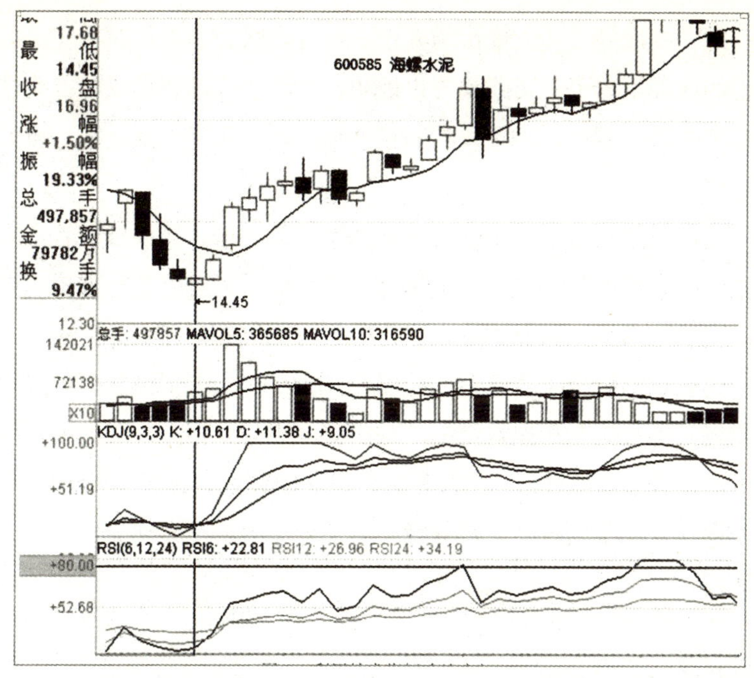

图 7–6 利用技术指标确认底部

3 倍涨幅的上涨行情。

股价日常的波动往往使人一叶障目、不见森林，特别是现在一些主力不断制造多头陷阱诱多。即主力发现在盘局中既建不到仓又攻不上去，有时会利用大盘跳水和市场的悲观情绪，利用某些突发性因素制造一个假破底的空头陷阱、震出恐慌性杀跌的割肉筹码，在大盘反弹时再重新拉回到原先的底部。而一旦杀跌的恐慌筹码被主力接走股价下跌幅度并不太大时，原先杀跌的多数投资者又会成为积极的买方，当股价重回上次底部时，多数人仅仅是“不赚不赔”，而主力却借假破底完成了足够的筹码收集和摊低成本的过程。但周线图则有“照妖镜”的功效，假底在周线图上往往无所遁形。对从高位回落的个股，只要周线图上均线系统仍未修复，即股价未企稳于中短期均线之上，5 周、10 周、20 周均线没有明显形成多头排列，则可认为只是短期反弹，并未真正见底。

3．利用市场特征找底

股市经过较长时间的跌落后，也经常会出现频繁的利好消息，但股市不涨反跌，多次的反复，使市场处于一种麻木状态，但此时往往已经离较大级别的底部不远了，实践和历史证明，在市场底部将形成时，也往往伴随着较多的利空消息，当重大的利空消息出现，市场不跌反涨，表明股市已经见底。

不同的股票投资者对于抄底应选择不同的时机。短线投资者主要是在股价或股指走出底部，或冲出下降通道确认以后买进，这种方式需要投资者有准确的判断力和果敢的决心，此时买进见效最快。

经过长期的股市实践证明，以上三种方法对发现和寻找底部非常有效，如果能将三种方法互相配合使用，效果将会更好，但是，我们要记住的是股市没有只涨不跌的股票，也没有只跌不涨的股市，在这种涨涨跌跌之间，市场便存在着无限的机会，短线投资者需要学习的是如何抓住机会，如何抓住底部。

看盘点金

底部一般有这样的明确特征：股市已调整2～3个月，大体回到前期的某一个平台位置；杀跌动力枯竭，这从成交量历史查询中可看到；多数绩优股已走出下降通道，形成较明确的底部；日走势图经常出现全日横盘、尾盘放量的走势；一些有强庄介入的股票开始活跃，表现为反复震荡，目的是震出散户的浮码，并借机高抛低吸做短线；市场对利空传闻已经表现麻木，对利好消息开始敏感；周线在低位开始发出买入信号。如果这些条件全都具备，就可以基本确定买入时机。

本章启示

顶部与底部的判断在股市的操作中是极为重要的，股市投资者当然希望在顶部抛出股票，在底部买进股票，这是广大投资者梦寐以求的事。但实际上，有许多顶部和底部出现的时候却是较难知觉的。主要的原因在于当顶部出现的时候，常会和技术上的回档结合在一起，有时股指和股价在进入到一定的高位后，往往在高位调整后会再次上升，若过分地对大盘或个股敏感反而不一定能获利。因此，对顶部和底部的长期、中期和短期的判断有不同的要求。

第八章 庄家迷踪

——主力行为盘口解密

如果你没有做好承受痛苦的准备，那就离开吧，别指望会成为常胜将军，要想成功，必须冷酷！

——乔治·索罗斯

第一节　庄家概述

一、什么是庄家

“庄家”一词源于赌博活动，是指拥有雄厚的资金实力和众多筹码，利用自己有利的特殊条件来操纵或影响赌局的团体。证券市场中的“庄家”是一个引申的概念，证券市场庄家，是指通过雄厚的资金收集大量股票筹码，以影响股票供求关系来影响股票价格的走势，并最终实现获利目的的团体。

由于证券市场环境的变迁，目前庄家的活动空间已受到制约，其控庄的长短性也有所变化，有时候仅仅表现为市场主力的特征。尽管庄家的地位和意义已不可同日而语，其基本功能和特定手法却没有多大的变化。坐庄是一个很复杂的过程，如果仅仅只是一个二级市场收集筹码然后高位抛出筹码的过程，那么任何一个资本雄厚者都可以轻易做到。交易者都知道，花钱来买筹码是很容易的，而高位抛出筹码兑现赢利却不是一件轻松的事情。除非是在大牛市中，否则，缺乏技术面之外的一系列条件的配合，出货将变得非常困难。最后庄家在高位自拉自唱的结局比比皆是。所以直至现在，长庄的现象越来越少，独庄的现象几乎销声匿迹。

二、庄家的分类

1．根据持股时间来划分

（1）短线庄家。庄家运作周期从 2 天到 30 天不等。重势、重概念、重技术形态、持仓量少、严格止损是这类庄家的鲜明特征。一般控盘程度为 1%～10%，建仓时间为 1～10 天。

（2）中线庄家。庄家运作周期大致为一个中级上升趋势的结束，在牛市中可能是 3～6 个月，在牛市里的振荡期可能是 30～60 天。一般控盘程度为 10%～30%，建仓时间为 10～30 天。

(3) 长线庄家。庄家运作周期大致为一个牛市的结束，可能是1～2年，甚至于只要上市公司基本面没有恶化，就可能长期持有并做少量的波段操作。一般控盘程度为10%～50%。建仓时间为1～12个月。

2．根据坐庄家数来划分

（1）合伙庄。合伙庄是指两个或两个以上的庄家共同坐庄。既然是共同看好，那么其所控制的股票的基本面往往不错，流通盘也往往比较大，有长久的市场吸引力。

（2）单独庄。单独庄是指一个庄家独霸目标个股，其控盘程度在30%～70%之间的行为。一般这类庄家实力强大，控盘能力高，股价走势也比较有规律。

3．根据入庄时间来划分

（1）新庄。新庄是指第一次入驻目标股的庄家，一般他们会介入刚上市的新股，或者老庄已经撤出很久的个股。

(2) 老庄。老庄是相对于新庄而言的，是指已经进驻目标股的庄家。他们对个股的股性比较清楚，对股价的走势也往往把握得较好。

4．根据股价形态来划分

（1）强庄。强庄是指那些资金实力雄厚、控盘程度较强、使股价走势常常特立独行且明显强于大盘的庄家。一般而言，强庄所控制的股票往往具有良好的基本面，使庄家有信心独来独往。

（2）弱庄。弱庄是指那些资金实力较弱、对大盘或个股缺乏信心、主要靠做波段交易来赚取利润的庄家。这类庄家所控制的股票不易分出好坏，但基本上都要看大盘的脸色行事。

5．根据驻流情况来划分

（1）常驻庄。常驻庄是指那些长年累月驻守于目标股中做高抛低吸动作的庄家。这类庄家往往对目标股比较熟悉，只关注大盘的状况，一有机会就会在目标股上赚取差价。

（2）游走庄。游走庄是指那些到处出击个股的庄家。他们常常碰到有爆发行情或题材行情时就瞄准一支股票做足一次，而后打一枪换个地方，转换个股目标。

三、庄家的特征

从操作方面来说，庄家往往具有以下的特征：

（1）与上市公司或媒体部门等有较好的配合关系，善于制造市场炒做题材。

（2）具有较专业的操作人员或班子，对股市规律和股价走势规律比较熟悉。

（3）在市场底部以现金购买大量筹码，在市场高位则以筹码兑换大量现金。

（4）有能力控制一段时期内股价的走势，包括使股票连续上涨或持续下跌。

（5）在股票市场上，其所参与的股票走势比较独特，常常大幅领涨于大盘。

（6）操纵价格和欺骗参与者是庄家最重要的特征，其欺骗包括消息面和技术面的双重欺骗。

从属性方面来说，庄家往往又具有以下的特征：

（1）在某一时期内，能激活市场，吸引交易者交易，甚至能提高上市公司的市值。

（2）不仅在二级市场上加大了市场投机成分，同时也可能促使上市公司的短期经营不以主营业务为主。

（3）坐庄需要大量的资金，进、出场都不易，当操作不得法时，被套或亏损时有发生。

（4）庄家行为在股票走势图上或多或少会留下痕迹，给市场交易者提供了赚钱的机会。

（5）庄家在股价走势中要玩弄很多花样，但交易者如能识破或不理会，庄家则无可奈何。

四、庄家的操作手法

1．建仓阶段

通过收集大量流通股来改变股票的供求关系，最终影响或控制股价走势。无论庄家怎么变换花样，低买高卖是其盈利的唯一渠道。所以，除了新股外，建仓一定是在股价相对低的时候进行的，即使是曾经建仓时的价位较高，如果大势不好，庄家也是会把股价打下来后继续建仓以摊低成本的。

庄家建仓阶段的特征表现为：

（1）构成一个明显的股价箱体，在这个箱体中波动的频率开始加大，股价碰到上箱顶的次数大于探底的次数，成交量略微放大或呈散兵坑状。

（2）表现出一定的抗跌性，下影线加长。

（3）从技术分析上看，5 日 RSI 或 9 日 KDJ 底背离趋势向上，此时股价横向波动甚至下跌。同时在周 K 线上有一段 5 周以上的横盘 K 线组合，5 周 RSI 或 9 周 KDJ 出现双底或底背离。

（4）市场开始有一些有关该股的传闻，但是股价和成交量基本没有反应，有时还会小幅下跌几天。

2．试盘阶段

庄家利用某时间段的买卖信息，来测试市场多、空双方力量的对比。通过某一时间段有目的的快速买进和卖出，庄家可以得到市场心理状况和市场筹码状况的反映，进而调整自己的交易策略，以确认是否建仓及其建仓的时间和成本、是否拉升及其拉升的方式和目标价位、是否继续洗盘及其洗盘的手法和时间等。一般来说，短线庄家的试盘时间往往只有 5～30 分钟，中线庄家的试盘时间往往在 1 周之内，而长线庄家的试盘时间多数在半个月以内（半个月内间歇式的有几天试盘的动作）。

庄家试盘阶段的特征表现为：

（1）均线系统中，5 日均线金叉 10 日、30 日均线，大多数个股 30 日均线呈水平走势。

（2）向上试盘时，MACD 中的 DIF 线与 MACD 线靠近，BAR 绿柱缩短或红柱增长；KDJ、RSI快速到达强势区，不久重新回到常态区。向下试盘是上述指标出现相反态势。

（3）成交量出现或温和放大、或突然放大、或时大时小、或量价背离等走势。

（4）日K线出现大阳大阴的走势，或小阳伴大阴、小阴伴大阳的组合形式，有时甚至出现单根大阴大阳K线，或上下影线较长的K线形态。

3．洗盘阶段

庄家在完成建仓后、开始拉升前，一般都会进行洗盘的动作。庄家以快速打压或反复振荡的方式摧毁持股者信心，迫使意志不坚定者交出手中筹码，以便于自己吸纳或促使新介入者持有，从而提高市场参与者的平均持股价格，稳定后续即将拉升的市场根基。除少数超级短线庄家和基金联合坐庄的不用洗盘程序外，其余庄家多数会采用洗盘的方式来使股价获得更高的涨幅空间。当庄股洗盘完毕时，流通筹码的锁定程度更高，比建仓结束时的表现更甚。尤其是成交量，常常达到地量的水平。部分获利盘、套牢盘、保本盘已被洗出，留下的基本上都是市场中坚定的持股者。即使是小单连续拉动，都会导致大阳线出现。

庄家洗盘阶段的特征表现为：

（1）大幅振荡，阴线阳线夹杂排列，市势不定。

（2）成交量较无规则，但有递减趋势。

（3）常常出现带上下影线的十字星。

（4）股价一般维持在庄家持股成本的区域之上。若投资者无法判断，可关注10日均线，非短线客则可关注30日均线。

（5）按K线组合的理论分析，洗盘过程即整理过程，所以图形上也都大体显示为三角形整理，旗形整理和矩形整理等形态。

4．拉升阶段

庄家将大量持股者清理出局后，往往就会快速拉升股价，使其远离自己的成本区，同时尽量减少新人的参与，因为此时的股价仍然处在比较低的价位。拉升的动作视庄家需要往往不止一次，而可能是几次。试盘时间短则几分钟，长则不过2周；而拉升的时间往往在1周以上，长则3个月。

庄家拉升阶段的特征表现为：

（1）由于庄家的拉升是一种股价上涨的趋势，所以，均线系统呈现典型的多头排列。5 日、10 日均线上升角度陡峭，一般都大于 45 度以上。收盘价在 3 日均线上运行的具有短期黑马的性质；收盘价站在 5 日均线之上的，具有牛股的特性。5 日、10 日、30 日、60 日均线呈有序多头排列，股价向上运行，在这一段时期中，股价往往表现为主升浪，短、中期升幅可观。

（2）成交量持续稳步放大，呈现价升量增、价跌量缩的特点，价量配合良好。在这段时期内，成交量整体上保持活跃状态，市场投资者积极参与，人气旺盛。

（3）在拉升阶段中，庄家经常在中高价区连拉中、长阳线，阳线的数量多于阴线的数量；阳线的涨幅实体大于阴线的跌幅实体；日 K 线经常连续收阳，股价时常跳空高开，并且不轻易补缺口，日 K 线形态中常出现红三兵、上升三部曲、大阳 K 线等。

5．出货阶段

出货是庄家坐庄最重要的一个环节，也是其最重视的一个环节。只有将筹码派发出去，庄家才能使账面盈利变为真实获利。但把钱变成股票容易，把股票套现成钱却很难。虽然是有目的、有计划地出货，但多数仍会有临时调整。具体来说，从短庄的 1 周出货时间到长庄的 6 个月出货时间不等，但通常的出货时间在 1 个月左右。

庄家出货阶段的特征表现为：

（1）经常制造再次上攻前期高点（或阻力位）且根本不会回调的假象。

（2）经常挂出大笔买单，只要有人跟进则往往迅速撤单，或者所挂出的买单手数越来越小。

（3）在高位有时呈现股价疲软，上攻乏力的现象。

（4）分时成交经常出现无量空涨或跌时放量的现象。

（5）技术指标经常出现顶背离。

第二节　跟庄时应该注意的几个问题

一、判断庄家强弱的标准

判断庄家的强弱，有如下几个标准：

（1）在突发性利空出来时，看股价走势是否坚挺。突发性利空包括大盘和上市公司两方面的利空。这种突发性利空往往让许多机构都没有思想准备和资金等方面的准备，常常是以股价的下跌来回应。而实力强大的庄家则有能力应付和化解各种不利因素，不会轻易随波逐流，盘面在利空的情况下都会以横盘，甚至逆市上扬来表现。

（2）与同类板块中的其他个股比较是否强势。在目前的市场中，板块联动是较为明显的一个规律，常常表现为齐涨齐跌。而较强庄家介入的个股，在大部分基本条件相差不大的情况下，则会在走势上强于同类板块中的其他个股。

（3）在各种基本条件接近的情况下，特别是走势形态差不多的时候，一般流通盘较大的个股的可信度要高于流通盘较小的个股。因为流通盘的偏大，则意味着庄家需要更强的实力、更多的资金去操作和控制它。

（4）从时间角度来说，能够更长时间保持独立于大盘走势的个股，其控盘的庄家实力就比较强，表现在股价形态上，短期、中期均线呈多头排列，上升趋势明显，涨跌有序，起伏有章，这也是强庄的特征之一。

（5）单纯从K线判断，一般强庄多表现为红多绿少，这表明涨的时间多于跌的时间，阳K线的实体大于阴K线的实体，庄家做多的欲望较强，市场的跟风人气也比较旺盛。

（6）可以经常性观察到，个股在上涨时力度比较大，在涨幅榜的前列常常看到它的影子；而下跌时幅度却远远小于其他个股，并且成交量高于盘中个股的一般水平。

以上所列的只是强庄股的一部分特征，每个投资者还可以根据自己的经验去寻找其他的一些判断方法。但在跟庄时不要忘记，选择适当的大势背景及时间，是操作中较为关键的一点。

二、如何区分卖压、抛压和打压

从性质上来讲卖压、抛压和打压都是一种压力的表现。但是，其表现形式、成因和结果却各不相同。

（1）卖压。卖压是由解套盘和短线获利盘所形成的，是自然、被动的，而不是恐慌盘造成的。

（2）抛压。抛压是指市场或庄家不看好后市时主动性抛售筹码而形成的压力。实战中，看到破位迹象时，应立即采取行动，以免损失扩大。

（3）打压。打压俗话说是假摔。其行为是刻意的，当然，此时空方显示得气势汹汹，实际上是庄家一手所为，目的是建仓或洗盘。

三、庄家锁定筹码的几个特征

股价的涨跌在很大程度上取决于筹码的分布情况：集中或者分散。筹码分布一个显著的特点就是直观性。它通过横向柱状线与股价 K 线的叠加形象直观地标明各价位的筹码分布量。在日 K 线图上，随着光标的移动，系统在 K 线图的右侧显示若干根水平柱状线。线条的高度表示股价，长度代表持仓数量在该价位的比例（图 8–1）。

正是由于其直观，使得筹码分布在测定股票的持仓成本分布时会显示不同的形态特征；这些形态特征正是股票成本结构的直观反映。不同的形态具有不同的形成机理和不同的实战含义。

图 8–1 为天威保变（600550）在 2009 年 2 月的筹码分布图，从图上可以看出筹码已经集中，且上方没有筹码，也就没有大的抛压。其后走出一波涨幅为 70% 的上涨行情。

在股价走势中，一般具备了下述特征之一，就可初步判断为庄家锁定了筹码，建仓已进入尾声。

（1）很小的成交量就能拉出长阳或封涨停。庄家进场吸货经过一段时

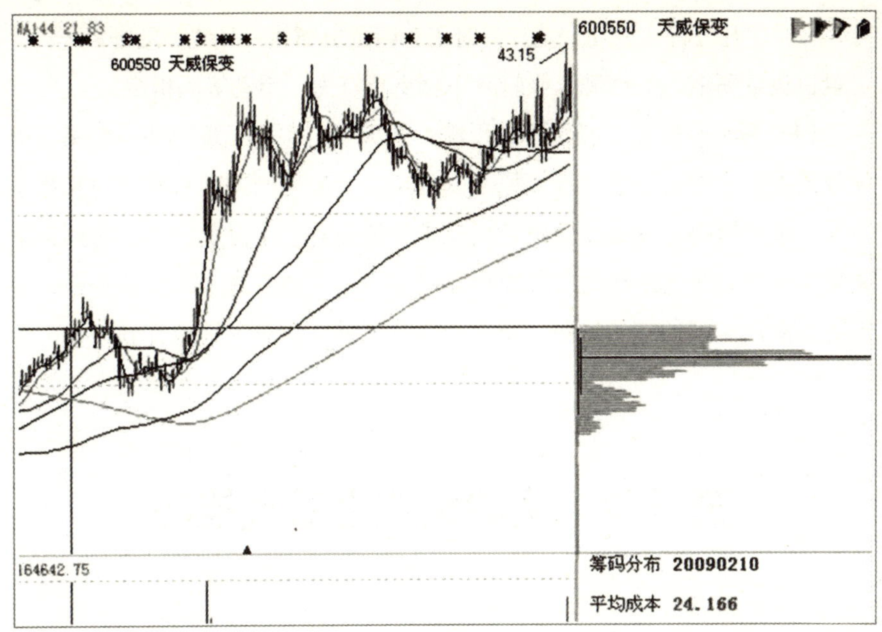

图8-1 筹码分布图

间的收集，如果用很少的资金就能轻松地拉出涨停，就说明庄家的筹码收集工作已近尾声，具备了控盘的能力，可以随心所欲地控制盘面。

(2) K线走势我行我素，不理会大盘而走出独立的行情。有的股票，大盘涨它不涨，大盘跌它不跌，这种情况通常表明大部分筹码已落入庄家囊中。当大势向下，有浮筹砸盘时，庄家便把筹码托住，封死下跌的空间，以防廉价筹码被人抢了去。大势向上或企稳，有游资抢盘时，庄家由于种种原因此时仍不想发动行情，于是便会出现凶狠的砸盘，封住股价的上涨空间，不让短线热钱打乱炒作的计划。此时股票的K线形态就会横向盘整或沿均线小幅振荡盘升。

(3) K线走势起伏不定而分时走势图剧烈振荡，成交量极度萎缩。到了收集末期，庄家为了清洗掉短线获利盘，打击散户的持股信心，会用少量筹码“做图”。从日K线看，股价起伏不定，一会儿到了浪尖，一会儿到了谷底，但股价总是冲不破箱顶，也跌不破箱底，当天分时走势图上更是大幅振荡。委买、委卖之间价格差距也非常大，有时相差几分，有时相差几毛，给人一种莫名其妙、飘忽不定的感觉。成交量极不规则，有时几分钟才成交一笔，有时十几分钟才成交一笔，分时走势图画出横线或竖线，形成矩形，成交量也极度萎缩。上档抛压极轻，下档支撑有力，浮动筹码极少。

（4）遇利空打击，股价不跌反涨，当天虽有小幅无量回调，但第二天便收出大阳，股价迅速回复到原来的价位。突发性利空袭来时，庄家措手不及，散户筹码可以抛了就跑，而庄家只能兜着。于是从盘面上看到利空袭来当天，开盘之后抛盘很多而接盘更多，不久抛盘减少，股价企稳。由于害怕散户捡到便宜的筹码，第二天股价又被庄家早早地拉升到原位。

第三节　实战跟庄之看盘技巧

虽然跟随主力获利已成为如今中国股市短线投资者的“圣经”，但并不是每一只庄股都值得短线投资者去“以身相许”，即使选定了庄股，也要找好时机。主力的招式往往虚虚实实，有时欲涨先跌，有时以退为进，走势扑朔迷离，让投资者难辨真伪。以下几种情况下就是短线跟随主力的好机会。

一、向暴跌的庄股“抢钱”

股市上常常有不少另类股票逆势而动，特别是一部分抗跌性较强的庄股，但大部分庄股还是会与大盘共进退的。与其他股票所不同的是，在大盘暴跌的时候，一些强庄股暴跌的幅度要超过大盘，而大盘止跌企稳后，这类股票却常会走出强悍的技术走势。主要原因在于这类主力会充分利用大盘下跌的过程对浮筹进行振荡整理，从而较轻松地夯实了上升空间的基础。

暴跌性质的股不仅出现在类似受大盘影响而出现的暴跌，如果受到上市公司不配合以及其他一些因素的影响，不少庄股也会表现出暴跌的走势。有的则属于提前进行震仓，从而会在技术形态上显示出暴跌的走势。对暴跌的庄股应该结合以下两方面情况进行短线操作：

（1）观察其杀跌的凶悍程度与拉升的力度，一旦发现前期曾经持续下跌的股票形成上升趋势以后，应该迅速介入，从中获取短线利润。

（2）观察其下跌过程中成交量的情况。不少强庄股在暴跌过程中成交量却不会减少，这类股票只要不缩量，短线机会就会增加。

大跌之后隐藏有主力的股走势呈现以下几个特点：

（1）个股分化明显。股价的提升的机会并不是均等的，只有在上一波行情中有主力介入、在调整中没有放量下跌、平台整理充分的个股才有获得“提升”的机会。那些长期走弱、人气涣散的个股即使有反弹，也是弱反弹，短线操作获利小风险大。

（2）升势急促。主力为不让散户抢到便宜货，常会迅速拉抬。不少个股在几天内收复数个月的失地，短线投资者宜当机立断，时机往往稍纵即逝。

（3）庄股轮涨特征明显。短线投资者假如能够把握个股的轮炒节奏必有可观利润。

二、把握再度走强的庄股

从一些强庄股的走势看，不少强庄股常会在上涨至一定的价位短线出

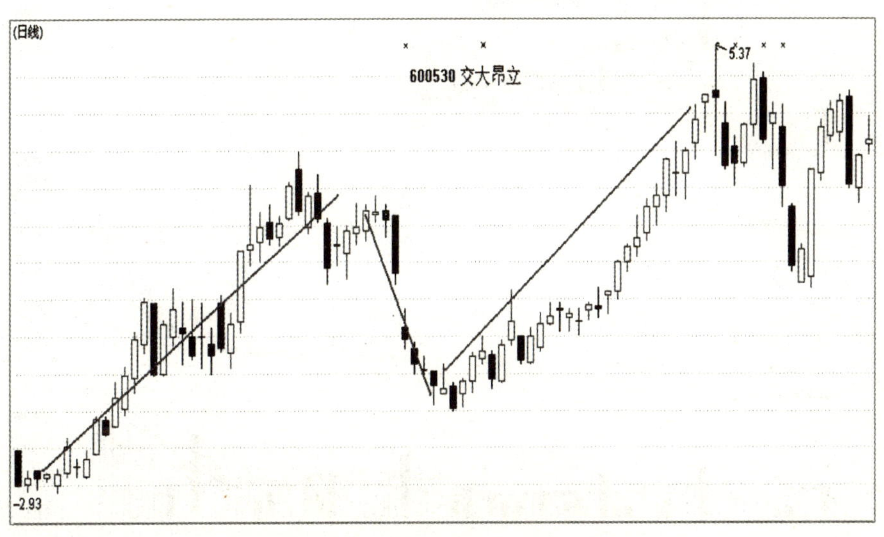

图 8–2 把握再度走强的庄股

现较大的回落，特别是一些庄股明显短线见顶后，常会在成交量的配合下，表现出放量下挫走势。在短线的操作上要特别关注这类股票，特别是一些短线暴涨、成交量持续放大的庄股。当其回调后，常常会继续表现出强势股的走势（图 8–2）。

三、跟好除权后寻找填权机会的庄股

不少庄股在拉升至一定的价位后，由于主力持仓量较重，在较高的价位难以全部将股票抛掉，因此，他们出货的时机一般都在除权之后。对短线投资者而言，在除权之后，买入后觉得风险比原来股价在高位时的风险小，甚至还会认为该股会有较大的填权空间。对主力而言，他们如果高位出货，高价位对一般投资者缺乏吸引力，可能接盘的人很少，因此，他们常会在股价炒上升后，让上市公司配合公布送股的利好消息。在除权后，他们并不会立即出货，等到股价稳定，尤其是大盘进入到强势市场之后，他们会在盘中造成一种填权的气势，随着成交量的不断放大，该股主力在众多投资者介入后顺利出局。

以最近的山东黄金除权之后的走势为例（图 8–3）：

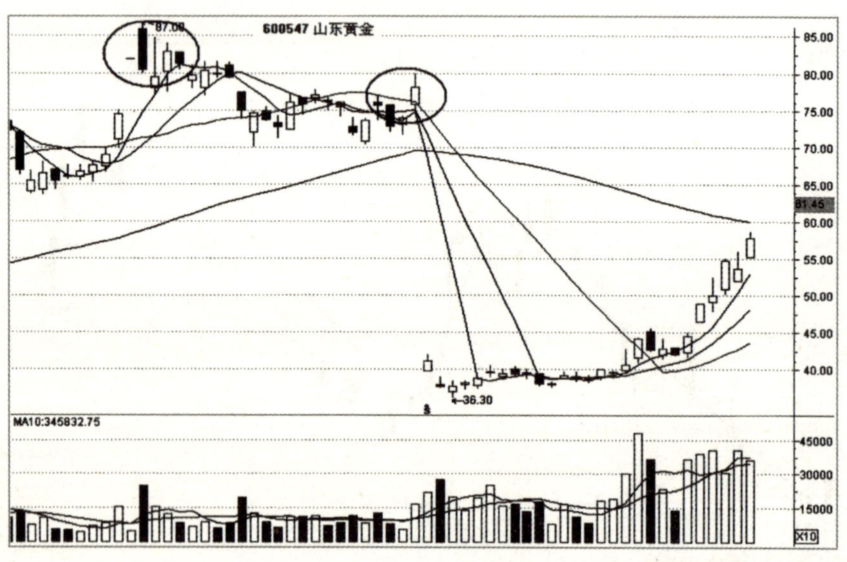

图 8–3　除权走势示意图

这种出货的方式常会让短线投资者不知不觉中成为其接盘者。从操作手法上来看，通常是在该股票刚开始填权时将筹码逐渐派发，填权的过程中主力就是减仓的过程。

这类股票的介入需要以下两大条件：

（1）大盘位于极强的走势中，在大牛市时代主力会充分利用除权后填满权的想象性进行炒作；而在弱势市场中，除权类的股票常会出现贴权的情况。

（2）介入成交量未放大的庄股。当发现某强庄股在除权后成交量极少，可以在其拉阴线的过程中介入，若该股在除权后成交量一下子放得过大的话，短线只有出局而不能买进。一般情况下，对前期在高位横向整理的强庄股，在其除权后，只要成交量仍然处于前期的水平，就可以逢低吸纳，随后在其成交量放出后出局。

在除权类的股票中，有的时候主力的实力不很强，但为了达到出局的目的，有的时候他们在股价并未拉高的情况下也会放量出货，这种情况只宜卖出而不能短线介入。因此，对除权类的股票的介入既要看成交量的变化，同时还要研究该股在前阶段的股性，对股性极佳的股票可以介入，而对股性呆滞的股票不宜介入。

看盘点金

作为短线操作，最重要的是如何捕捉跟随主力获利的机会，不但要抓到那些实力强大的强庄股，而且要找好跟进买入的最佳切入点，这样才能获利丰厚。

第四节　识破庄家骗线之看盘技巧

所谓的骗线，就是大户利用股民们迷信技术分析数据、图表的心理，故意抬拉、打压股价，致使技术图表形成一定线形，引诱股民大量买进或卖出，从而达到他们大发其财的目的。最常见的是震仓洗盘和拉高出货。

影线分上影线下影线两种，一般讲上影线长，表示阻力大，下影线长表示支撑强烈。但是由于市场内大的资金可以调控个股价位，影线经常被主力用来进行骗线，上影线长的个股，并不一定有多大抛压，而下影线长的个股，并不一定有多大支撑。

一、上影线骗线

1．主力拉出的长上影线

影线分上影线下影线两种，先攻击受阻回落形成长上影线，回落受支撑形成长下影线。长上影阴线可以解释为：买方力量一度非常强大，将股价大幅拉升，但是在随后多空力量的争斗中空方占了上风，将多方苦心经营的成果夺回，使股价大幅回调。长上影线往往只是主力制造的一个假象，也就是我们通常说的多头陷阱，诱使跟风追涨的买盘，实际是为了掩护出货。长上影线在个股不同的阶段，其表示意义也不尽相同。怎么才能很好的利用上影线识破主力的“骗局”呢？下面我们介绍一下长上影线的几种形态及其操作（图 8–4）。

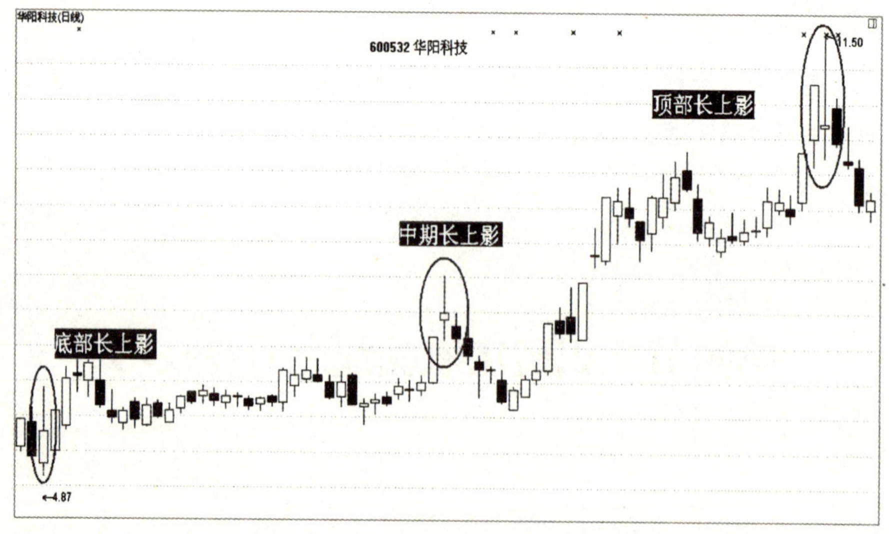

图 8–4　长上影线图

(1) 底部长上影。个股在底部出现长上影，一般是主力想拉升个股，不过因为抛盘过多或是大盘走坏，结果造成个股收成长上影。这个时候，建议投资者加入自选股关注，一般收出长上影后，还需要一些时间来振荡洗盘，什么时候放量突破这根上影线，就证明拉升行情的开始。

(2) 上涨中期长上影。个股在上涨中期出现长上影，可让散户误认为是上涨末期长上影，导致技术形散户被主力洗出，第二日股价回调，但不久，便再次上攻，让自以为技术形逃顶成功的散户大跌眼镜。

(3) 上涨末期长上影。个股在经过长期的拉升之后，收一根长上影，下跌放巨量，各个技术指标相继形成死叉，说明主力已无心继续再战，这个时候散户最好果断出局，以保住利润为好。如果周线形成长上影线，那就可形成长期顶部区域，更要注意主力的巨大骗局。

2．试盘型的上影线

有些主力拉升股票时，操作谨慎，在欲创新高或股价将进入一高点时，均要试盘，用上影线试探上方抛压。试盘是上影线的一种成因。主力在拉新高或冲阻力位时都可能试盘，以试探上方的抛压大小。

如果上影线长，但是成交量并没有放大，同时股价始终在某个区域内收带上影线的K线，那么主力试盘的可能性就很大。

如果试盘后个股放量上扬，则可放心持股；如果试盘之后转入下跌，那么则证明主力试出上方确有抛压，此时可抛股，一般在更低位可以接回。值得注意的是，如果长上影线发生在个股大涨之后，那么后市下跌的可能性比较大。

3．震仓型上影线

这种上影线经常发生在一些刚刚启动不久的个股身上，有些主力为了洗盘，震仓、往往用上影线吓出不坚定持仓者，吓退欲跟进者。投资者操作，要看K线组合，而不要太关注单日的K线。

二、下影线骗线

下影线表示下方支撑比较强，在强势市场中，有些机构资金实力不是很强，为制造骗局，他们在其炒作的股票中制造一个或几个单日的长下影线。方法为某支股票在盘中突然出现一笔莫名其妙的、价位极低、手数较大的成交，而后恢复平静，长下影线由此产生。这是其中主力在向广大散户发出“支撑力强”的信号，一般这种股票由于主力实力不是很强，表现不会突出。应注意真正有大主力的个股是不会在底部显山露水，让投资者觉察“支撑力强”。

有时，个股在交易中大幅下挫，尾市收高，在日K线图上留下长下影线，如果散户股民简单认为这是股价见底，下档支撑力强，反弹在即，则可能会吃大亏。此时只要打开每日实时的走势图就会发现，此类股票往往全天均处于阴跌之中，而只有在首盘的瞬间出现了一笔奇怪的资金将股价上拉形成带长下影线的K线。遇到此类股票，散户朋友还是早些离场观望为好。这是主力在派发阶段利用尾市收盘几分钟快速拉高股价，留下长下影线，以引诱跟风盘的出货手法，这才是真正的盘面语言，散户股民朋友对此应多加提防。

个股在长期阴跌或大幅下挫后，然后出现T字线，这种情况往往表明该股有可能止跌回升，且后市有较大的涨幅。实战经验表明，T字K线止跌回升的技术意义，通常有以下几种情形：

（1）T字K线的实体部分越小，下影线越长，止跌的作用就越明显。

（2）股价下跌的时间越长、幅度越大，T字K线见底的信号就越明确。

（3）T字K线不论是阳线还是阴线，实战意义基本上都是相同的。

（4）底部见T字K线，对短线炒作者来说，是抢先介入的好时机。

（5）T字K线是庄股防守反击形成的一种K线形态，但在下跌趋势中，主力有时会利用它来作为一种骗线信号，实际上跌势并未止住。而在上升趋势中，则是主力回档洗盘的伎俩。

看盘点金

股市中主力与中小散户经常玩猫捉老鼠的游戏。如何才能识别主力的骗局，没有一定的谋略与智慧是很难做到的。面对主力种种骗线行为，散户要精心思考，要仔细分析整个大盘的走势，不要被主力的一时振荡所惑。该出手的时候就不应太贪，该持股的时候就不应恐慌。

本章启示

有股市就会有投机，有投机就会有庄家，所以只要股市存在，就会有庄股，只不过每个时期的庄股的特点不同而已。既然有庄存在，就必然会有人跟庄，而且跟庄往往盈利水平会更高一些，所以炒股跟庄是一种捷径。

尽管跟庄能带来可观的利润，但是跟庄同样存在较大风险。所以要跟庄就要具备跟庄的基本能力，既要有发现庄股的能力更要有跟庄的勇气。技巧有很多，但是最根本的还是要从形态和成交量两方面入手，这样更容易接近庄股的实质。

观察庄家是否建仓结束，还应注意大阳线次日的股价表现。通常一只没有被控盘的股票，大阳线过后，次日一般会成交踊跃，股价上蹿下跳，说明多空分歧较大，买卖真实而自然，而主力会借机吸筹或派发。而如果在大阳线过后，次日成交清淡，波澜不惊，多半说明已被控盘，主力既无意派发，也无意吸筹。

洗盘是坐庄过程中的重要环节，能够识别主力意图的投资者可在主力洗盘时先行退出，等待洗盘结束再大举介入。洗盘结束之后的新一轮拉升，可以跟庄获大利，但关键是要把握好庄家的洗盘结束点。

除此之外，跟庄还需要良好的心理素质。所以有了好的投资心态，投资就已经成功了一半。一些心理素质方面的基本要求需要培养，一些成功人士的心得体会值得借鉴。

附录 看盘口诀

附录一 短线看盘口诀

1. 转强换手篇

要想涨，先有量，由跌转涨量先强。

百分之三是标准，盘跌它涨转强量。

百分之五不能追，要等回拉靠线莫心慌。

十五以上要谨慎，三十以上要提防。

三日没有新高现，只卖不买没商量。

2. 转强追涨篇

要想涨，先有量。

一日长量先看看，二日长量要紧张，三日长量是反转。

马上追涨没商量!

先放量，后缩量，放量过顶先别慌。

MACD 跟得上，你就是那主升浪。

横盘整理不用愁。量缩下影八分一。

马上买进就会涨!

3. 振荡上行篇

振荡上行不用急，阴阳相间好有趣。

阳量长，阴量短，阴量最小三分一。

5 日上叉 40 日，振荡上行开始了。

5 日下叉 40 日，还有回头望月时。

5 日反叉 40 日，绝佳冲高卖出时!

4. 盘中买卖篇

集合竞价很重要，盘中更要量跟上。

量比超过 2.5，主力开始动手了。

上来先冲3.5，千万别急乱追涨。

回落不缩量，反身再冲上。

打横走一走，买它没商量。

放量上，再缩量，过不过顶看二样。

上冲角度要更陡，单笔买量更要强。

不然就算冲顶过，也是卖它没商量。

上冲超过7%，不追宁等它涨停。

涨停之后若打开，能否封上看开单。

单笔开板过万手，就算再封也卖出。

盘中买卖关键点，一是量来二是线。

附录二　买入口诀

一针锥底，买股时机。

三军会师，看好后市。

双管齐下，买进不怕。

白龙出水，短线可为。

五阳上阵，股价弹升。

身抱多线，好景出现。

三棒撑地，行情见底。

三杆通底，反弹在即。

三针探底，后市可喜。

重锤坠地，后市有戏。

巨阳入海，放心购买。

布林破底，短线可取。

两谷夹山，后市看涨。

底部放量，注意建仓。

CR底位组成团，买进股票好时光。

天上雨来急，地上水亦涨，多头应进场。

附录三　卖出口诀

三峰顶天，卖出抢先。

哥俩剃平头，股票不能留。

双峰触天，跌在眼前。

乌云盖顶，卖出赶紧。

长阴夹星，卖出逃命。

长箭射天，跌在眼前。

高位放大量，股价近顶端。

高位双大量，卖出要赶忙。

上下同死叉，股价就要垮。

80 加大量，股票应抛光。

300CCI，放量就得卖。

布林穿顶，卖出要紧。

双峰扼颈，不卖不行。

三线相约下山，前景不容乐观。

三种图线同死叉，卖出股票莫拖拉。

参考文献

[1] 鲁正轩．看盘高手［M］．广州：广东经济出版社，2009．

[2] 范江京．实战看盘［M］．北京：中国宇航出版社，2009．

[3] 刘元吉．短线猎金：股市实战技法必读全书［M］．北京：中国纺织出版社，2009．

[4] 何战军．看盘秘籍：学会看盘开始赚钱［M］．广州：南方日报出版社，2008．

[5] 凯恩斯，付继朋．凯恩斯看盘：双线制胜操作法［M］．北京：中国城市出版社，2008．

[6] 宿春礼．赢在大盘：有效看盘与股票分析技巧［M］．北京：经济管理出版社，2008．

[7] 尹宏．十天打造看盘与操盘高手［M］．北京：经济管理出版社，2008．

[8] 张健．7步学会看盘［M］．北京：中国言实出版社，2008．

[9] 张健．新股民看盘操作细节［M］．北京：中国言实出版社，2008．

[10] 夏俊．看盘与操盘技巧［M］．海口：海南出版社，2007．

[11] 张健．新股民看盘技巧与实战操作［M］．北京：中国言实出版社，2007．

[12] 柴红桃．聪明看盘：K量三态分析方法［M］．北京：中国城市出版社，2007．

[13] 郭振宇．看盘有绝招：全新的股价走势分析方法［M］．北京：企业管理出版社，2007．

[14] 风雨．风雨看盘：股票操盘解秘［M］．上海：上海远东出版社，2007．

[15] 步高强．从大盘中发现绩优股的技巧与策略：如何把握最佳买点

和卖点 [M]. 北京：团结出版社，2007.

[16] 铁人. 盘中实时分析技法 [M]. 广州：广东经济出版社，2001.

[17] 潘伟君. 看盘细节：全新的股价走势分析方法 [M]. 北京：地震出版社，2006.

[18] 王吉柱. K 象 · 象浪看盘 [M]. 北京：地震出版社，2003.

[19] 周家勋，周勤勇. 看盘炒股不求人 [M]. 武汉：湖北人民出版社，2002.

[20] 笑天. 中长线炒股入门：新股民稳健投资必读 [M]. 北京：中国华侨出版社，2002.

[21] 罗振文. 炒股定律 [M]. 广州：广东经济出版社，2000.

[22] 陶小敏. K 线实战基础演练教程 [M]. 广州：广东经济出版社，2001.

[23] 北京首放投资顾问有限公司. 板块掘金涨停技法 [M]. 北京：地震出版社，2005.

[24] 陈火金，文雪峰. 半年涨一半短线炒股最佳买卖点 [M]. 北京：中华工商联合出版社，2001.

[25] 奚华. 捕捉主升浪就这几招 [M]. 北京：地震出版社，2001.

[26] 周家勋. 炒股巧断买卖点 [M]. 北京：中国经济出版社，2002.

[27] 长红. 炒股速通 [M]. 广州：广东经济出版社，2001.

[28] 周鹏安. 炒股赚钱没几招 [M]. 北京：金城出版社，2001.

[29] 笑天. 炒作技巧入门：新股民必备提高本 [M]. 北京：中国华侨出版社，2001.

[30] 尹宏. 纵横股海：各行业股票投资策略与技巧 [M]. 北京：经济管理出版社，2006.

[31] 陈李辉. 超越庄家 [M]. 北京：中华工商联合出版社，2001.

[32] 周家勋. 炒股巧断买卖点 [M]. 北京：中国经济出版社，2002.

[33] 薛敦方. 个股狙击：短线游击战术精粹 [M]. 成都：四川人民出版社，1999.

[34] 金丹. 股市百家实战技巧 [M]. 北京：中国对外翻译出版社，2001.

[35] 黎航．股市操作大全第四册 [M]．上海：三联出版社，2002．

[36] 徐文锋．股市圣手操练计划高级教程实战操作技巧 [M]．广州：广东经济出版社，2001．

[37] 尹宏．慧眼识金：精确捕捉黑马的 108 招 [M]．北京：经济管理出版社，2005．

[38] 姜金胜．技术宝典：经典技术分析理论精解与妙用 [M]．上海：东华大学出版社，2005．

[39] 尹宏．笑傲股海：各类行情实战技巧 [M]．北京：经济管理出版社，2005．

[40] 陶韦拟．适时出击：短线买卖点的把握 [M]．北京：北京经济学院出版社，2005．

[41] 白晓昱．停板是金：捕捉涨停夺真金 [M]．北京：中国科学技术出版社，2002．

[42] 张浩．选时专家 [M]．北京：光明日报出版社，2005．

[43] 尹宏．赢在策略：股市生存的 17 种经典策略 [M]．北京：经济管理出版社，2004．

[44] 夏时柏．涨升响起来沪深股市制胜买点 68 [M]．北京：地震出版社，2000．

[45] 吴孔银．纵横股市 108 投资准则 [M]．呼和浩特：远方出版社，2000．

[46] 高升．散户炒股利润最大化操典 [M]．北京：中国环境科学出版社，2001．

[47] 笑天．看盘实战入门：新股民必备普及本 [M]．北京：中国华侨出版社，2001．

[48] 王都发．涨停为王 [M]．北京：经济管理出版社，2004．

[49] 吕爱文．散户实战中的跟庄技巧 [M]．济南：山东人民出版社，2001．

[50] 陈火金，文雪峰．散户实战中的制胜韬略 [M]．济南：山东人民出版社，2001．

[51] 王建．角度 · 区间：股票价格波动 [M]．北京：中国科学技术出

版社，2007.

[52]（美）威廉·欧尼尔. 股票投资的24堂必修课 [M]. 陈允明，译. 北京：中国青年出版社，2007.

[53] 魏丰杰. 操盘揭秘：股票分时战法 [M]. 北京：中国科学技术出版社，2007.

[54] 高志平. 龙头·板块：强势股票特征 [M]. 北京：中国科学技术出版社，2007.

[55] 金益. 轻松选牛股：中国式选股策略 [M]. 上海：上海远东出版社，2006.

[56]（英）罗比·伯恩斯. 如何从股票交易中获利：顶尖操盘手如是说 [M]. 芝麻，译. 北京：地震出版社，2006.

[57] 高建军. 股道：专业化股票交易者的投资胜经 [M]. 北京：经济管理出版社，2006.

[58] 周家勋，周勤勇. 抢占先机——股票分时图谱 [M]. 北京：中国科学技术出版社，2006.

[59]（美）乔治·安杰尔. 短线狙击手 [M]. 张翎，吴均，译. 广州：广东经济出版社，2006.

[60] 赵鹏. 决胜趋势：股票实战技术 [M]. 北京：中国科学技术出版社，2006.

[61] 金益. 股市赚钱秘笈：四类市场信息中蕴藏大牛股 [M]. 上海：上海远东出版社，2006.

[62] 谷雨. 股道八探：股票投资读本 [M]. 北京：中国科学技术出版社，2005.

[63] 志龙. 金波银浪：股票波段淘金 [M]. 北京：中国科学技术出版社，2005.

[64] 小期. 股票期货个人投机精要 [M]. 北京：经济管理出版社，2005.

[65] 刘澜飚. 股票价格：经济功能与货币政策反应 [M]. 北京：人民出版社，2005.

[66] 刘建位. 巴菲特股票投资策略 [M]. 北京：机械工业出版社，2005.

[67] 黄久龙. 大牛有形: 股票技术分析 [M]. 上海: 上海远东出版社, 2004.

[68] 金锰. 绝地苍龙: 股票价格底线 [M]. 北京: 中国科学技术出版社, 2004.

[69] 张智翔, 陈静. 财富的可怕繁殖: 彼得 · 林奇的股票投资艺术 [M]. 北京: 中国时代经济出版社, 2004.

[70] 刘金平. 股票投资心理研究 [M]. 开封: 河南大学出版社, 2003.

[71] (美) 哈瑞 · 多麦什. 炒掉你的股票分析师 [M]. 金马工作室, 译. 北京: 清华大学出版社, 2003.

[72] 金丹, 王刚. 股市百家实战技巧 [M]. 北京: 中国对外翻译出版公司, 2000.

[73] 白青山. 看赢家怎样炒股: 68 位中国证券高手的智慧 [M]. 上海: 华东师范大学出版社, 2000.

[74] 汪良忠. 探寻证券市场的理性 (证券市场研究系列) [M]. 北京: 经济科学出版社, 2002.

[75] 陈纬武, 柳斌. 炒股技巧 [M]. 广州: 广东教育出版社, 2004.

[76] 袁鸿儒. 炒股决胜 288 [M]. 广州: 羊城晚报出版社, 2000.

[77] 陶小敏. K 线实战基础演练教程 [M]. 广州: 广东经济出版社, 2001.

[78] 刘超, 周晓烨. 炒股必知必读——轻松学炒股 [M]. 北京: 当代世界出版社, 2001.

[79] 罗振兴. 跑赢大势 (美国基金管理人的投资之道) [M]. 上海: 上海人民出版社, 2001.

[80] 林鸣, 马士华. 动态联盟: 项目管理新模式 [M]. 北京: 电子工业出版社, 2003.

[81] 张浩, 等. 炒股入门 300 问 [M]. 北京: 中国国际广播出版社, 2002.

[82] 黎航. 股市实战技巧: 捕捉黑马 [M]. 上海: 上海科学技术文献出版社, 1998.

[83] 刘德红. 股票投资技术分析 [M]. 北京: 经济管理出版社, 2004.

[84] 韩金. 最佳套利点 [M]. 北京：新华出版社，2001.

[85] 王真伟. 踏波逐浪：中国股市操作策略分析 [M]. 成都：西南财经大学出版社，2001.

[86] 叶林，环仲，保豪. 股票买卖技巧大全 [M]. 北京：中国经济出版社，1993.

[87]（美）辛希尔，瓦格纳. 长线短炒：从股票的短期投资中取得长期收益 [M]. 北京：中国三峡出版社，2001.

[88] 虞群娥. 证券投资理论与实务 [M]. 北京：清华大学出版社，2004.

[89] 奚华. 乘胜追击——寻找能飙升的股票 [M]. 北京：中国商业出版社，2001.

[90] 余杰. 发现黑马：基本分析选股指南 [M]. 郑州：河南人民出版社，2000.

[91] 王学武. 股票操作基本技巧终结版：选股与选时 [M]. 广州：广东经济出版社，2001.

[92] 黎航. 股市操练大全·第一册 [M]. 上海：上海三联书店，1999.

[93] 黎航. 股市操练大全·第二册 [M]. 上海：上海三联书店，2002.

[94] 黎航. 股市操练大全·第三册 [M]. 上海：上海三联书店，2006.

[95] 陈明贤，董岭. 股怎么炒（入门篇）[M]. 广州：广东经济出版社，2002.

[96] 陶暐拟. 慧眼识股——成功选股法则 [M]. 北京：首都经济贸易大学出版社，2002.

[97] 涂人猛，曾健民. 现代家庭投资热线——股海淘金 [M]. 武汉：湖北人民出版社，2001.

[98] 尹宏. 慧眼识金：精确捕捉黑马的108招 [M]. 北京：经济管理出版社，2005.

[99] 李明义. 经商手册（增订版）[M]. 北京：东方出版社，1997.

[100] 杨基鸿. 掌握股市 [M]. 广州：广东经济出版社，1998.

[101] 闻枫，林朝龙. 看图炒股 [M]. 广州：广东经济出版社，2000.

[102] 彭砚苹. 我能你也能：股市赢家炒股实战宝典 [M]. 2版. 北京：首都经济贸易大学出版社，2004.

[103] 张浩．选股入门100问［M］．西安：陕西旅游出版社，2001．

[104] 王学武．选股与选时［M］．广州：广东经济出版社，2001．

[105] 张浩．选时专家：选股不如选时［M］．北京：光明日报出版社，2001．

[106] 尹宏．赢在策略：股市生存的17种经典策略［M］．北京：经济管理出版社，2005．

[107] 天舒，厦艳．预测大势——抢抓股价变化中的机遇［M］．北京：企业管理出版社，2000．

[108] 王墨春，徐烈淦，赫守俭．中国证券市场大全［M］．东北工学院，1993．

[109] 笑天．短线炒股入门［M］．北京：中国华侨出版社，2002．

[110] 蔡建文．散户赔钱错在哪［M］．太原：山西经济出版社，2004．

[111] 张昀，徐自亮，刘荣，等．轻松掌握电脑炒股［M］．北京：清华大学出版社，2007．

[112] 盘子，小缕．短兵相接——决胜超级短线［M］．北京：中国科学技术出版社，2006．

[113] 阿凡．短线攫金：一个操盘手的不败真言［M］．北京：九州出版社，2000．

[114] 郑振龙，方建兴．高手过招［M］．北京：中国发展出版社，2001．

[115] 李波．狗眼看世界［M］．重庆：重庆出版社，2005．

[116] 胡萍秋，黄春英．股市实战手筋［M］．上海：上海辞书出版社，2003．

[117] 王学武．股市制胜技法［M］．深圳：海天出版社，2001．

[118] 牧野．每天赚5%：散户赚钱绝招［M］．成都：四川人民出版社，2000．

[119] 邓建富．索罗斯赚钱术100［M］．广州：广东旅游出版社，2001．

[120] 章吉．选时专家［M］．北京：光明日报出版社，2001．

[121] 山海．这样选股一定大赚［M］．北京：中国经济出版社，2006．

[122] 金稻．众里寻他：发现黑马8法［M］．上海：上海远东出版社，2000．

[123] 徐克非，王嵩．庄股时代：散户投资策略 [M]．贵州：贵州人民出版社，2000．

[124] 金丹．胜利大逃亡：沪深股市制胜卖点89条 [M]．北京：地震出版社，2003．

[125] 北京首放投资顾问有限公司．板块掘金涨停技法 [M]．北京：地震出版社，2005．